神武東征神話は史実である

六角克博

展転社

資料

神武天皇の実在や神武東征神話は虚構とする理由

一、あまりにも神話的なので史実とは思えない。

1、神武天皇の本来の呼び名（和風諡号）がカムヤマトイワレヒコ（神日本磐余彦）であることでも分かるように、神話的存在であって実在の人物とは思われない。

2、最初の戦いで負けたのは、日の御子が日に向かって戦ったからで、太陽を背に日神の威を借りて攻めれば、敵はおのずから降服するだろう。

3、熊野で大きな熊の毒気に当たり、みな体力を奪われ、気を失った。

4、高倉下《たかくらじ》が夢枕に天神（天照大神）が現われて授けられたという霊剣を献上し、そのおかげで、一行は元気を回復した。

5、天神は道案内として八咫烏《やたがらす》を遣《つか》わしたので、その導きによって一行は宇陀の下県《しもつこおり》にたどり着いた。

6、宇陀の井戸の中から光る人間が出てきた。

7、最後に長髄彦《ながすねひこ》との決戦で苦戦していた時、金色の鵄《とび》が神武天皇の弓先に止まり、眩《まぶ》しさのあまり敵方が敗北した。

二、初代天皇とされるハツクニシラススメラミコトが二人も存在するのはおかしい。初代神武天皇以下、欠史八代といわれる九代目の開化天皇までを、後から創作された架空の存在と考える。

三、神武天皇の即位が紀元前六六〇年で縄文文化時代であり、百二十三歳の長寿を全うするなど考えられない。

四、九州勢力が大和に行ったという原伝承を元につくり上げたものである（邪馬台国の東遷、またその後の五世紀の時代の九州勢力の東遷という原伝承があって、神武東征説話はつくられた）。

五、最近著しく進んだ初期の土師器《はじき》の研究では、この時期（建国当時）の土器の移動や影響関係が明確に東から西への動きを示し、九州の土器が吉備や畿内へ動いた証しはほとんど見られないことからも、神武東征は全くの虚構と考えざるを得ない。

六、『記紀』を文献的に考察すると、神武天皇と崇神天皇は同一人物だったのではないかという説。

七、俗にいう日向三代、さらに神武天皇までの吾田隼人の娘（吾田邑《むら》の吾《あ》平《ひら》津《つ》媛《ひめ》）と結婚したことにしてしまった。そのため皇室の血統の最初に民度の低い異種の隼人族の血が流れたことにもなった。少なくとも天孫の日向国の降臨と神武天皇の日向国からの出発は後世の脚色である。

八、初代の帝王（神武天皇）は、後代の帝王（天武天皇等）のモデルとして作られている。

九、津田左右吉氏の「記紀における神話時代および応神天皇以前の時代の話を、六世紀の大和朝廷が自己を神聖化するためにつくった全くのフィクションである」とする説。

はじめに

日本古代史に関心を持ち、その謎解きに挑戦して様々な文献を調べていて、著名な歴史学者がなぜこのような簡単な間違いに気付かないのだろうかと驚くばかりです。また『日本書紀』は、勅命（天皇の命令）によって編纂《へんさん》された官撰の日本国史です。

編纂者は重い責任と強い使命感、何よりも学者としての誇りを持っていました。それは国史の編纂は文明国家としての根幹を成すものと自覚していたからです。そのような先達《せんだつ》が、英知を結集して編纂した世界に誇れる日本民族の古典に対して、なぜもっと敬意を払うことが出来ないのでしょうか。

『古事記』や『日本書紀』の内容を神話の何たるかも知らず、軽々《けいけい》に間違いなどと尊敬されて然《しか》る可《べ》き先達を、まるで冒瀆《ぼうとく》しているような言い様に、強い憤りを覚えます。

次に、日本古代史の真実を解明出来ない主な原因となっている誤りについて、何点か例を挙げてみます。

その一、初代天皇とされるハックニシラススメラミコトが二人も存在するのはおかしいとされていて、『記紀』の作者が平然と綴《つづ》っているのは解《げ》せないとか、自己矛盾であるとか、神武はハツ、ニシラスだったのではないかとの説を唱《とな》えている識者に問いたい。とても『日本書紀』を検証しているとは思えない浅慮を恥ずべきではないでしょうか。

崇神天皇を初代天皇とはどこにも書いていません。歴代天皇を数えると、はっきりと第十代天皇と分かり、なぜ御肇国天皇《はつくにしらすすめらみこと》と称されたかの理由も明記されています。

それではなぜ神武天皇をどう読もうとしても、くにとは読めない漢字を当てて始馭天下之天皇【はつくにしらすすめらみこと】と読ませようとしたのかを考察すれば、神武天皇こそ初代天皇であり、王朝交替などはなかったという間接的な証明にもなっているのです。

その二、日本古代史の真実を解明できない最大の理由かも知れません。それは〝神功皇后紀〟で『日本書紀』の編纂者が「神功皇后が『魏志倭人伝』に見える女王・卑弥呼のことであるという解釈をした最初の書物であった」などという信じ難い誤りを犯していることです。

俊才揃《ぞろ》いの『日本書紀』の編纂者が『魏志倭人伝』と『日本書紀』・〝神功皇后紀〟で、次に記すように使者や長官名を故意に一字変えたり、朝貢した年を一年後にして、「神功皇后は卑弥呼女王ではありませんよ」と暗示している編纂者の深慮遠謀が全く理解できないようでは、『日本書紀』編纂者にあまりにも恥ずべきことではないでしょうか。

	魏志倭人伝	日本書紀・神功皇后紀
朝貢した年	景初二年（西暦二三八年）六月	景初三年（西暦二三九年）六月
派遣した人物	邪馬台国の女王卑弥呼	倭国の女王
使者の名前	大夫・難升米	大夫・難斗米
帯方郡の長官	大守・劉夏	大守・鄧夏

その三、〝神武東征〟建国神話が戦争推進に利用されて、戦後、神武天皇が歴史上から抹

殺された理由の一つに〝八紘一宇〟の誤った解釈があると思います。

定説では八紘一宇は世界を一つの家とすること、地の果てまでも一つの家のように統一して支配するという解釈で、神武天皇を非情な覇権者《はけん》のように捉《とら》えています。

しかし八紘一宇の正しい意味は国を治める理想を述べたもので、それまで争ってきた国々や各氏族を一つ屋根の下に、大きな家族の一員と同じように仲良くまとめていくことを国づくりの理想としたのです。

家族と同じように国民一人ひとりの幸せを願う、血も涙もある日本の初代天皇に相応《ふさわ》しい立派な天皇だったと思います。「八紘一宇」の誤った解釈をして歴史を歪《ゆが》め、いつまでも日本の確たる建国の歴史を確立できないのは、国民にとっても不幸なことではないでしょうか。

それは現代の為政者にこそ、神武天皇の国を治める理想を実現して欲しいと願うからです。

その四、天孫降臨の地は九州北部の高祖山連峯とする古田武彦氏の説について。

氏はその著書『日本古代新史』の中で〝筑紫〟とは福岡県、〝日向〟を日向《ひなた》と呼ばれる地帯としていますが、論理的に考えて無理があります。それはそれとして、高祖山連峯に登り、「此の地は韓国《からくに》に向ひ、――」から、「天孫降臨の地を朝鮮半島に対面した九州北岸の地として、その事実を疑うことのできる人があろうか」と豪語していますが、その説は疑うというより、はっきり言って誤りです。何故ならニニギノ尊が降臨した地は『記紀』をまとめると次のようになります。

「膂宍《そしし》の空国《むなくに》を丘続きに求め歩いて、此地《ここ》は韓国《からくに》に向ひ笠沙の御前《みさき》に真来通《まきとほ》りて、朝日の直刺《たださ》す国、夕日の日照る国ぞ。此地はいと吉き地《ところ》」

氏は恣意《しい》的に都合《つごう》の良い一つの条件だけを取り出していますが、それとて朝鮮半島に対面しているとは限りません。膂宍の空国を丘続きに求め歩いて辿り着いた地とも考えられるからです。

論証とは、降臨地とする条件を全て検証してこそ論証と言えるのであって、氏の説は論証に値しないからです。

その五、中野正志氏は、その著書『万世一系のまぼろし』の中で、滑稽《こっけい》な性染色体説として、「男系維持論者の憲法学者、八木秀次《ひでつぐ》は歴代天皇はみな神武天皇と同一のYという性染色体で伝わってきているところに、男系による〝万世一系説〟に立つ天皇制の根幹があるとみる。――」（原文のまま）

とする八木秀次氏の説に非論理的で他愛のない説としていますが、〝万世一系〟を学問的に最も的確に表した論理的な考え方なのです（遺伝学から）。

氏は「八木は安倍政権のブレーンにもなっているから、無視するわけにはいかない」として反論していますが、学問とは無縁の言い掛かりとしか言えないような次元の低さでは、お二人に失礼ではないですか。

〝万世一系〟を信ずる者にとって、女系天皇と第一子優先を認めることは、〝日本という国が立ちゆかぬ――日本民族のアイデンティティを保つことができない――〟とする崇高な理念に基づいているからなのです。

氏は評論家の立花隆氏の計算をもとに、次のように反論しています。

立花は計算の便宜上、天皇家は百代続いてきたとみなす。歴代の天皇たちは、数人どころか数十人の子供をもつことも珍しくなかったが、簡単にするために各天皇が二人しか子を作らなかったことにする。すると、子孫は二の百乗倍いることになる。それがどの程度の数に相当するか。

答えは、一兆の一兆倍のさらに百万倍というとんでもない数字になる。子孫の半分は女性だとして半減させ、子孫同士の結婚によるダブリなどいろいろな条件を加味して差し引いても、初代天皇のY染色体を受け継ぐ男性は、「今の日本にゴロゴロいるはず」になってしまう（『滅びゆく国家』）。大ざっぱな計算だが、この理解は間違っていない。

自信有り気な反論を読んでいて失笑してしまいました。これが反論になるのだろうか？と。この考えは神武天皇の時代から、その子孫が総て現代まで延々として生き延びてきて（仙人どころではありませんよ）はじめて可能な論理なのです。

日本の総人口が一億二千七百万、まだお分かりになりませんか、そもそも〝万世一系〟

とは、皇位継承者が何人いたとしても、その中から天皇になれるのは唯一人です。すると次の天皇は、新しく皇位を継承したその天皇が新たな基点となってスタートします。〝万世一系〟とはそのように常にリスクを伴っているのですが、先人が英知を結集して〝万世一系〟を守り抜いてきたのです。日本とはそういう国なのです。

〜好むと好まざるとにかかわらず〜

その六、あたかも箸墓古墳が卑弥呼女王の墓であるかのような学説を虚妄と断定し、絶大な支持をしている安本美典氏がその著書『倭王卑弥呼天照大御神伝承』の中で北九州に皆既日食が西暦二四七年と二四八年に二年続けて起きたとしてパソコンで合成した画像を口絵写真として載せ、その根拠として二人の学者に確認されているとしていますが、それは二人の学者を信頼しているが故の説ですが、論理的に考えてこの学説は誤りです。

なぜ千数百年前の皆既日食が北九州に起きたのを確かめることが出来るようになったのかは、皆既日食が起きた太陽や月の公転軌道が決まっていて一定の年数でくり返す（サロス周期――一サロス周期は十八年十一日と八時間。一サロス周期後に西に一二〇度移るので同じ場所では日食は起きない）ので、コンピューターの発達から過去をさかのぼって計算できるようになったからです。同じ場所で皆既日食が二年続けて起きるには、太陽や月の公転軌道が年度途中でフィードバックしない限り起きないのです。

お分かりですか、二年続けて同じ場所で起きたとした時点で、過去をさかのぼったり、未来の皆既日食を予測する前提条件が崩壊していることを。

古天文学の国際学会が存在するのかは知りませんが、邪馬台国時代の西暦二四七年と二四八年に続けて北九州で皆既日食が起きたと自信を持って発信できますか。

このような間違いがあたかも正しいかのような学問として国民の前に晒《さら》されているのは日本の恥です。

その七、最近の小中学校の歴史教科書の〈大陸の文化を伝えた渡来人〉や〈飛鳥文化〉の項で、「五世紀ごろから養蚕や、上質の絹織物を伝え」（小学校・教育出版）「法隆寺の建物も火災にあって再建されてはいますが、聖徳太子が建てた当時の姿を残しているといわれています。これらは、主に渡来人の子孫によって造られましたが…」（中学校・東京書籍）と当然、五重塔も建立したように書かれていたり（実際に建立したという韓国の学者もいます）、『日本書紀』には「任那の使節に赤帛《ぎぬ》（上質の絹織物）を贈ったところ新羅がそれを途中で奪ったことが、新羅・任那の対立の発端になった」と記されていると、韓国側は「養蚕の先進地から来た使節に絹織物を贈ったとは…」ということで、この話は『日本書紀』の記述内容がデタラメであることの証拠の一つとして扱われてきたとは…。

世界に冠たる日本人の匠の技の凄さは、現代も古《いにしえ》の昔から不変であることを、日本人の誇りのためにも明らかにします。「法隆寺の五重塔がなぜ地震で倒れないのか」の理由が未だに何一つ解明されていません。理詰めで分かり易く説明すれば中学生でも理解できると思うのですが…。

〝心柱が五重塔を支える支柱の働きをしている〟という固定観念にとらわれていては「五重塔はなぜ地震で倒れないのか」の解明はできないのです。そこで、まず何点かの誤りを指摘し、後に仮設授業の中で証明します。

五重塔や三重塔がなぜ地震で倒れないかの理由に、地震に対してカシの木のように頑丈にたつ剛構造ではなく、ヤナギの木のように風や地震にゆれながらゆれることによって力を相殺させる柔構造であるためで、その根拠として五重塔は五つの帽子が次々にかぶさっているようなキャップ構造で、地震の時にスネークダンスをするということですが、論理的に考えてこの学説は成立しないと思います。

何故なら蛇（スネーク）がくねくねと体を曲げること（スネークダンス）が出来るのは、蛇の背骨が多数の関節で結ばれているからです。

もし蛇の背骨に関節がなく、ステッキのような一本の棒だとしたら、スネークダンスは絶対できません。五重塔の心柱は蛇の背骨に相当し、真《ま》っ直《す》ぐな棒と同じで、地震の時にゆれながらゆれることはできないのです。それは五重塔の心柱というのは、真っ直ぐにして動かないように工夫されているからなのです。

もう一つ重要なことは、五重塔の心柱は相輪から吊《つ》り下げられている状態で、塔本体から固定されているものは他に何一つなく、塔本体とは無関係に独立しているような構造になっていて、塔本体を支える支柱の働きはしていないということなのです。勿論《もちろん》、耐震構造上そのように造られているのです。

その他、多くの学者が日本で最初に世界遺産に登録された〝法隆寺の五重塔の心柱が掘立柱だった〟などというとんでもない間違いをしていることです。それは全くの思い込みに過ぎず、掘立柱だったという証拠など何もないのです。〝もし掘立柱だったら〟と仮定して科学的に考察しようともしないのは一体どうしたことでしょう。

大正十五年（一九二六年）、心柱の真下に空洞を発見（図参照〜川端俊一郎著『法隆寺のものさし』より）、その空洞は昭和二十四年十月、再調査の後、小砂利で埋められコンクリートで固められたそうです。その時の様子の一部を紹介します（太田信隆著『新・法隆寺物語』より）。

> ガラス容器に納められた舎利容器（釈迦の遺骨を納める容器）は、二十八日の夜、法要ののち、元通り塔の下に埋められた。降るような星空の夜であった。このあと空洞はコンクリートで固められた。その上に心柱が建てられ、これが塔を支えているので、塔を解体しないかぎりこの秘宝は人界にふれることはない。

読んでいて涙が出てきました。これでは五重塔を建立した匠が余りにも哀れです。

法隆寺の五重塔は日本で最も古い形式で、心柱は切石上で中吊り状態で、最初から地下部分は舎利壷《つぼ》を納める空洞として造られ、五重塔はお墓という証拠（構造上は現在の墓と余り変わらない）ともなっているのです。五重塔のように美しく地震でも倒れない木塔は、日本人の匠の技の凄《すご》さを以ってしか造り得なかった世界に誇る貴重な文化遺産なのです。

空洞を砂利で埋め、心柱をコンクリートで固定するのは恥の上塗りをし、匠の顔に泥を塗っているのに等しいのです。

それは、創建当時とは似ても似つかないものに造り変え、心柱は耐震構造上固定してはならないからです。一日も早く創建当時のように造り直すなど、法隆寺五重塔を建立した匠の名誉を回復し顕彰して欲しいものです。

「神武東征神話は史実である」という命題をなぜ仮設授業の中で解き明かそうとしたのか

地位も名声もなく、たかが元中学教師の学術論文などお偉い歴史学者のとは、とても太刀打ち出来ません。しかし歴史学者が歴史とは点ではなく線で繋《つな》がっているものなのに、点での捉《とら》え方で論理的な考え方に著しく欠けているようにしか思えません。

神武天皇の実在も否定し、神武東征神話を虚構とする歴史学者の学説は、歴史の真実を虚構とするため筋の通らない論理に終始していて何の感慨も湧いてきません。歴史の真実・正しいことを証明するのは、決して難しいことではありません。理詰めで分かり易く説明すれば中学生でも理解できることです。

古代史に関心のない人も気軽に楽しく読んで頂き、日本の伝統・歴史や文化を正しく理解してもらえるようにと、元中学教師の経験を生かして、仮設授業の中で古代史の謎を解明していくように工夫しました。

授業に登場する生徒は、私が退職後に非常勤講師として半年間、理科を指導した江別市内のある中学校二年生の生徒です。

生徒との信頼関係が確立されている授業内容は、あくまでも〝このようになるだろう〟との仮定です。期間が六年近くになったり、どうしても一人授業になったり、品位を欠く場面もあるかと思いますが、どうかお許し下さい。

戦後、世界に誇る日本民族の古典『記紀神話』が否定され、自ら生い育つ国の成り立ちについて何ら知ることが出来ないためか、自国や民族に自信や誇りを持てないことほど不幸なことはありません。

日本の素晴らしい伝統・歴史や文化を正しく理解することによって、日本人としての自信や誇りを持ち、生れ育つ宿命的な我が国・日本を愛し見つめ直す一助になればと願っています。

目次

神武東征神話は史実である

資料　1
はじめに　4
第一章　皇室典範改正への思い　22
一、他国には見られない日本国皇室の素晴らしさ　24
二、固定観念にとらわれないことの大切さ　30
第二章　学習課題「神武東征神話は史実である」　33
一、古代史への誘い　34
二、「日本神話の法則」　35
三、神話の史実性について　37
第三章　古代史解明のための九州への旅立ち　40
一、阿蘇神社の御利益　40
二、神話へのロマンを誘う地〝高千穂〟　46
第四章　卑弥呼女王は皇室の先祖である　55

一、邪馬台国の女王・卑弥呼の人物像　55
二、『日本書紀』に書かれている卑弥呼女王の人物像　65

第五章　高千穂は固有名詞で地名である　69

第六章　天孫降臨のモチーフは日本独自のものである　74

第七章　城下町竹田市を訪ねて　85
一、素敵な女子高校生との出会い　85
二、宣教師が見た日本人　93
三、「広瀬神社」への参拝　98
四、美しい日本の国　102
五、日本人の心の優しさが伝統文化「生け花」を生んだ　104
六、恋人アリアズナとの別離と日露戦争開戦　115
七、広瀬中佐の人物像　119

第八章　天孫降臨の地は高千穂町である　122
第九章　日本国体の基となった「天壌無窮の神勅」　139
第十章　「八紘一宇」とは神武天皇の国を治める理想である　144
第十一章　皇室に隼人の血は一滴も流れていない　151
一、海幸彦と山幸彦の物語　161
第十二章　神武東征神話は史実である　177
第一節　「神武東征はあまりにも神話的なので史実とは思えない」への反証　177
一、日向（美々津）出発と宇佐訪問　177
二、孔舎（日下）衛の戦いと五瀬命の死　184
三、八咫烏の導き　186
四、神武天皇の弓に舞い降りた金色の鵄　189
五、戦いの最後の最後に登場する饒速日命　190
六、なぜ神武天皇の和風諡号が神日本磐余彦なのか　192

第二節　日本民族の他を思いやる心の優しさが二人のハツクニシラススメラミコトを生んだ　195
第三節　神武天皇の即位年を紀元前六六〇年とした本当の理由　200
一、佐伯三貴ちゃん原江里菜ちゃん覚えていますか～　200
二、日本民族の誇りが神武天皇の即位年を紀元前六六〇年まで繰り上げた　206
第四節　滑稽な神功皇后・卑弥呼比定説　210
第五節　短絡的な神武天皇・崇神天皇同一人物説　216
第六節　論理的に成り立たない天武天皇モデル説　218
第七節　歴史の改ざんに等しい神武東遷説　231
第八節　根拠のない建国当時の九州の土器が吉備や畿内へ動いた証しはほとんど見られないことから「神武東征」はまったくの虚構とする説　236

第十三章　卑弥呼女王の古墳の上に建つ宇佐神宮を訪ねて　245

第一節　卑弥呼の墓の径百余歩の歩は魏の長さの単位ではない　245
第二節　卑弥呼女王の古墳は宇佐の小椋山（亀山）である　252
その一、小椋山（亀山）は径百余歩の冢（墓）である　255
その二、宇佐神宮、上宮本殿の二之御殿に祀られている比売大神とは卑弥呼女王のこと

である　262
第三節　出雲大社は日本民族の心の優しさを示す〝神道〟の精神によって建立されている神社である　265
第四節　宇佐神宮は卑弥呼女王の霊魂を鎮め国家鎮護の神として祀られている神社である　285
第五節　卑弥呼女王が宇佐神宮に祀られている決定的な理由　293
第十四章　法隆寺の五重塔がなぜ地震で倒れないのかの科学的な理由　310
あとがきに代えて　330
付記　「君が代」がなぜ日本の国歌なのか　352
主要参考文献　359

カバーデザイン　古村奈々＋Zapping Studio

第一章　皇室典範改正への思い

「起立、気をつけ、礼、今日《こんにち》は」

「今日は。またこんなに沢山の元気でにこやかな皆さんの笑顔と出会うことが出来て先生はとても喜んでいます」

「先生は理科の先生ではなかったのですか？」

「大学時代は西洋史を専攻していて社会科の教師でもあるのですが、理科の教師だからこそ古代史の謎も解けたのだと思っています」

「先生の理科の授業、実験や観察ばっかりですごく楽しかったので、歴史の授業も楽しく分かり易い授業になることを期待しています」

「ありがとう。日本の古代史の謎を解くことなので、きっとおもしろくて楽しい授業になると思っています。今回は教科書にも載っていない日本古代史の謎の解明に先生と一緒に考えてみて欲しいのです。

学習課題は『神武東征神話は史実である』という命題ですが、神武天皇についてどのようなことでもよいのですが、何か知っていることがありますか」

「知りませ〜ん」

「教科書にも載っていないし、先の大戦で、歴史、特に神武東征という日本の建国の歴史が戦争推進のために利用された結果、戦後、神武天皇の実在をも否定し、神武東征など虚構とされて現在に至っているという状況なのです。

神武天皇はきっと思っていらっしゃるでしょう。大好きな水森かおりちゃんの歌の文句ではないですが、

♪鳥取砂丘の風に尋ねたい私に罪があるのでしょうか…」

「ワー」「アハハ…」

「まばらな拍手どうも、このことは日本という国の成り立ち、つまり確たる建国の歴史を持たないという世界でも希《まれ》な国なのです。世界の先進国としては、もちろん日本だけです。自国のはっきりとした建国の歴史を学ぶことが出来ないことは、とても不幸なことだと思いますが、皆さんはどう思いますか」

「知っていた方が良いと思いますが、これからの生活や将来に直接何か関係でもあるのですか？」

「良い質問ですね、普段そのようなことを考えもしないで生活している人が多いと思うからです。

一つには、過去の歴史の積み重ねの上に現在があり過去の歴史から学ばずして将来への正しい展望が拓《ひら》けないからです。

二つには、日本人として生まれてきて、日本という国の成り立ち、伝統・歴史や文化を正しく理解してこそ、国への愛着や自信、誇りが培《つちか》われてくるものだと先生は確信しています。これからこの点に焦点を絞《しぼ》って学習していきましょう」

一、他国には見られない日本の皇室の素晴らしさ

「課題を解明する前に平成十八年、皇室典範改正について随分と話題になりましたね。〝皇室典範に関する有識者会議〟の答申に多くの人が賛成していましたが、日本の伝統・歴史や文化を正しく知っていれば世界の王室とは違って日本という国においては決して安定した皇位継承とはならないのです。

購読紙の『北海道新聞』の社説まで賛成の論調、ジャーナリストで反対しているのは櫻井よしこ氏唯一人と言っていいほど。櫻井氏は、新聞、テレビ、週刊誌、月刊誌等で孤軍奮闘して反対しています。〝彼女一人に闘わせておいてなるものか〟と国会でもこの問題が審議される予定だったので、国会が始まる前に国会議員の方にも目を通して欲しいと、全国紙の〝読者の声〟の欄に投稿しました」

「へー」「先生は櫻井よしこさんが好きなの?」

「アハハ…」

「好きとか嫌いということではないけど、主義主張に違うことがあったとしても、聡明で凛《りん》

とした気品と気高さには憧《あこが》れています」

「ふ〜ん、やっぱり好きなんだ」

「アハハ…」

「誰か後の方で何か言いましたか?」

「いいえ」

「先生は耳が遠いので発言する時は大きな声で言ってください」

「は〜い」

「先生、新聞には載ったのですか?」

「ぜ〜んぜん、四百字詰原稿用紙一枚程度ということで、まとめるのに難しいのですが、なぜ採用されなかったのか納得できました。

　実在を信じて疑わなかった神武天皇は、現在の日本の歴史学界から歴史上抹殺されている状態だけでなく、皇祖の神勅とか万世一系などという用語はタブー視されているというのが現在の状況なのです。神武東征は紛れもない史実であり、万世一系とは世界に類を見ない伝統であり、皇祖の神勅とは崇高な政治思想なのです。歴史を政略に利用した、そのことの是非が問われるべきであって、本来決してタブー視すべきことではないのです」

「先生、何か難しくて分かりません」

「確かに難しいようですね。そこでこれから皆んなにも〝なるほど〟と納得できるように先生と一緒に学習していきましょう」

「〝世界に類を見ない素晴らしい日本の皇室〟とは、どのようなことかと言いますと、自然災害、特に大きな被害をもたらした阪神淡路大震災や新潟県中越地震被災者へのお見舞いに、天皇陛下、皇后陛下美智子さまは、目線を同じくして手を握られ、温かい励ましのお言葉をかけられて激励されていらっしゃる。

励まされた女性の方々がみな感激して涙を流している姿に、先生も胸を熱くしています。このようなことは外国の王室では考えられないからです」

「先生、家《うち》のおばあちゃんもテレビを見て涙を流していましたよ」

「そうですか、日本人の誰もがそのように感激するのは、天皇、皇后両陛下を敬愛される心にもまして、尊崇の念、つまり皇室への尊さとか崇《あが》めようとする心が日本人には信仰とも言えるような形で心に内在しているのでしょう。それは、他国の王室とは違う万世一系の皇室の尊厳さにこそ有るのだと先生は考えています」

「先生、万世一系とはどういうことですか」

「簡単に言いますと、初代神武天皇の子から子へと、天皇の血を引き継ぐ者にしか天皇にはなれないという他国には見られない同一民族、同一王朝という伝統が初代神武天皇から現在の第百二十五代今上天皇陛下まで代々続いてきているということなのです。

もちろん過去何回か皇統断絶の危機があり、それを先人の英知で乗り越え、万世一系という伝統を守り抜いてきた、そのことが皇室の尊厳さを確立させてきたのです。

平成十八年（六月八日～十五日）、天皇・皇后両陛下は、タイ、シンガポール、マレーシアを訪問されました。王室のあるタイ、マレーシアの両国民からは、自国の王室と同じように敬愛されていらっしゃいます。

マレーシアでは以前、平成三年山火事の煙害のため、飛行機が飛べず、国王や歴代首相の出身校のマレーカレッジ訪問予定が中止されました。当時、両陛下の案内役に決まっていた少年の純真な思いを心に秘められておられた両陛下が、その約束を果たす訪問をなされた折、今は立派に成長したその当時の少年が感激して涙ながらに「お目にかかれてこれ以上の喜びはありません。私たちの学校のことを思い出してくださって……」と流暢《りゅうちょう》な日本語で皇后陛下に感謝の言葉を述べられている姿に本当に感動しました。

このように両陛下の人と人との関係を大切にされていらっしゃるお心遣いがどれだけ国際親善に役立っていることでしょう。また両陛下がサイパンの慰霊に訪問（平成十七年）された折、バンザイクリフで黙とうを捧げられておられました。そのお姿に当時を知る日本人なら誰しもが深い感銘を受けられたのではないでしょうか。

それは、戦歿者を追悼《ついとう》されるだけでなく、御遺族の心を慰め深い共感を与えていらっしゃるからです。そして平和の大切さを強く訴えられておられました。そのような日本の皇室の存在を先生は、心から誇らしく思いました。

というのも先生が現役の時、研修旅行でサイパンを訪問したことがあるからです。以前、先の大戦時、サイパン玉砕の報道番組で断崖の上から追いつめられた日本人の女性が身を投じる映像が映し出されました（当時、サイパンには二万人以上の民間人が在留していて、カツオ漁やサトウキビ等の食料生産のために働いていました）。身を投じる際、思わず目をそむけてしまったのでバンザイクリフと言われた場所が山の中の崖かと思っていたのですが、海岸の断崖だったのだと現地で初めて知りました。報道の最後の方で、内陸の地下壕《ごう》からアメリカ兵の説得に応じて命を救われた人々もいたので少し安堵《あんど》したのですが、その中で一人のアメリカ兵が慈愛に満ちた眼差《まなざし》で慈《いつく》しむように、皆んなと同じくらいの少年に食物を与えていました。その少年は両手で受け取りながら『ありがとうございます』と礼儀正しくおじぎをしている、その健気《けなげ》な姿にどれだけ慰められたことでしょう。何回も録画テープを巻き戻して映像を見ながら感激したことを思い出し、ここがバンザイクリフかと感慨にひたりながら、じっと海を眺めていました。快晴、無風、サンゴ礁の島なのだろうか、日本では決して見ることのできない鮮やかで真青《まっさお》な紺碧《こんぺき》の海に真白いさざ波が一定のリズムで海岸に打ち寄せている。

そのうち〝はっ〟と気づきました。全く濁《にご》りがない。

〝なんという清らかさなのだろう〟きっと修羅場《しゅらば》と化した地を神様が洗い清め、仏様が霊を弔《とむら》ってくださっているのではないだろうかと、癒《いや》された思いで少し気も安らかになり、その場を去ることが出来ました。

土産店の前の広場で記念写真を撮り、自由時間に内陸の方の海食崖の洞窟をコンクリートで補強し、機関銃の台座が残っている要塞《ようさい》化した場所を見学してから、今にして思うと、戦歿者の方々の霊魂に導かれたのでしょう。何かに引かれよろめくようにして、後方に開けた広場のような所へ、先生唯一人で行って見ると、海食崖の際《きわ》に、日本人戦歿者の立派な合同慰霊碑が建立されていました。

〝当時どのような思いで戦われていたのだろうか〟、などと祖国の為に殉じられた御霊《みたま》に今の平和な世に感謝を込めて御冥福《ごめいふく》をお祈りし、少し離れた韓国の合同慰霊碑にも手を合わせ、集合地に戻ろうと山際に目をやると〝おや？　何だろう〟灯ろう流しの灯ろうのような物が点々と並んでいる。

近づいて見ると、何と五十センチメートルにも満たないようなきれいに磨かれた日本人の名前が刻《きざ》まれたミニチュアのお墓なのです。

サイパンには墓石となるような御影石《みかげ》がないので、日本で造られ〝我が息子よ〟〝我が夫よ〟〝父よ〟。〝兄よ〟〝弟よ〟と小さいが故に、胸に抱くようにして一緒に旅客機で運ばれ建立してまでも霊を弔わずにはいられない御遺族の心情に思いを馳せ、しばし涙ぐんで立ち尽くしていた…。

（長い講義の部分は「　」を省略します）

「先生どうしたの？」

「ごめん、今また当時を思い出して涙ぐんでしまって…」

「先生、皆んなの前で泣かないでください！」

「プッ！」「アハハ…」

「きっと千の風になってあの大きな空を吹き渡っていると思います」

「…そうかも知れませんね、〝千の風になって〟の歌、本当に感動的な歌ですね、御遺族の方がどのように思われていたとしても、私たちは戦歿者の方々の尊い犠牲の上に今の平和が築かれたことを、決して忘れてはならないと思います」

〝二度と踏むことのできなかった故郷の地〟

〝二度と会うことのできなかった父母・兄弟・妻に愛しい我が子〟

あの小さな墓石が平和の大切さと命の尊さを必死に訴えているように思えてなりませんでした。

二、固定観念に囚《とら》われないことの大切さ

作家の吉永みち子氏の「男系にこだわるのは血のつながりを理由に天皇を尊敬する考え方。戦前の天皇＝現人神《あらひとがみ》に通じ、時代に逆行する。女性の尊厳を傷つけることにもなり、国民は受け入れないだろう」という、何が本質的な問題なのかの論点がすり替えられているような主張が大手を振ってまかり通っていますが、今上天皇陛下が正に男系にこだわり即位された

ことを知らないのだろうか。

　果たして皇室の女性の方々の尊厳を傷つけているのだろうか。ちょっと視点を変えて考えてみれば簡単なことなのになかなか気づくことができない。

「ここにちり紙二枚重なったものと、ちり紙二枚を丸めて同じ高さから落下させると…丸めた方が速く落下しました。同じ重さなのにどうして丸めた方が速く落下したのか分かりますか」

「空気の抵抗が影響しているからだと思います」

「その通りです。皆んなは空気の抵抗が影響しなければ、重い物体も軽い物体も同時に落下することを知っていますか」

「聞いたことはありますが、実際には良く分かりません」

　三年生で大きなガラス管を真空にして羽毛や金属片などが同時に落下するのを実験で確かめることができると思いますが、ちょっと工夫すれば真空にしなくても確かめることができます。

　昔、ガリレオ・ガリレイがピサの斜塔で皇帝を前にして、同じ大きさで重さの違う二つの金属球を同時に落下させて皇帝に見せた、という話が伝えられていました。二つの金属球は何だったのか調べてみましたが…、どうも作り話だったようです。

「そこで先生が皆んなの前で実験して見せてあげましょう。今ここに手鏡とほぼ同じ大きさに切ったちり紙を同時に落下させると、一目瞭然、手鏡が先に落下しました。そこで先生がこのちり紙に〝チンチンプイプイ〟とおまじないを掛けて手鏡とちり紙を同時に落下させると…」

「オー」「パチ」「パチ」「パチ」…

「はい、この通り同時に落下しました。このように、ちょっと視点を変えて考えてみると、見えないものが見えてくるものなのです（種明かし＝ちり紙を手鏡より少し小さく切って手鏡の上に重ねて落下させると、ちり紙が空気抵抗の影響を受けない）」

これから古代史の謎を解いていくのですが、固定観念にとらわれていては解けるものも解けないのです。柔軟な発想が必要という一つの例です。

第二章　学習課題「神武東征神話は史実である」

「この学習課題を解明するためには、神武東征は虚構であるという理由の反証をしなければなりません。プリントの資料を見てください。神武天皇の実在の否定や神武東征は虚構とする理由は、ざっとこのようにあります。

これらの理由を一つ一つ間違いであると反証していくのですが、皆んなの感想を聞かせてください」

「先生、これはどう考えても無理だと思います」

「偉い学者の説にも反論するのでしょう。先生、大丈夫ですか?」

「もちろんどのように偉い学者であろうとも、真実の前に何を恐れることがあろうか!」

「先生、かっこ（格好）いい!」

「〝神武東征神話は史実である〟という命題の証明は無理だと思う人は遠慮しないで今の素直な感想で手を挙げてください」

「はーい」「はーい」「はーい」

「わー八割以上も……先生は自信満々ですよ、闘志が益々湧《わ》いてきました。授業が終わる頃にはどのくらいの生徒が〝神武東征神話は史実である〟ということを納得させられるか楽しみです」

一、古代史への誘《いざな》い

先生がなぜ古代史の謎解きにのめり込んだのかというと、謎を解いていくことの楽しさが第一ですが、戦前・戦中の歴史教育の反動から戦後、神話を史実とする歴史教育が否定され、天皇の先祖は北方騎馬民族であるとする学説が喧伝《けんでん》されていました。

〝え〜っ、天皇の先祖は日本民族ではないの？　ちょっとおもしろくないなぁ〜〟という単純なものでした。

「皆んなは、天皇の先祖が外国からの侵入者だったらどう思いますか」

「嫌でーす」

「嫌だよね」

自分で調べて確かめないと気が済まない先生は色々と調べてみて、著名な歴史学者が〝なぜこのような簡単な間違いに気づかないのだろうか〟とか、歴史学という文化系の学問のためか、論理的な考え方が苦手なのでしょう。理詰めで説明すれば中学生でも理解できることがまるで分かっていないのです。

「さぁー、これから先生と一緒に日本古代史の謎解きにチャレンジしましょう」

二、「日本神話の法則」

神武東征は虚構とする理由に余りにも神話的だからというのがあります。以前、理科の授業で〝体のつくり〟の腱《けん》についてアキレスのトロイ戦争の話をしたことがありますね。皆んな楽しそうに聞いていていましたが、あのギリシア神話もハイリッシュ・シュリーマン以外、誰も信じてはいませんでした。洋の東西を問わず〝人間の考えることは余り変わらないなあ〜〟と思います。

〝なぜ神話が必要なのか？〟などとは考えようともしない。先生は歴史的事実を神話的に書かなければならない必然性があったという考えで、最初から考え方が根本的に違っています。

『日本という国の建国者、初代天皇にかかわる事柄については、特に神聖化し且つ尊厳化し権威づけなければならない』このことを名づけて「日本神話の法則」と言います。

「へー、そんな神話の法則って本当にあるのですか」

「日本の古代史を理解するためには、神話にはそのような意図《いと》があるということを知って欲しいので、先生の独断で創ったのです」

「先生、どうして歴史的事実をそのまま書かないで神話で書こうとしたのですか？」

鋭い質問ですね、今まで誰もそのように〝なぜ〟という疑問を持ち論理的に考えようとしないから、日本古代史の解明が出来なかったと断言してもいいからです。恐らく三世紀の後半、まだ日本という一つの国家としては統一されていませんでした。

「先生、教科書には三世紀の後半になると奈良盆地を中心とする地域に強力な勢力、大和《ヤマト》政権が生まれたと書いてありますよ」

それは神武東征は虚構とする前提で書かれているからなのです。遅かれ早かれ日本という国を統一する動きが出てくる。たまたまその氏族が皇室の先祖だったのです。

九州という異郷の地から日本という国の〝まほろば（優れた良い所）〟と言われる大和《やまと》に狭野の尊（後の神武天皇）が日本統一の拠点を築いたのです。このことを神武東征と言っているのです。

「先生、なぜ神武東征と言うのですか」

「その前にここで『日本神話の法則』を思い出しながら、なぜ神話的に書こうとしたのか分かる人いますか」

「はい」「はい」「はい」

「わー、すごいですね、それではA君」

「はい、自分たちの氏族は元々大和地方に住んでいた氏族と違って偉いというか権威づけて君臨しようとした。そのことが政治の安定につながると考えたのだと思います」

「A君の考え方をどう思いますか」

「良いと思いまーす」

政治が安定すると考えたA君はすごい！　普通、中学生ではそこまでは考えないでしょう。神話にした狙いの一つは、正にそこにあるからです。神武東征の東征というのは、神武天皇に反抗した大和地方の土着の民を蝦夷《えみし》、凶徒として征伐する正義の戦いという観点で『日本書紀』に書かれているからです。

神武東征を神武東遷としたり、現代の道徳、倫理観から神武天皇を故意に貶《おとし》めようとしている学者もいますが、それでは公平で公正な歴史の検証にはならないのです。

三、神話の史実性について

旧約聖書に書かれているノアの洪水の話も事実であったことが考古学で証明されています。あの有名な紅海を前にしてエジプト軍が追って来た。絶体絶命のその時モーゼが、「主の奇跡を何度も目にしたのにまだ信じられないのか、恐れるな落ちつけ主が救ってくださる御手《みて》の力強さを見よ！」と手と杖を海の方へ指し出すと、海が真っ二つに割れイスラエルの民が海を渡り終えると、海がふさがってエジプト軍が巻き込まれて壊滅した。という話知っていますか。

「モーゼの出エジプト」

「その通り。よく知っていますね。問題はこのようなことが本当に有ったのか、それとも荒《こう》唐《とう》無《む》稽《けい》な作り話なのかということですが、海が二つに割れるなんてでたらめだと思う人は手を挙げてください」

「はーい」「はーい」「はーい」

「七割ぐらいですか、他の人はそのようなことが実際にあったと思いますか」

「先生、NHKのテレビで陸が隆起して葦《あし》の湖が二つに割れたと言っていましたよ」

先生も興味深く見ていましたが、ナイル河口のデルタ地帯の土砂が地震で地中海にずり落ちて地盤が軽くなり隆起した。紅海はヘブライ語で〝葦の海〟となり葦の海が割れ、イスラエル人が渡った後、津波（二百メートルの高さ）が襲ったとしていましたが、この説は明らかに誤りです。有史以来そのような巨大津波は起きていない。話半分にしても、巨大津波ではイスラエル人も津波に襲われてしまう。葦の湖底は泥で軟らかくぬかるみ状態、そのような所を簡単には多数の人数は渡れない。

また、地面が隆起している時にどうして人々が安全に移動できるだろうか。やはり巨大地震があり、津波が押し寄せる前に海水が引く時に渡り、その後津波が押し寄せエジプト軍を飲み込んだのだと思います。

能登半島の羽咋《はくい》では砂浜の浅い海を観光バスが水しぶきを上げて走っても全然埋まらないのです。

「先生、偶然にしてもそのような話が本当にあったと思いますか」

「偶然ではなかったとしても、津波で多くの人々が命を失うのを体験していて、それを効果的に取り入れる。神話とはそういうものなのです」

第三章　古代史解明のための九州への旅立ち

神武東征は虚構とする説（プリント資料）の反証をする前に解明しておかなければならない大きな課題があります。そこで、天孫降臨とはどのようなことなのか、その降臨地は一体どこなのかということを考えてみましょう。

私事で恐縮ですが、先生の妹の夫が環境庁の職員で九州の九重山地域の自然保護等の仕事で北海道から派遣されていましたが、急に三月末で転勤になるということで取り急ぎ単身で念願だった古代史探求の旅へと高まる胸の鼓動を感じながら、九州大分県九重町へと旅立ちました。今回の旅の最大の目的は、卑弥呼女王を祀っていると信じて疑わない宇佐神宮訪問と、天孫降臨の地は高千穂であるという確信を得ること、ニニギの尊を祀っている高千穂神社訪問でした。（平成十三年）

一、阿蘇神社の御利益

高千穂へ行く前に神武天皇の孫にあたる健磐龍命《たけいわたつのみこと》を主祭神とし、昭和天皇陛下の〝お手植の松〟など、皇室ともゆかりの深い阿蘇神社を訪問。白木造りの壮大な二重屋根の楼門に圧倒される。

門を入り祭壇の所へ行くと袴姿の神官さんが詰所から出てきました。〝何か質問すると答えてくれるガイド役の人かな？〟と思いながら見られているので、他の神社より多めにと、ブレザーのポケットに手を入れ最も大きな五百円硬貨を残して五、六枚の硬貨を取り出して見ると、百円硬貨二枚と五十円硬貨一枚、十円硬貨二、三枚ほど賽銭《さいせん》箱に入れて（鈴が吊《つ》り下がっていなかったような気もしているのですが…）「ガラン、ガラン」と鈴を鳴らし柏手を二拍、「パチ・パチ」と音のバイブレーションで御神霊を呼び起こし、「今回の旅行が無事終え、有意義な旅でありますように、家内安全、むにゃむにゃ…」

おやっ？　と思って横を向くと、先ほどの神官さんが神妙な顔つきで御幣《ごへい》（紙や白布を細長く切って木に挟んだもの）をこうやって左右に振っているのです。

「もっと出せ！　もっと出せ！」

「ワー」「アハハ…」その迫力に思わず「ア、ア・ソ！」と、

「アハハ…」

一枚残しておいた五百円硬貨を再度、賽銭箱へ入れてお祈りを終えると神官さんが、〝してやったり〟と思ったのかどうか、こぼれるような笑顔でお辞儀をするのです。先生も〝商売上手だなあ～〟と苦笑いでお辞儀を返しながら〝いやいやそのような打算的な考えでなく、名もなき一人の旅人にも真心を尽くしてもてなして頂いたのだ〟と思うと急に嬉しくなり、〝何か御利益《りやく》があるかも知れないぞ！〟と期待して神社を後にしました。

「先生、むにゃむにゃって何ですか?」

「むにゃむにゃとはね、他にお祈りしたことが思い出せないこととか、人前では言えないようなことなど、例えばの話ですが、〝素敵な女性との出会いがありますように〟とか」

「先生やらしい!」「アハハ…」

「ところが本当にそのような出会いがあったのです。城下町竹田市の女子高校生だと思うのですが、後でお話しします」

ギリシアの科学者アルキメデス(紀元前二八七年頃~紀元前二一二年)が、王様が出した「この金の王冠が本物か偽物か見分けて見よ」という難題を、アルキメデスはギリシアの公衆風呂に入っていて、満杯の浴槽《よくそう》に入った時に風呂水が浴槽からあふれ出るのを見て「分かった!」と風呂から飛び出ると、そのまま前を隠すのも忘れて、

「キャー」「キャハハ…」「アハハ…」

考えを確かめる為に家に素飛《すっと》んで帰って行った。〝そそっかしいのは先生に似ているなあ~〟と思いながら、真理を解明したときの心理状況というのは、どのようなものか? 先生も体験したいものだと考えていたのですが、阿蘇神社の御利益のおかげでしょう、先生に奇跡が起きたのです。〝天孫降臨とはこのことだ!〟と。

「先生、アルキメデスはどうして本物か偽物かを見分けることができたのですか」

「誰か説明できる人いますか」

「……」

今の教科書では水圧と浮力として書かれていて『アルキメデスの原理』については何も書かれていないので難しいかも知れませんね。そこで『アルキメデスの原理』を理解できる簡単な演示実験をします（以前は生徒各自が実験していたのですが…）。

机の端にビーカーを少し傾けて水をあふれるまで入れておきます。比熱を測定するアルミニウム柱をばねばかりで空気中で測定すると百グラムです。それをビーカーに沈めていくと水があふれ出てメスシリンダーに流れ落ちました。水の中で重さを測ると六十三グラムでした（質量と重量を同じ扱いにしています）。

「水の中では何グラム軽くなりましたか」

「三十七グラムです」

「メスシリンダーに溜《たま》った量を測定すると三十七立方センチメートルです。アルミニウム柱の体積はいくらですか」

「三十七立方センチメートルです」

「実験の結果から何か気づくことがありますか」

「はい」「はい」「はい」

「それではBさん」

「はい、軽くなった重さと物体の体積が同じです」

「その通りですが、もう少し考えるとアルキメデスの原理が導きだせます。物体が押しのけた液体の重さを考えてみましょう」

「はい」「はい」「はい」「はい」

「ワーすごいですね、Bさん分かりましたか」

「物体が押しのけた液体の重さだけ軽くなる?」

「その通りです。素晴らしい」

「パチ、パチ、パチ」

「重さの単位は水一立方センチメートル（四度）の重さを一グラムとしているので等しくなりました。これは浮力についての大きさの原理でアルキメデスが発見したものです」

アルキメデスの原理
物体を液体の中に入れたとき、物体が受ける浮力の大きさは、その物体が押しのける液体の重さに等しい

物体が液体中で受ける浮力の大きさは、液体の重さによって変わってくるので、水銀中では鉄も浮きます。イスラエルにある死海では人も浮きます。興味のある人は家に帰ったら、透明な小さなボールなどに水を入れて、生卵を入れると沈みます。そこに食塩を少しずつ入

れてハシなどでかき混ぜ食塩を溶かしていくと、生卵が浮き上がってきますので確かめてみてください。鋼鉄の船が浮く理由も分かりますね。

「さてアルキメデスはどのようなことに気づいたのか、先生の演示実験から分かった人いますか」

「はい」「はい」「はい」

「半分以上の生徒が手を挙げています。すごいですね」

「それではC君」

「はい、あふれ出る水の量を測って王冠の体積を調べたのだと思います」

「今のC君の考え方をどう思いますか」

「良いと思います」

「アルキメデスはそのようにして王冠の体積を調べましたがその後が難しい。その後アルキメデスはどのようにして本物か偽物かを見分けたと思いますか」

「……」

「先生、それって本当の話だったのですか」

すべて本当の話です。実はヒエロン王に「金の一部が銀に替《か》えられた」という密告があったのです。当時、金が一番重い金属で（密度19・3g／cm3）、鉛（11・3g／cm3）、銀（10・5g／cm3）、銅（8・9g／cm3）と続きます。銀よりも約二番近く重い金属なので同じ重さの体積もかなり違ってきます。

「このことをヒントにして分かった人いますか」

「はい」「はい」「はい」「はい」

「オーすごい、アルキメデスがたくさんいますね」

「ハハハ…」

「それではDさん」

「はい、王冠と同じ重さの純金の塊をつくり、水をあふれさせて体積を測ったのだと思います」

「うーん、これはすごい、お見事。アルキメデスも全く同じことをしたからです。純金の方の体積がはっきり少なかったので偽物と見抜いたのです。他にもDさんと同じ考え方の人いましたか」

「はい」「はい」「はい」

「素晴らしい。古代史の謎解きも筋道を立てて考えると中学生の皆んなにもきっと解けると期待できそうです」

二、神話へのロマンを誘う地高千穂

阿蘇神社を後にして阿蘇山を車で登ったのですが、山はあいにくの霧で、そのまま反対側の白水村へ降り、前夜道路地図で克明に調べたように〝高森を通り真っ直ぐ行けば良いのだ〟と、それしか頭に入っていない。間もなく『高千穂へ』と左折の道路標識が目に入ってきた。〝左の方にも高千穂があるのだなあ？〟と、「高千穂論争」を思い出しながら〝後で訪ねてみよう〟と車を進めて行くと、いつの間にか一台のパトカーが車の後に迫ってきた。義弟の札幌ナンバーの車でマークされていると思いスピードメーターとにらめっこ。

40km／時制限速度で国道とはいえ北海道の道路とは全然違い、追い抜かさせることもできない片側一車線の狭い道路、だんだん車が繋《つな》がりだした。なかなか町が見えない一本路、そのうち何と先生の車がパトカーの先導車になって走っているのです。

「アハハハ…」

十五分以上もパトカーの先導車になって走ったか、やっと蘇陽町の入り口にガソリンスタンドが見えたので〝やれやれ〟と思って車を止めながら後を見てみると、何と車が二十台以上も連なっているのです。思わず〝プッ！〟と吹き出してしまいました。

蘇陽町、五ヶ瀬町を通って待望の高千穂町へ。食堂で一休みして雨が降ってきたのですが傘が必要なほどではなかったので、まずは高千穂峡『真名井の滝』へ。

「この写真を見てください」

先生がこの写真を初めて見たのは、今から二十年以上も前のことですが（日本発見『神々の里』）、その時の衝撃は今でもはっきり覚えています。〝日本にかくも神秘的で尊厳な場所があるのだろうか〟とすっかり魅せられて何分も見入っていました。本を一通り目を通してから、また何回か見直していたのです。

今振り返って見ると、その時〝今の運命が決まっていたのではないか〟という不思議さを感じてしまいます。人が乗っている何艘かのボートを見るにつけ〝神が宿っているとも思えるような神聖な場所を商業主義で汚しているのではないか〟と憤慨しながら〝さあ、もう一つの高千穂へ行かねば〟と高千穂峡を後にして戻ったのですが、どこかで道を間違えてしまい、〝午前中に来た道路とは違うなあ〟と思い、三叉《さ》路の所の小さな雑貨店で、「この道を真っ直ぐ行くとどこへ行きますか」と聞くと「熊本へ行きます」との返事。〝えっ〟と思いながら「今、高千穂から来たのですが、この近くにもう一つの高千穂があると思うのですが、どう行けば良いのですか？」と尋ねると、けげんそうな顔をしながら、「さあ〜、この辺に高千穂は一つしかないと思うけど…」と内心〝そんなはずはない〟と思いながら「高森町へはどう行けば良いのですか」と尋ねると、「今来た道を右に曲って真っ直ぐ行くと国道に出ます」とのこと。お礼を言い、国道に戻り〝一路高森へ〟と向かうとやがて見えてきた。〝もう一つの高千穂へ〟と右にカーブを切って〝高千穂へ21㎞〟の標識を見ながら行くと間もなく道路が右に急カーブ。「ギャー！」このまま進んで行ったら先ほどの高千穂へ逆戻り、やっと自分の間違いに気づいたというおそまつさ。

「アハハ…」

　でもこのことが先生に奇跡を起こさせたのです。後で考えてみると、『高千穂論争』も全然違うことだし、道路地図を再度調べてみると、きちんと国道として載っていて、距離も蘇陽町～五ヶ瀬町を通る方が10kmほど遠いのに、まるで催眠術にでもかかったかのようでした。〝どうしてこのような簡単な間違いをしたのだろうか？〟これはもう目に見えないような何らかの力、阿蘇神社の主祭神健磐龍命《たけいわたつのみこと》の神が〝今日は天気が悪いので明日高千穂を再び訪ねよ。さすれば汝《なんじ》が考えていた真理を探究できるであろう〟と、先生に啓示を与えてくださったのだ！　と。

「へー」「本当かな？」

　今日は高千穂へ行くのを諦《あきら》め高森町への途中、国道のすぐ側に展望台・車の休憩所？　があって、そこは牛の放牧地なのか、三月末で草も生えていない赤茶色の阿蘇火山の堆積物でおおわれた荒涼とした傾斜地が延々と続いている。～此処《ここ》は正に〝膂宍《そしし》の空国《むなくに》（鹿や猪の背中の骨のまわりに肉がないような農耕に不適当な痩《や》せた不毛の土地）だ〟と思わず叫んでしまいました。

　邪馬台国の卑弥呼女王の孫ニニギノ尊《みこと》一行が、卑弥呼女王（天照大神）の命《めい》（天壌無窮の神勅）を受け、今眼下に連なる荒涼としたこの地〝膂宍の空国〟を不安にかられながら通って行ったに違いないと、想像をたくましくして一人悦に入り感動していました…。

「このようなことを考えているのは恐らく日本中で唯一人、あー先生って幸せだなあ…先生を誇大妄想家で考えていることが普通じゃない、少しお目出度いのではないの？　と思う人」

「はい」「は～い」「は～い」

「えっ、こんなにたくさん。嬉しいなあ～」

「先生どうして嬉しいのですか？」

「それはね、自分自身で考え判断していて主体性があるということと、たとえ先生の説でも〝おかしい〟と思えば遠慮しないで自分の意思を主張していて立派だと思うからです。

自分で考え、〝何が正しいのか〟と判断できる知性や理性を養っていくことがとても大切なことだからです」

ある著名な歴史学者が「『日本書紀』の編者らは自らが王朝交替の歴史を書き記したのだという何の根拠もない独善的な学説を盲目的に信じていて驚きを禁じ得ません。

「さて、それでは先生の説に質問や意見のある人」

「はい」「はい」「はーい」

「それではE君」

「はい、卑弥呼に孫がいたということは卑弥呼に子供がいたということですか？　卑弥呼は巫女《みこ》で〝鬼道で衆を惑わす〟と言われていて余り良いイメージはないのですが…」

「良い質問ですね。先生は卑弥呼と呼び捨てには出来ません。それは中国側が名付けた蔑《べっ》称《しょう》で、卑弥呼女王こそ皇室の先祖で立派な人物だったからです。他にはFさん」

「はい、卑弥呼女王の命とは具体的にどういうことなのですか、良く分かりませんが」

「他にもまだありますか……G君」

「はい、先生の考えでは邪馬台国は九州にあったということですか」

「どれも素晴らしい質問ですね。それは日本古代史の謎を解明する核心を突いているからです」


平成十八年〝秋の皇室スペシャル〟というテレビ番組で皇后陛下美智子さまが養蚕業の衰退にともない昭和六十年頃、皇居での養蚕の見直しが図られ、生産性の悪い日本古来からの在来種〝小石丸〟という蚕の飼育を止めようとしたのを「小さくて可愛らしいから飼い続けましょう」とおっしゃられ、飼育され続けたことが後に、日本の歴史的な正倉院宝物を救うこととなりました。平安時代に織られた宝物は細くて軽い〝小石丸〟の生糸でしか出せないものでした。また生糸を赤く染める〝ニホンアカネ〟という植物が絶滅寸前でしたが、何と皇居の中で天皇陛下が育てておられてたのを増やされ染料とされたのです。両陛下の心温まるエピソードに、テレビ出演していた人々も皆大きな感動を受けていました。

古来より皇室で蚕を飼育することが尊ばれていたこととは、『日本書紀』に記載されているある部分に由来しているのではないかと、改めてその部分を読み直して日本歴史の深遠さに震えるような感動を覚え、一人はらはらと涙を流していたのでした（ポケットからハンカチを取り出して目頭を拭く）。

「ワー」「キャハハ」「アハハ…」

「先生、少しオーバーじゃないの？」

「これは決してオーバーでもマントでもありませんよ」

「アハハ…」

「古代史を解明した者にしか味わうことができない感動の涙なのです。だから先生は幸せだなあ〜と言ったのですよ」

「先生、質問に何も答えていませんよ」

「はい、はい。それでは皆んなに一つ質問をします。テレビを見ていた人も皆んなも皇后陛下が蚕を飼育されていらっしゃったとは、なかなか考えつかなかったかも知れませんが、なぜ歴代の皇后様が蚕を飼育されてこられたと思いますか」

「……」

「それでは天皇陛下が毎年皇居内の水田で、春には天皇陛下御自身で田植をなされ、秋には稲刈りをなされますが、なぜだと思いますか…I君」

「はい、日本民族が稲作農耕民の証《あかし》として新しい穀物の収穫に感謝する一つの儀式だと思います」

素晴らしい答ですね。確かに刈り取られた稲穂は伊勢神宮の神嘗祭《かんなめさい》や宮中の賢所《かしこどころ》に献納されるということです。また、毎年十一月二十三日の〝勤労感謝の日〟に宮中では新嘗祭《にいなめさい》があり、新しい穀物の収穫に感謝し、次の年の五穀豊穣をお祈りする儀式が行われていますが、天皇陛下が田植や稲刈りをなされたり、皇后陛下が蚕を飼育されていらっしゃるのはもっと深い意味があることなのです。

奈良時代の『日向国風土記』に天照大神の孫・ニニギノ尊が高千穂の二上の峯《たけ》（他にも数ヶ所）に天降ったとき、高千穂は大変霧が深く暗闇の状態であった。そこでニニギノ尊は天照大神から授かってきた稲の穂を抜き、そのもみ種を四方にまかれたところ、たちまち霧が晴れ、明るい世界がひらけてきた。したがってこの地を臼杵郡の智鋪（千穂）の里と名づけたという。

「つまりこのことは、地名伝説の由来と共にニニギノ尊一行が高千穂に移って来て新しい文化・水田耕作を広めたことを物語っているということは分かりますか」

「はい、その通りだと思いますが、どうして直接どこどこから高千穂に移って来たと書かないのですか、天から山に降りて来たなんて信じられませんが…」

「ここで『日本神話の法則』を思い出してください。これは神話の世界だから許される話で、天照大神の孫・ニニギノ尊が天上（高天原《たかまがはら》）から天降った（天孫降臨）として神聖化し尊厳化したのです。ニニギノ尊に従ってきた氏族を天孫族としたり、天孫族が祀《まつ》る神を天《あま》つ神として他の土着の氏族と区別したのです」

高千穂神社の宮司・後藤俊彦氏の著書を読んで初めて知ったのですが、天皇陛下が秋に行われる稲刈の宮中行事が『日向風土記』の天孫降臨神話の伝承として、ニニギノ尊以来歴代の天皇御自らが稲を作られ天つ神へのご報告、感謝のお祭りとして継承されておられるとのことで〝なるほど〟と納得できました。

「歴代の天皇陛下が春に田植、秋に稲刈をされるのはニニギノ尊の天孫降臨神話に由来し、歴代の皇后陛下が蚕を飼育されるのは邪馬台国の卑弥呼女王が養蚕を始められたことに由来しているのに違いないとテレビを見て思いながら、〝小石丸〟という蚕が日本古来からの在来種？　キャッホー！

♪もしかして、もしかして…♪」

「ワー」「アハハ……」

「卑弥呼女王が飼育され始めた蚕も〝小石丸かも知れないぞ〟と古代に思いを馳《は》せ、蚕とは天の虫と書きますね。卑弥呼女王を神格化した天照大神から授かった虫とも思えて一人感動していたのでした」

古代では度々戦乱が起こり、平和が長続きすることも少なかったと思われます。皇室の先祖と同じ労苦を共有することで、先祖を偲び繭《まゆ》や稲（米）が無事収穫できた平和な世への喜びや感謝と、先祖を敬い国家国民の安寧《あんねい》と永遠の繁栄、平和な世の中をお祈りされている祭事なのです。このような祭事は卑弥呼女王時代の祭政一致の名残なのでしょう。だから今でも政治のことを政《まつりごと》（祭事）と言うのです。

第四章　卑弥呼女王は皇室の先祖である

もうお分かりでしょう。先生は卑弥呼女王は皇室の先祖であり、ニニギノ尊は卑弥呼女王の孫で実在した人物であると確信しています。

確かに官撰の歴史書『日本書紀』には卑弥呼とか邪馬台国という明確な形では一切書かれてはいませんが、それには明らかにできないある理由があるのです。筋道立てて説明すれば、中学生の皆んなにでも理解できることなのですが、その理由を考えようともしないし、当然理解も出来ないでいるために日本古代史の謎が解明できないでいるのが、日本歴史学界の現状なのです。

一、邪馬台国の女王・卑弥呼の人物像

日本の最古の女王でありながら我が国の史料には明確に卑弥呼という名も事績も伝わらない女王。したがってもし『三国志』の著者陳寿が、その名を書き留めなかったら、永久に日本史上にその名を知られることのなかった女王とされていますが、『記紀』には卑弥呼女王を神格化した天照大神として明記されているのです。

「先生、どうしてはっきりと卑弥呼女王と書かないのですか」

「『日本書紀』の編纂者は『魏志倭人伝』を読んでいたことは明らかですが、卑弥呼とは明らかにできないある理由があるからです」

「先生もったい振らないでちゃんと教えてください」

「はい、はい」

「ここはもったいをつけなければなりません（笑）。その理由は順序立てて説明しなければ皆んなに理解してもらえないからです。それは後で考察する『神武東征』の年代と深くかかわっているからなのです。その前に質問にあった卑弥呼の人物像について考えてみましょう」

『魏志倭人伝』には、「倭国の王はもともと男だったがその後、国内が乱れ諸国はたがいに攻め合うようになった。そこで女王を共立し、それによって戦乱が治まる。この女王を卑弥呼という。鬼道につかえてよく人々を惑わす」と記しています。

中国の民間信仰では、古くから霊的存在を〝鬼〟と呼んでいたとされ、卑弥呼の鬼道については、さまざまな論議がされてきましたが、シャーマン（巫者《ふしゃ》）に霊的なものが乗り移り〝神がかり〟の状態になり〝御告《おつ》げ〟や予言、病を治す〝シャーマニズムという原始的な習俗〟というのが一般に正しいと認められています。日本でも青森県恐山の〝いたこ〟と言われる人がシャーマンの典型とされています。

「多くの学者が言う〝おそらく卑弥呼女王は非常に霊感の強いシャーマンだったのだろう〟との説にE君はどう思いますか」

「先生、僕にそんなこと聞かれても困ってしまいます」

「アハハハ…」

「だって偉い学者の方が言ったことを信じるしかないと思うからです」

「E君は自分の思ったことを正直に言ってくれるので気持良いですね。中学生の皆んなにはまだ無理かも知れませんが、先生はどのように権威のある学者の説でも色々な角度から考察して納得できなければ決して信じるようなことはしません。卑弥呼女王は鬼道をもって衆を惑わすようなシャーマンではなく優れたリーダーだったと確信しています。次にその根拠を言います。皆んなも一緒に考えてみましょう」

まず直接会ってもいない卑弥呼女王の人物像をそのまま信じて良いものかという点。中国には文明世界の中心が中国という中華思想があって、中国以外の周辺地域を東夷《とうい》（東の方角に住む野蛮人）、西戎《せいじゅう》、南蛮《なんばん》、北狄《ほくてき》と蔑視しました。だから倭国の倭＝背が曲がっていて低い、卑弥呼女王の卑＝いやしい、邪馬台国の邪＝心がねじけている、などと故意に貶めているので、中国人が直接目で見て確かめることができなかった異国の宗教を、人々を惑《まど》わす〝鬼道〟と称してさげすんでいるとも思えるからです。

「先生、どうして中国人が倭国とか、卑弥呼とか、邪馬台国と名づけたのかその経緯《いきさつ》をもう少し分かり易く教えてください」

「う～ん、これにも様々な説があって難しい質問ですが、諸説から考えて先生が最も妥当と思うのは、次のような経緯があったのではないかと考えています」

魏の役人が日本（当時はそのような国名ではなかった）からの使者に対して現代の言葉使いで言いますと、

「あなたの国の名と国を治めている王様の名を教えてください」

「はい、わ（我・吾＝わたし・われ）の国の名はヤマト（山門？）と言い、国を治めている女王様は日の御子《ひみこ》・日御子《ひみこ》様でございます」

「な～んというような会話があったのではないかな？　と考えています」

「先生、そのような話、本当に信じて良いのですか」

信じるか信じないかは自分自身で判断することですが、これは根も葉もないような〝でたらめ〟な話ではなくて十分根拠のあることなのです。これからの授業の展開で少しでも〝なるほど〟と思うことがあって、日本古代史に興味・関心を持ってもらえたらと思っています。

これらの中で大切なポイントを挙げておきますと、一つには、当時中国では今でいう日本国を倭国と称して蔑視していたということです。倭国と称することが自虐的と考えた『日本書紀』の編纂者が新しい国名を、倭とは対照的に日本と名づけたことに絶大の自信と誇りを持っていたことを心に銘記しておく必要があるのです。

「先生、どうして日本という国名が誇らしいと思ったのですか」

新しい国名を日本とした理由を説明すると長くなるので後述しますが、ただ『日本書紀』

は天武天皇の勅命によって編纂された官撰の歴史書ですが、当時律令の制定と国史の編纂は、文明国家としての根幹を為すもので、携《たずさ》わった学者は重い責任と使命感、何よりも学者としての誇りを持って律令の制定や国史の編纂に取り組んだのです。

「日本で最初に制定された国家統治、国を治める基本となる法典を何と言いますか」

「七〇一年に制定された大宝律令？」

「正解です。素晴らしい！　ここでこの律令をなぜ大宝律令と言うのか知っていますか」

「その当時の年号が大宝だったからではないのですか」

「そう思いがちですが実は違うのです。〝わが日本も文明国家として、このような立派な律令という法典を持つことができた〟ことを誇りに思い大いなる宝として、大宝という年号を決めたのだそうです（斎川眞著『天皇がわかれば日本がわかる』より）。『日本書紀』の日本という新しい国名に対しても、当時の人々は同じような意識を持っていたと先生は考えています」

「先生、大宝律令の大宝という年号にそのような意味があるのを初めて知って、すごく興味が湧いてきました。〝日本〟という国名にどのようないわくがあるのか先生の説明を期待しています」

「嬉しいなあ～そのように期待してもらって…日本という国名の由来を知ることは〝日本とはどのような国〟なのかを知ることにもなるので、自国に誇りを持つためにもとても重要なことだと思っています」

ところでなぜ神武天皇の和風諡号《しごう》（おくりな＝生前の本人の業績を考慮して死後に贈る名のこと）を神日本磐余彦《かむやまといわれひこ》と呼ぶのか、イザナギノミコト、イザナミノミコトが国生みをした時に、今でいう本州だけをなぜ大日本豊秋津州《おおやまととよあきつしま》と名づけたのかを考察していくと、日本古代史解明のための重要なヒントになっていることをしっかり留意しておいてください。

二つには卑弥呼女王が治めていた国は決して〝邪馬台《ヤマタイ》〟国とは読まなかったということです。なぜなら中国語では邪馬台を〝ヤマタイ〟とは発音しないからです。『逆説の日本史』の著者、井沢元彦氏が古代音の研究者に依頼したところ、カタカナで書くのは難しいのですが「ヤマダ」か「ヤマド」のように聞こえるそうです。先生は日本からの使者は、国名を聞かれて「ヤマト」と言ったのだと信じています。歴史は点ではあり得ないで、一本の道のように連なっているものなのです。つまり邪馬台国は大和《ヤマト》朝廷の前身であるということなのです。

「先生、それでは邪馬台国は大和（近畿地方）にあったということなのですか」

これは学習課題「神武東征は史実である」の解明と深くかかわることなのですが、『日本書紀』をしっかり検証すれば、邪馬台国近畿説は全く成立しないのです。

『日本書紀』には〝卑弥呼女王や邪馬台国のことは何も書かれていない〟という固定観念に捉《とら》われているからなのですが、北九州にあった邪馬台国の女王の直系の子孫・狭野尊（後の神武天皇）が東征して大和に日本国の橋頭堡《きょうとうほ》を築いたのです。この歴史的事実を皆んなの前に明らかにしていきます。先生は自信満々ですすよ、期待していてください。

「先生、そんな大それたことを言って大丈夫ですか？　心配だなあ～」

「プッ！」「アハハハ…」

もう一つは卑弥呼と呼ばれた女王は人の名前ではなかったということです。このことは井沢元彦氏をはじめ歴史学者も指摘していて、目上の人とか自分より位の高い人物を直接名前では呼ばないからです。当時は太陽を神として崇《あが》めていて日（太陽）に仕える御子、つまり日御子というのは身分の呼称＝称号であるというのです。しかし卑弥呼と書かれた人物は邪馬台国の女王・卑弥呼でしかなく、当然、固有名詞として認識されてきたのです。

次に卑弥呼女王は優れたリーダーと考える根拠を述べてみましょう。まず中国側の記録『魏志倭人伝』から考察します。卑弥呼は古代社会では重要な祭祀をつかさどり、人心を掌握していた優れたリーダーだったからこそ倭国大乱の後、三十ヶ国に及ばんとする連合国家の女王として共立されたのでしょう。シャーマンの如《ごと》き人物が果たして当時の世界情勢を的確に判断して、外交や政治力を発揮し国を統率したリーダーとなり得ただろうか。

当時の朝鮮から中国にかけての情勢は、二世紀後半黄巾の賊が兵をあげ、漢王朝が衰退し遼東地方の大守（役人）公孫氏が独立し、西暦二〇四年に朝鮮の楽浪郡、帯方郡を支配したため、陳寿（魏志倭人伝の撰者）も東夷たちが入朝できなかったとしています。

中国では魏・蜀・呉の三国が並び立ち、華北を統一した魏は、西暦二二〇年後漢王朝を滅ぼす。魏の三代明帝は景初二年（西暦二三八年）八月公孫氏を滅ぼし、楽浪・帯方の二郡を接収し、再び魏の支配するところとした。この新興の魏に対してすかさず景初二年（西暦二三八年）六月朝貢し渉外関係を結び〝親魏倭王〟の称号や金印紫綬、百枚の鏡をはじめとした数々の文物を下賜され、卑弥呼の権威づけ、政治の安定に役立ったのです。また西暦二四七年の句奴《くな》国《こく》との争いでは魏の役人に使者を送って報告。両国に紛争を止めるよう呼びかける使者を送らせるという、機を見て敏な平和路線外交など女王としての優れた手腕を発揮しているのです。

尚ここで注意しておかなければならないのは、朝貢した年を倭人伝の通り景初二年ではなくて景初三年（西暦二三九年）の誤りとする学会の定説は『魏志倭人伝』の撰者・陳寿に対しても不遜《ふそん》であると思います。なぜなら景初三年とするのは明らかに誤りだからです。景初三年とする根拠の一つに公孫氏が滅亡したのは景初二年八月だから、朝貢したのが景初二年六月では公孫氏に妨害されて通行は不可能との説があります。しかし西暦二三四年蜀の諸葛孔明が死亡してから魏は兵力を東部戦線へ移し、景初元年魏の水軍が朝鮮方面の制海権を握ったため、楽浪帯方と魏とは通交が公孫氏の滅亡を待つまでもなく可能であったとしています（水野祐氏）。

また、景初二年六月には司馬懿《しばい》の軍が遼東に到着して襄平《じょうへい》を囲んでいるので邪馬台国の使者の一行は、充分通行可能だったと思われます。

なぜ景初三年（西暦二三九年）とするかの最大の理由は『日本書紀』の巻第九〝神功皇后紀〟摂政三十九年の条に——魏志倭人伝によると明帝の景初三年六月に倭の女王は大夫難斗米らを遣わして帯方郡に至り、洛陽の天子にお目にかかりたいといって貢物を持ってきた。大守の鄧夏は役人をつき添わせて洛陽に行かせた——と書かれていて、あたかも邪馬台国の女王・卑弥呼が景初三年に朝貢したように書かれていますが、この倭の女王は邪馬台国の女王・卑弥呼ではあり得ないのです。『魏志倭人伝』との違いをあげると次のようになります。

	魏志倭人伝	日本書紀・神功皇后紀
朝貢した年	景初二年（西暦二三八年）六月	景初三年（西暦二三九年）六月
派遣した人物	邪馬台国の女王卑弥呼	倭国の女王
使者の名前	大夫・難升米	大夫・難斗米
帯方郡の長官	大守・劉夏	大守・鄧夏

日本の歴史学界でも多くの学者や古代史の著作家も〝神功皇后紀〟では、なぜ使者や長官名を一字変えてあるのか、景初二年をなぜ三年としたか、の『日本書紀』編纂者の意図を考えようともしないため〝神功皇后紀〟の倭国の女王を卑弥呼としたり、卑弥呼が朝貢したのは『魏志倭人伝』の景初二年が正しく景初三年は誤りであることに全く気づかないのです。

「先生、どうして使者や長官の名前を一字変えたり、景初二年を三年としたかの理由をもう少し分かりやすく説明してください」

「先生、どうして倭国の女王は卑弥呼ではないと言えるのですか」

ここは日本古代史解明のための最も重要なキーポイントになるところと言っても良いかも知れません。これから述べる先生の考えは、学界の定説とは相対することで、定説が誤りであることを証明することだからです。

その前に日本の正史（国家の正しい歴史を書いた歴史書）である『日本書紀』の対象としている読者は、日本の貴族、政治家、官僚や有識者（学者・僧侶等）だけではなく、律令国家中国や朝鮮であったことを念頭に置いておく必要があるのです。

『日本書紀』には明らかに実在した邪馬台国の女王・卑弥呼が、明確な形では一切取り上げられてはいませんが、それには次のような理由があるからなのです。神武東征を実際の年代より約千年近く繰り上げて紀元前六六〇年としたため、神武天皇より以前の卑弥呼の年代が更に繰り上がってしまい、卑弥呼は歴史年代に登場できなくなってしまったのです。

「先生、どうして神武東征の年代を千年近く繰り上げてしまったのですか」

紀元前六六〇年は日本の縄文時代なので神武東征を虚構とする理由の一つなのですが、もちろん反論できる自信はあります。その時まで待っていてください。

さて、中国では「何何《なになに》、倭国が国名を日本と変えて我が国に追いつき追い越せと、文明国たらんとして『日本書紀』という国史を編纂したと？　どれどれ督《とく》と拝見しましょう」と注目していたことは疑いのないことなのです。

神武東征を紀元前六六〇年としてスタートしたその後の皇紀年表（日本書紀年表）では百歳以上長寿の天皇が十四名も存在したり、神功皇后は実際は第十五代応神天皇の母で五世紀初頭の人物と考えられるのですが、紀元二六九年逝去と、三世紀の人物とされています。皇紀年表には卑弥呼女王のことは何も書かれていません。神武天皇より以前の人物ですから、それは当然のことですね。

詳しいことは第十二章「神武東征は史実である」の中で〝滑稽《こっけい》な神功皇后・卑弥呼比定説〟として説明します。

二、『日本書紀』に書かれている卑弥呼女王の人物像

今までの先生の説明で卑弥呼女王は皇紀年代（神武東征以後の年代〜紀元前六六〇年以後）では登場できない理由は分かったと思います。皇室の先祖である卑弥呼女王が日本の正史である『日本書紀』に何も書かれていないはずはないのです。

「先生、本当に『日本書紀』に卑弥呼女王の人物像が書かれているのですか」

「生存していた三世紀の歴史年代で卑弥呼女王という名称で書くことはできないことは分かりますか」

「神武東征が紀元前六六〇年で卑弥呼はそれ以前の人物だからです」

その通りです。先生の考えが理解されてきて嬉しいです。そこで『日本書紀』の編纂者は、神代つまり神話の中で天照大神として登場させたのです。プリントを見てください。これは『日本書紀』神代・上の〝国生み〟の中の一書《あるしょ》（第十）の一節です。

そして伊弉諾尊《いざなぎのみこと》・伊弉冉尊《いざなみのみこと》が共に相談していわれる。「私はもう大八洲国（日本列島のこと）や山川草木を生んだ。どうして天下の主者《きみたるもの》を生まないでよかろうか」と。そこで一緒に日の神を生み申し上げた。大日孁貴《おおひるめのむち》という。――一書に天照大神という――この御子は、はなやかにうるわしくて、国中に照りわたった。そこで二柱の神は喜んでいわれるのに「わが子たちは沢山《たくさん》いるが、まだこんなにあやしくてふしぎな子はいない。長くこの国に留めておくのはよくない。早く天に送り高天原の仕事をしてもらおう」と。この時天と地はまだそんなに離れていなかった。だから天の御柱をたどって天上に送り上げた。

また、神代・上〝黄泉《よみ》の国〟の章の一書（第十一）の一節に天熊人《あまのくまひと》（神に供える米を作る人）はそれらをすべて持帰り奉《たてまつ》った。すると天照大神は喜んでいわれるのに「この物は人民が生きて行くのに必要な食物だ」と。そこで粟・稗《ひえ》・麦・豆（大豆・小豆）を畑の種とし、稲を水田の種とした。その稲種を天狭田《あまのさなだ》と長田《おさだ》に植えた。その秋の垂穂は八握りもある程しなって、大そう気持よかった。また大神《おおみかみ》は口の中に蚕の繭《まゆ》をふくんで糸を抽《ひ》くことが出来た。これからはじめて養蚕が出来るようになった。

（全現代語訳『日本書紀』宇治谷孟）

〝国生み〟神話の日の神・大日孁貴《おおひるめのむち》の「孁」の文字は「霊《み》」と「女《め》」の合体した文字で中国現存の最古の辞書『説文解字』は「みこ」と読んでいる。「日」の文字を付けて「日孁」は「ひみこ」と読むそうです（『日本建国神代史』大野七三氏著による）。〝貴《むち》〟は高貴な方《かた》という尊称で『日本書紀』の編纂者は「邪馬台国の女王・日の御子（日御子）は天照大神に神格化されたのです」と宣言しているのに等しいのです。

〝黄泉の国〟神話は、これはもう神様の話ではなくて人間の生活の営みそのものです。つまり、邪馬台国の女王卑弥呼は狩猟・採集を主体とした生活者に土地の開墾を奨励し畑作や水田耕作を広めたり、養蚕を始め、人民の生活改善を図るなど優れたリーダーとしているのです。

少し長くなりましたが『日本書紀』の神話から考える邪馬台国の女王・卑弥呼の人物像です。先生がテレビで歴代の皇后様が蚕を飼育されてこられたことを知り、なぜ感動の涙を流したかというと、邪馬台国の卑弥呼女王が皇室の先祖であり、養蚕を始められたことに由来していることに違いないと『日本書紀』の〝黄泉の国〟神話の最後の部分を読んで確信できたからなのです。これまでの考察から邪馬台国の卑弥呼女王は『魏志倭人伝』からも『日本書紀』からも優れたリーダーだったと考えています。

もっとも「『日本書紀』に卑弥呼のことは何も書かれていない」というのが定説でしたが、神話の中で語られているのです。もし「神話の話だから歴史的事実とは言えない」と考えていては、日本古代史の謎は永久に解明できないでしょう。卑弥呼女王についてはまだ話すことがあるので前に進みますが、一つだけ知っておいて欲しいことがあります。

『魏志倭人伝』では、「養蚕を行い、糸をつむぎ、細やかな縑《けん》や緜《めん》を作っている」。作っていただけでなく、魏へ二度めに派遣された使者が献じた品物の中に、「倭錦《わきん》、絳青縑《こうせいけん》、緜衣《めんい》、帛布《はくふ》」などがある。倭錦とよんだ織物が作れたのだから三世紀の女王国の織物技術は国際的にみても高い水準にあった。緜は真綿《まわた》。縑は細緻《さいち》な絹織物で、中国人は水のもれない絹織物だとたとえている（『古代史の窓』森浩一著より）。このように、当時から日本の職人の技術の高さには驚かされます（現代の歴史教科書の養蚕や絹織物に関する記述は誤りです）。

第五章　高千穂は固有名詞で地名である

神武東征は歴史的事実であり、ニニギノ尊が天孫降臨した地は高千穂と信じて疑わない先生にとって、高千穂は聖なる地＝聖地でもあるのです。降臨後、「ここは吉き地《よところ》と高々と氷木《ひぎ》を聳《そび》やかした宮を建てて住まわれた」と『古事記』に書かれています。

氷木とは神社の屋根の棟《むね》の両はしに交差して組み合わせた二本の木の千木《ちぎ》のことなので、ニニギノ尊が住まわれた宮というのは、今で言う神社と重ね合わせて高千穂でも最も象徴的な場所としての高千穂神社に特別な思いを抱いていました。

ところが驚いたことにその高千穂が地名ではなくて〝普通名詞である〟というのが歴史学界の定説なのだという。そこで高千穂は地名ではないといういくつかの代表的な例をあげて検証してみましょう。

①高千穂とは文字どおり高く秀でたたくさんの稲穂ということで固有名詞（地名）ではない。

②高千穂とは本来的に普通名詞であり、人々の信仰を集めた山であった。～降臨神話に採択された高千穂は、南九州の曽於《そお》の霧島山系の山でなければ、この神話はその後の展開

ができない筋立てになっている。

③高千穂は〃高い山々〃〃高くそそり立つ連山の意味の普通名詞である。〜高千穂の穂は〃稲の穂〃と共通する言葉なのである。穂高岳も類似の山名だ。したがってこの高千穂の一語で宮崎県の〃高千穂の峰〃などに結びつけるのは危険である。

④高千穂とは、稲穂をたくさんうず高く積みあげたような高い高い峰という普通名詞であって、実際にそのような高峰があったわけではない。高天原という天上の世界から降り立つには、そのような高峰がふさわしいということで、考え出された空想上の地名にすぎないのである。

⑤高千穂とは〃多くの稲穂を高く積み上げたところ〃をあらわす。農耕生活をしていた古代人が山の姿を見てそこを〃稲が積もったような豊かな山〃と名づける場合が多い。穂高などの地名は、そのような発想からできたのだ。古代には、高千穂の地名はいくつかあったのだろう。

これらの学説はどれも著名な学者の考えですが、天孫降臨神話を検証すれば、高千穂が普通名詞ではあり得ないのです。なぜなら天孫降臨神話では高千穂を地名としていることは明白だからです。

②の降臨神話は高千穂が霧島山系の山でなければ、この神話はその後の展開ができない筋立てになっているとの説ですが、それははっきり言って間違いです。高千穂は西臼杵郡の高

千穂町（地名）であってはじめて、天孫降臨神話のその後の展開が成り立つのです。
③の穂高岳の穂高は安曇《あずみの》氏の祖先のワタツミの子のホタカミ（穂高見命）の名前がその由来になっているという有力な説もあります（『天皇家と卑弥呼の系図』澤田洋太郎著）。要するに、高千穂の一語で判断するはずもなく、天孫降臨神話の展開を総合的に考察すれば、宮崎県の高千穂の峰であることは明らかでしょう。
④は論理的には説明のしようもない説で、稲穂は草本で生の植物を積みあげて高い高い峰など出来るはずもなく、神話の中でも高千穂という地名が厳然と存在しているにもかかわらず、普通名詞がなぜ空想上の地名（固有名詞）になるのだろうか。
⑤の古代人が山の姿を見てそこを〝稲が積もったような豊かな山〟と名づける場合が多い、とどうして断定できるのだろう（穂高については前述のように人名から名づけたという説もある）。穂高岳のような峻険な山が稲穂を積み上げてできるのだろうか。まさか地名としての穂高町が稲が積もったような豊かな山のような姿をしているのだろうか。古代には高千穂の地名がいくつかあったのだろうとは全くの憶測にすぎない。なぜなら地名は〝言葉の化石〟と言われていて、そのように簡単に消滅しないからです。

地名であるとする説

『日向風土記』については一度取り上げていますが、高千穂が地名とする根拠になっているので再度考えてみましょう。
『日向風土記』に天孫が「日向の高千穂の二上の峯」に天降った際、――時に天暗《そらくら》く、夜昼《ひる》別《わ》かず、人物《ひと》道を失ひ、物の色別《わ》き難《が》たかりき。（中略）ニニギノ尊、千穂の稲を搓《ても》みて籾《もみ》と為《な》して投げ散らしたまいければ、たちまち空が晴れ上がって日と月が光り輝いた。因《よ》りて高千穂の二上の峯《たけ》と曰《い》いき。後の人、改めて智鋪《ちほ》と号《なづ》く。――

この『風土記』は奈良時代に作られ、当時、現在の高千穂町は〝智鋪の里〟と呼ばれていた。鋪は稲穂の穂であり、智は千で〝チ〟というのは霊力のこもったものをいう意味で、稲穂の霊力の偉大さを語っているのだそうです。つまり〝智鋪の里〟・高千穂は稲作農業の地、と知られていたのです。ちなみにニニギノ尊・天津彦々火瓊々杵尊《あまつひこひこほのににぎのみこと》の瓊々杵《ににぎ》とは、稲穂のにぎにぎしさ、稲穂がいっぱい実っているさまをあらわした名前で、ニニギノ尊一行が高千穂の里にやって来て稲作を広めたに違いないのです。奈良時代には高千穂の地が天孫降臨の地だと信じられていたということが重要なのです。

現に高千穂という地名が存在しているのです。これが地名でなくて何というのだろうか。『日本書紀』には、天孫降臨の地が〝筑紫の日向の高千穂の槵触峯《くしふるたけ》（他に二上峯《ふたかみのたけ》、添の山峯《そほりやまのたけ》など）というように書かれていて、高千穂が地名でなくては神話の展開が成り立たない。普通名詞ではあり得ないのは誰が考えても明らかでしょう。

ところで〝智鋪（千穂）の里〟をなぜ「高千穂という地名にしたのだろうか」について考

えてみました。

　北海道育ちの先生は、初めて見る棚田の見事さに感激しました。その時、神話から考えて恐らく日本で最初の棚田と高千穂という地名には何らかの関係があるのではないかとひらめいたのです。ニニギノ尊一行が移住して来た盆地の傾斜地を利用して思いもよらなかった稲作を可能にした。その時の人々の驚きや喜びはいかばかりであろうかと想像するのです。

「水田は平地が普通、黄金色の稲穂（千穂）が秋たわわに実った稜線が数百米はあろう棚田を遠くから眺めた時の立体的な高さを形容して、他の平面的な水田とは違うことを誇らしく思い、高千穂と名づけたのではないかと思うのですが、先生の考えをどう思いますか」

「先生いけてる、いけてる」

「先生、良い線いっていると思うよ」

「本当に、嬉しいなあ～、皆んなのように純粋な心で感じたことに正しいことが多いからです」

第六章　天孫降臨のモチーフは日本独自のものである

さあ～いよいよ今回の旅の最大の目的の一つ高千穂神社訪問。

義理の弟は、「えーっ、二日も高千穂へ行ったの？」

「高千穂神社を訪問できなかったら死んでも死に切れないの！」と言うと「プッ！」と吹き出していましたが…。あいにく高千穂神社の宮司・後藤俊彦氏とはお会いできませんでしたが、息子さんの後藤倫太郎氏とは高千穂神社にまつわる話など楽しいひと時を過ごし、〝高千穂神社と皇室とのかかわりの歴史的なことが書かれた本がないのかな？〟と思って後藤俊彦氏著作の『山青き神のくに』という本に目を通しながら二千八百円もする本で、〝ちょっと高いなあ～〟と、もじもじしていると〝男らしくない！〟と思ったのでしょう。妹が買ってくれました。

「アハハ…」

先生は〝やったあ～〟と喜び勇《いさ》んで高千穂神社訪問の証拠にと、宮司様のサインをお願いして神社を後にしました。後日送られてきた本を見て〝宮司様と先生は運命の糸で結ばれている〟という思いにかられるのでした。達筆な毛筆で「六角克博様　平成十三年三月吉日　後藤俊彦」と見返しのページ一面に先生の名前まで書かれていたのです。先生の大切な宝物です。

さてこれからが古代史の定説と言われてきた学説と真っ向勝負を挑むことになります。先生の考えが中学生の皆んなにも〝なるほど〟と納得させることができるよう頑張ります。まず最初の難問、天孫降臨について考えてみましょう。

天孫降臨というのは「皇祖神・天照大神の孫のニニギノ尊が高千穂近郊の峯に高天原から降りてくる」という神話なのですが、どうしてこのような神話にしたかは、『日本神話の法則』を考えてみると、もうお分かりですね。

「神聖化、尊厳化、権威づけ」

確かにその通りですが、このように支配者が天から高い山の頂きに降りたという神話は、ツングース系（高句麗・扶余）の『檀君《だんくん》神話』や『駕洛国記《から》』の首露王の建国神話から皇室の祖先は、北方騎馬民族の子孫であるとか（現在はほとんど否定されている）、南朝鮮からの渡来系子孫であることを示唆しているとし、天孫降臨のモチーフは特に日本独自のものではないと多くの学者が指摘（日本の天孫降臨神話が朝鮮半島から内陸アジアにかけて広く分布している祖神の天降り神話に由来することが定説として確立している）していますが、この指摘（定説）は誤りだと思います。

「えーっ、そんな！　学会の定説を誤りなどと言って、先生、本当に良いんですか？」

「もちろん、それは先生の考えに自信があるから言えることなのです。これから先生の考えを述べます」

『檀君神話』では「天の神がその子（桓雄）に三つの天符の印を授け三千の徒衆を従えて大白山の頂にある神檀樹の下《もと》に降って朝鮮を開いた」としていますが、この神話の実際は、続けて「神檀樹の近くの洞窟に熊と虎がいて、人間になりたいと望んでいた。そこで桓雄はヨモギとニンニクをあたえ、これらを食べて百日間洞窟にこもって日光を見なければ人間になれると教えた。虎は途中で飽きて失敗したが、熊は教えを守り美しい婦人になった。熊女は桓雄と結婚し檀君を生んだ。檀君は成人すると唐の尭王五十年に平壌に都をさだめ、はじめて朝鮮の国号を採用した」（『世界神話事典』角川書店より）

『駕洛国記』の首露王の建国神話では「むかし、加羅（駕洛）国のできる以前、我刀干ら九干（九人の首長）が支配していた。首長らが金官国の亀旨峰《くじほう》に神の声がして、『私はこの地方に新しい国をつくり、その王となるように天上の神から命令されて降臨するので、皆はうたい踊りながら待ちうけるように』と伝えた。そこで人々が迎神の祭りをおこなっていると、紫色の縄が天から垂れさがり、その縄のつくところに、黄金の卵が六つあった。我刀干らがこの卵を箱に入れて家に持ち帰るが、十三日目に開いてみると、六つの卵は童児にかわっていた。その中の一人は金官伽耶《かや》国の首露王になり、残りの五人はそれぞれ五伽耶国の王になった。」（『世界神話事典』角川書店より）

これが朝鮮の祖神（国王）の天降り神話の実際なのです。先生は古代史を研究してきて、日本民族は非常に誇り高い民族で、そのことが日本の歴史・文化に大きな影響を与えてきたと考えています。

朝鮮の天降り神話ですが、日本人はこのような理屈っぽいことを嫌うし、第一、熊女と結婚してその子が国王になったり、卵から生まれた童児が国王になったりしたのでは、神聖化や尊厳化、権威づけにはなりません。

「皆んなは、天皇の先祖が熊女と結婚して生まれた子や、卵から孵化した子で良いと思いますか？」

「だめ！」「ヤだ！」

「ものすごい拒絶反応ですね。日本人は誇り高い民族なので、朝鮮の天降り神話の実際を知れば日本の〝天孫降臨〟神話のモチーフには成り得ないと確信していたから先生は、学会の定説を誤りと言ったのです」

「先生、モチーフって、なんかカッコイイけど、どんな意味なの？」

「ここでのモチーフというのは、天孫降臨神話がつくられる原動力となった中心思想や動機のことで、どのようなことを元にしてつくられたのか、その元となるものを言います」

歴史を検証する時、資料を恣意《しい》的に扱っていては歴史の真実を見誤ったり、歪《ゆが》めたりすることにもなりかねないのです。先生はなぜ秀麗ともいえないような高千穂近郊の山々の峯、全六ヶ所にニニギノ尊が降臨した場所があるのだろうか、これは古代人が太陽を神として崇《あが》めていて、その太陽の季節によって変化する軌道の変化と何か関連があるのではないかと漠《ばく》然《ぜん》と考えていました。

ところが、その先生に阿蘇神社の御利益としか思えない奇跡が起きたのです。〝天孫降臨とはこのことだ！〟という不思議な体験をしたのです。一体、「それはどのようなことなのか？」を語る前に高千穂神社を後にしてからの経過を話さなければなりません。

高千穂神社から天照大神を祀っている天の岩戸神社へ

西本宮から岩戸川をはさんだ対岸岸壁にある巨大な洞窟が、天の岩戸で御神体なのだといいます。西本宮を参拝した時、他の神社とは違う大きな鏡が印象的で、天照大神は天孫降臨の際にニニギノ尊に鏡を授け「この鏡を見ること、われを見るごとくせよ」と仰ったと『日本書紀』にあります。やはり卑弥呼（日御子）を神格化したのが天照大神なのでしょう。

上品で教養豊かなお土産《みやげ》屋さんの御主人と話をしていると、神話の里・高千穂に絶大の誇りを持っておられるのでしょう。目を輝かせて語るその話しぶりにすっかり魅せられて、初対面なのに何年来の知己との出会のように感じられて実に楽しい。

最後に道路地図に国道七号線とはいえ、標高千六百米の尾平峠の所に〝通行不能〟と書いてあるので、不安になって、「ここから尾平峠を越えて竹田市へ行けますか」と聞くと、「今はほとんど車は通っていませんが、行けます行けます、行けますから、山を見ながら是非行きなさい」と強く勧《すす》められました。
「山を見ながらね」と、その一言にすごく惹《ひ》かれて躊躇《ちゅうちょ》なく出発。天の岩戸神社から間もなく九十九《つづら》折りの道路にさしかかった。木々の枝におおわれて空も見えないような細いじゃり道。対向車はかわせないので、カーブの所が少し広くしてあり、カーブに立っているミラーで確認しながら進むのです。これが国道七号線なのだろうかと、あきれながらやっとの思いで開放されると、広々とした舗装道路。道路の下方には棚田が広がり、午後四時半頃盆地の向側の山々に太陽の光が燦々《さんさん》と照り輝いている。天孫降臨の地は高千穂だと確信した瞬間でした。それは降臨の地が〝朝日直刺《たださ》す、夕日輝く〟という一文があるからなのですが「天孫降臨の地は高千穂である」という命題の解明の時に詳しく説明します。

さて、これからの話は、先生がタイムカプセルに乗って卑弥呼女王の時代に行って来た時のものなので、眉につばをつけて先生の話に惑わされずに、どこまで信じられるか冷静に判断してくださいね。

高千穂盆地を通り山道を登りいよいよ標高千六百メートルの尾平峠越えのトンネルを通り抜けると、そこは雪国ならぬ〝幽玄の世界〟であった。盆地に太陽の光が燦々と輝いていた情景が一変、〝おや、また温泉の湯煙か？〟と思って車を止めて眺めると、大きな谷のような下方から霧が所々雲のようになって上昇してくるのです。幻想的な情景に目を奪われなが

ら、目の前を上昇していく霧を追いながら山の頂の方へと目をやると、

「あ――」

「先生どうしたの？　びっくりするしょ！」

「先生はその時、神様をこの目で見たからなのです」

「へー」「本当に？」

「天孫降臨とはこのことだ！　と完全にアルキメデス状態（真理を探究できた）になってしまったのです」

「先生の言っていることが良く分かりませ～ん」

その時先生は本当に不思議な光景を目にしたのです。盆地では輝いていた太陽が、霧がフィルターの働きをしたのでしょう。眩《まぶ》しくないので肉眼ではっきり見ることができるのですが、太陽がシルエット（影絵）のようになり遠近感がないので山の頂きと太陽までの距離が全く同じで、しかも手を伸ばせば手が届きそうに見えるのです。

太陽を神と崇めていた古代人やタイムカプセルに乗って卑弥呼女王の時代にやって来た先生は、今正に神（太陽）が祖母山の頂きに降臨しようとするところを目の当りにしたのです。そうだ、証拠の写真を撮っておこうと「カメラよカメラ、私の使い捨てカメラちゃん、しっかり撮ってくださいよ」と。

「アハハハ…」

いざ写真を撮ろうとしたのですが、興奮して手が震えてしまい、そのうちに「これ！　神様を直接写真に撮るとは何事ぞ！」という天の声（神の声かな？）が頭の中をよぎったのです。

「あっ、すみません」と神様をはずして山だけを撮った写真がこれなのです。

「アハハ…」

「そんなに笑うんでな〜い、本当に太陽が神様に思えたんだからね！」

義弟の家で床に着いても興奮していて朝方まで寝つかれず、うとうとしていると何と夢の中に卑弥呼女王がお出ましになったのです。

祖母山の頂上（正しくは別の独立峰古祖母山なのではと思っています）近くに、注連縄《しめ》を張った祭壇を夕日が照らしている。黄金色ともオレンジ色とも言えないような神秘的な光の中で、一人の巫女《みこ》が祭壇でお祈りをしているのです。一体誰だろうと恐る恐る祭壇近くまで登って行くと、「あっ！　卑弥呼女王だ！」と思わず叫んだところで目が覚めたのです。

「アハハ…」

祖母山は天孫降臨の山、添山《そほりやま》のことと言われ、神武天皇の祖母・豊玉姫を祭神としている山。それにしても一年に一回、否《いや》何年かに一回あるかないかの気象条件に、初めて九州に来て巡り合う僥倖《ぎょうこう》に、これはもうただ事ではない、きっと歴史上から抹殺されている神武天皇の名誉を回復させるために、先生が神武天皇とかかわりのある神様から遣《つか》わされたのではないかと思ったのです。

「へえー」「まさか?」

先生はそのような神様から次のような神勅《しんちょく》を授かったのです。これから学ぶ〝天壌無窮《てんじょうむきゅう》の神勅〟をもじって、

「行け！　汝六角克博よ、六角？　うん良き名じゃ」

「アハハ…」

「さあ行け行って正せ！　歴史の真実は永遠に不変なりと」

「ははぁ〜っ！」と、こんな感じです。

「先生、かっこいい！」

「神武東征は虚構とする歴史学界の通説に真っ向勝負を挑みますが、自信満々恐れるものは何もないのです。何しろ先生には神武天皇の御孫・阿蘇神社の主祭神・健磐龍命の神様や神武天皇の御曽祖父の高千穂神社の主祭神・瓊瓊杵尊《ににぎのみこと》の神様がついていて下さっているのだからね」

「やっぱり先生少し変みたい」

高千穂は霧が発生し易いことでも有名です。過去の長い年月には他の峯でも今回と同じような現象が起きたと思うのです。他の峯とは二つの山の頂き、男岳と女岳が並立している日向の襲《そ》の高千穂の槵日《くしひ》の二上峯《ふたがみのたけ》（尚、大和の二上山の原型は日向の高千穂にあると白洲正子氏は唱えています）。日向の槵日の高千穂の峯と筑紫の日向の高千穂の久士布流峰《くじぶるのたけ》（古事記）なのです

が、この久士布流峰を南朝鮮の首露王の建国神話の亀旨《くじ》峰に当てている学者もいますが誤りだと思います。

本居宣長は〝久士布流〟を〝神秘的で神が宿るような〟という意味の〝霊異《くじ》ぶる〟とした槵触峰《くしぶる》（日本書紀・現在名）。もう一つは祖母山（標高千七百五十六メートル）の他に古祖母山（標高千六百三十三メートル）という独立峰がありますが、古祖母山については文献を調べても何の記載もありませんが、この古祖母山こそ高千穂に天孫降臨した瓊瓊杵尊《ににぎのみこと》の祖母・神格化された天照大神、つまり卑弥呼女王その人なのです。

このように天孫降臨の地が特に秀麗とも思えない高千穂近郊の峯に数ヶ所あるというのは、太陽の見かけの運行が季節によって変わり、太陽を神と崇めていた人々が天孫降臨の峯で、先生が体験したのと同じ現象を見て天孫降臨のモチーフを考えついたのではないかと思っています。

「つまり〝天孫降臨のモチーフは日本独自のものである〟という先生の考えをどう思いますか」

「先生、証拠となる写真を撮り損なっているようでは先生の説を信じるほど、今の世の中甘くないと思います」

「え～っ！　そんなー、神様どうかお助けくださ～い」

「ワー」「アハハ…」

そのように言われると面目ありませんが、天孫降臨のモチーフは日本独自のものかは、朝鮮の天降り神話の実際と比較されて読者の皆様に判断していただくことにしましょう。

「先生の説が正しいと思う人も沢山いると思いますよ」

「本当に！　うれしいなあ～。また勇気が湧いてきました」

第七章　城下町竹田市を訪ねて

一、素敵な女子高校生との出会い

♪　春高楼《こうろう》の　花の宴《えん》
　めぐる盃《さかづき》　かげさ～して
　千代の松が枝《え》　わけい～でし
　むかしの光　いまい～ずこ♪

「パチ、パチ、パチ」

「嵐のような拍手どうも」

「海外にまで知られた日本を代表するこの名曲の名は？」

「荒城の月」

「作曲した人は？」

「瀧廉太郎！」

「それでは作詞した人は誰か、知っている人いますか？」

「はい、はい、はい」

「すごいですね、それではKさん」

「はい、土井晩翠《つちいばんすい》です」

「良く知っていますね、なぜこのようなことを聞いたかというと、昔この〝荒城の月の荒城とはどこの城を指すのか？〟という論争があったからなのです。観光の名所にもなるので、当然〝おらが街の城だ〟と名乗りをあげて争ったのです。結局、土井晩翠自身が出身地の仙台青葉城と会津若松の鶴が城をイメージして作詞されたということで決着したのですが、哀愁を帯びたメロディーは瀧廉太郎が少年期まで住んでいた城下町・竹田市の岡城址が大きな影響を与えたということで、是非訪ねてこの目で確かめたいと思っていたのです」

先日、NHKBSテレビでソプラノ歌手・塩田美奈子さんとマドリガルシンガーズとハルモニア・プリマの女性合唱団との合唱を聴いたのですが、余りの素晴らしさに一瞬呼吸するのが苦しくなるくらい止めどもなく感動の涙が溢れ出てくるのでした。

淡い月の光をイメージした照明に映し出された女性歌手に〝女性が？〟と懐疑的な眼差しで聴いたのですが、ピアノのイントロに魅せられながらソロで歌うその美声に、詩が秘めている哀惜の情が切々と胸に響いてきて自然に感動の涙を流していたのでした。

二番からの合唱団との得も言われぬハーモニーと感情を高揚させていく演出の見事さと、悲壮感漂う塩田さんをアップに映しながら、最後に〝ああ荒城の夜半の月〟と歌いあげた熱唱に、万感胸に迫り息をつまらせながら、もう嗚咽《おえつ》にも近いような有り様なのでした。その時先生は思いました。
「あ～日本人に生まれてきて良かったなあー」と。
「アハハ…本当かなあ～。たかが一つの合唱曲で？　信じられなーい」
『荒城の月』をたかが旧制中学校唱歌と言うなかれ、先生には『荒城の月』の名曲に特別な想いがあるのです。

その一、作曲家・瀧廉太郎への哀惜の念

東京生まれの瀧廉太郎は高等師範付属音楽学校（後の東京音楽学校）在学中からピアノと作曲の才能を示し、卒業と同時に母校の教師となり、二年間勤務、この時期にピアノ曲『メヌエット』組曲『四季』『箱根八里』『荒城の月』、幼稚園唱歌『鳩ポッポ』『お正月』などよく知られている作品を何と二十歳から二十一歳の若さで作曲したのです。

一九〇一年（明治三十四年）ドイツに留学し本格的な作曲技法を学んだのですが、不幸にも肺結核にかかり、翌年帰国し大分県竹田町の実家で療養していたのですが、一九〇三年（明治三十六年）二十三歳という若さで亡くなったのです。

現代の医学をもってすれば、決して不治の病ではなかっただけに、もっと長生きしていれば、どれだけ多くの名曲を残したであろうかという若き天才作曲家早世への無念の想い。

その二、会津藩や藩主・松平容保への哀惜の念土井晩翠は一日二千発以上もの砲弾を撃ち込まれて今にも崩れ落ちそうな鶴が城を哀れんで作詞したことは間違いないのです。詩には会津藩への哀惜の念が込められているからです。

日本国内の大きな戦争、例えば関ヶ原戦役、大坂の陣、西南戦争にしても、それぞれ双方の戦わなければならなかった理由は理解できる。しかし戊辰戦争（会津戦争）においては、会津藩の恭順をも許さず、なぜみせしめとしかいえないように徹底的に痛めつけなければならなかったのか、白虎隊や婦女子の自刃《じじん》等、多くの悲劇や戦後にまでも及んだ理不尽な扱いに同じ日本人として強い憤《いきどお》りを覚えるのです。

孝明天皇の信頼を一身に集め、公武一和に尽力してきた至誠の藩主・松平容保《かたもり》、会津藩が朝敵にされ逆賊の汚名を雪《そそ》ぐことが出来なかった無念さはいかばかりかと、哀惜の念を禁じ得ないのです。

その三、戦時中のあるエピソードへの想い

先生が皆んなと同じ中学生の時に、戦争に行き無事復員してきた叔父の一人から、叔父とは直接関係ないのですが、中国戦線で「日本軍の部隊が中国軍に包囲され〝もうこれが最期だ〟と死を覚悟した時に、部隊と一緒にいた慰問団員が、人数や曲名が何であったのか忘れていたのですが、必死の想いで歌い終えると、不思議なことに中国軍は、一発の銃弾も撃たずに去って行った」という話を聞かされ、感激しながらも本当にそのようなことが実際にあったのだろうかと半信半疑の思いでした。岡城址を訪ねた時、土産店で『岡城物語』という冊子を購入したのですが、その中に『名曲「荒城の月」中国軍の重囲を解く』として詳しく載っていました。転載できないのですが、どうしても読者の皆様に知って頂きたく一部を省略して簡略に述べます。

終戦直前の昭和二十年の八月上旬日本の大陸慰問団の一行は、京漢線棗荘で日本の歩兵部隊と共に中国軍に包囲された時、日本軍も慰問団の一行も皆悲壮な想いで最後の死の決意を固めたのです。

ところが一行中の音楽芸術家であった富士川は彼の娘と共につかつかと望楼にかけ登り、中天に皓々《こうこう》と輝く月光のもと、今生の想い出にと日頃愛唱していた名曲「荒城の月」を歌い出したのです。これに彼の愛嬢はアコーディオンを弾いて父の歌に唱和したのです。名曲は悲壮を一段と極め、決死の富士川父子の美声は余韻遠く大陸の月空に流れていくのでした。

ところが不思議にも歌が終わると中国軍は一発の弾丸も発砲せず、いつの間にか囲みを解いて去ってしまいました。この軍の隊長は或は日本士官学校の出身であったのか、それとも音楽に理解のある人であったのか、いずれにしても心にくきまでゆかしき敵将の態度であったのです。と結んでありました（国民党の軍のリーダーはほとんど日本士官学校で学んでいます）。

「パチ、パチ、パチ」

「戦いの最中、このような人間愛に満ちたエピソードには誰しもが感動しますね」

塩田さんと合唱団との曲を聴いていて〝一つの名曲がこれほどまでに人の心を打つものなのか〟と感動しながらいつの間にか悲壮な想いで歌っていたであろう富士川父娘の姿と塩田さんの歌っている姿とが重なってしまい、父娘の決死の覚悟で歌った『荒城の月』が多くの人の命を救ったというエピソードが実感でき、感極まってしまったのです。

岡城は阿蘇山の溶岩台地が長い年月の間に、白滝川（南）、稲葉川（北）の二つの川に浸食されて、深い渓谷を刻みこみ四面に絶壁を造り取り残された台地が自然の要害となり、それを巧みに利用し築城していて難攻不落の城であることが良く分かります。

築城は文治元年（一一八五）緒方三郎惟栄《これよし》が源義経を迎えるために造ったのがその始めとしているからです。当時は源平合戦の最中で平家は源氏との戦いに敗れて、都を落ち九州へ逃れましたが、緒方惟栄は源氏の義経を助けて宇佐や壇ノ浦に出陣して平家軍を破ってたびたび戦功をたてた武将でした。

後に兄頼朝から追われる身となった義経は、再起を図るため再び九州に下り、勇将緒方惟栄を杖、柱と頼み救いを求めようとしました。惟栄は心よくこれを引き受けて、早速岡城を修理して義経の西下を待ちました。しかし義経の乗っていた船は、大物浦（今の尼崎市）の沖で暴風雨のため難破し、乗組の人々はばらばらとなり大和へと避難したのです。惟栄以下、岡城に待ち受けていた武士は、その報に接し天をあおいで歎《なげ》き悲しみました（『岡城物語』より）。

義経の西下にこのように具体的な見通しがあって再起を図ろうとしていた事実を知り驚きましたが、何よりも先生の生まれ故郷が全国で唯一の〝義経神社〟がある北海道の平取町だからなのです。高千穂町の郊外に義経の忠臣『佐藤忠信の墓』という石碑があり、義経ファンの先生にとって遠い高千穂町や竹田市に急に親しみが湧き、身近に感じられるようになりました。

岡城址への道を登り切ると思いの外、城跡の広さは広大でした。明治維新後の明治四年に廃藩となり、城は全部取り壊された後手入れもされず、城址は荒れ果ててしまい、城址を訪れる人は猟《かり》人か、学生の散歩か、山登りの者のみ。瀧廉太郎も散歩をしていたそうです。

今でこそ公園化や史跡にも指定され、土井晩翠の詩碑や瀧廉太郎の銅像も建立されていて観光客も多数訪れていますが、街中の弘前城址などに比べてもの寂しさ、侘《わび》しさは否《いな》めない。『荒城の月』の哀愁を帯びたメロディーは、やはり岡城址のイメージが作曲に大きな影響を与えたのであろうと納得して城址を降りようと、石垣の側を歩いていると内の方から「えいっ！」「おう！」チャリン、チャリンと刀と刀を打ち合う音がするのです。〝何事だろう？〟と少し離れた石垣が崩れかけた小高い所に登って見ると、後で分かったのですが榎木孝明氏が主演の日韓合作の〝サムライ〟という題名の映画のロケーションなのです。

〝ほう、これが映画のロケなのか〟と見ているとスタッフの一人がすぐやって来て、「あの

〜ここにいると映画に映ってしまうので、ここから直ぐ立ち退いてください」と言うのです。

「アハハハ…」

「あ〜、すみませ〜ん」とその場を離れたのですが〝先生が映画にひょっこり映っていたらおもしろかったのになあ〜、残念〟などと他愛のないことを考えながら城址を降りて来ました。

『史跡岡城址』の石碑をバックに品の良い御夫妻に愛用の使い捨てカメラで写真を撮ってもらい、お土産屋さんで資料などを購入。〝百聞は一見にしかず〟訪ねて良かったと満足して岡城址を後にしました。

竹田市街地の入り口近くに『広瀬神社』と大きな石碑が見えたのです。〝おやっ、広瀬中佐は竹田市の出身なのだろうか〟と車を止めようとしたのですが、駐車場が見当たらず堂々とそば屋の前に駐車し神社の境内を歩いて行くと、前方から剣道部か弓道部なのか上半身、袴姿の五、六人の女子高校生が小走りにやって来るのです。

〝部活動のトレーニングなのかなー〟と思いながら、すれ違い様に一人ひとりが笑顔で「こんにちは」「こんにちは」とお辞儀《じぎ》をして行くのです。先生はびっくりして慌てて「こんにちは」「こんにちは」と挨拶を返していたのですが、一瞬〝何が起きたのか？　一体これは夢か幻か？〟と思っていると一人だけ遅れて来た女子高校生に「あっ、お姫様！」（今日は朝から時代がかっていたので）とも思えるような見目麗《うるわ》しいお嬢さんが、にっこり微笑みながら天使の

ような声で、

「こんにちは」

「ワー」「アハハ」

これは夢でも幻でもなく現実のことなのだ。日本に初めて西洋から布教のためにやって来た宣教師が世界に発信（イエズス会に報告）した素晴らしい日本人に出会えたような思いがして、〝日本もまだ捨てたものではないぞ〟と、得も言われぬ清々しさで走り去って行くお姫様の後姿を見つめ、天にも昇るような心地で神社の階段を上って行ったことを今でも鮮明に覚えています。


考えても見てください。最近の殺伐とした世相を。世界一安全と言われてきた我が国が、なぜこのような世の中になってきたのでしょうか。その理由の一つに、私たちは余りにも自国の伝統・歴史や文化を正しく理解できていないことにあると思うのです。これは決して論理の飛躍ではなく、自国の伝統・歴史や文化を正しく理解することによって、自国に自信や誇りを持てるようになると、それがひいては自分自身への自信や誇りにもなり、そのような人は決して人を殺《あや》めたり、弱者をいじめたりはしないからです。

二、宣教師が見た日本人

フランシスコ・ザビエルがイエズス会に報告した書簡をまとめた『聖フランシスコ・ザビ

エル書簡集』（平凡社東洋文庫）から要約してみると、ザビエルはポルトガル領マラッカで布教に努めていたのですが、日本での布教に大きな期待をしていました。それは日本の鹿児島で罪を犯し海外に逃れたアンジロウは、神の救いを求めてザビエルに会い何度も語り合ううちに、ザビエルはアンジロウの頭の良さや旺盛な知識欲に感心し、彼をゴアの聖パウロ学院で学ばせイエズス会に次のように報告しています。

『ポルトガル人（一五四三年種子島に漂着）が日本について私によこした手紙によると、日本人は非常に賢く、思慮分別があって道理に従い、知識欲が旺盛であるので私たちの信仰を広めるためには大変良い状態であるとのことです』

その他、次のような報告を読み、先生の苦い体験を思いだして笑いをこらえるのに苦しんでいました。

『日本語のアルファベットを送ります。私たちのものとは大変に違っていて、上から始まり下へ書きおろします。私がアンジロウになぜ私たちと同じように書かないのか〔左から右へ〕と尋ねますと、彼はあなたがたはなぜ私たちと同じように書かないのかと問い返します。なぜなら人間は頭が上にあり足が下にあるので、書く時も上から下へ書かねばならないと言うのです。』

〝アンジロウ先輩（日本人としての）、がんばっていましたね〟とエールを送りたい気持ちですが、反面、日本人は道理に反すると思うことは、愚直なまでに自分の考えにこだわり融通のきかない面もあるのです。

もう何十年も前のことですが、校長先生の自宅に呼ばれ碁を打っていたのですが、苦戦を強いられトイレをお借りしたのですが、頭の中は碁のことで一杯だったからでしょう。初めての洋式トイレ、カバーを上げて後向きに座るという発想が（日本人は）なかなかできない。それは道理に反すると思うからなので、先生はカバーを両腕で抱きしめながら「ウン、ウン」（何て不便なんだろう！）と…。

「キャハハ」「アハハ…」「あ〜おかしい！」

「アンジロウ先輩や先生のようなタイプの人間は、日本人には結構多いのではないかなあ〜と思って恥をさらしてまでも話をしたのですよ」

「先生がそそっかしいからではないの？」

「この話はもうこれくらいにして前に進みましょう」

一五四九年、ザビエルはポルトガル宣教師数人と洗礼を受けたアンジロウは、信者パウロとして他の日本人信者二人と鹿児島に到着、その地の人たち、特にパウロの親戚の人たちは私たちをたいそう親切に迎えてくれたと報告しています。

ザビエルが鹿児島や山口など日本各地での布教や日本人との交流を通して感じたことを簡潔にまとめると、

〔日本人は今まで発見された国民の中で最高〕

この国の人びとは今までに発見された国民の中で最高であり彼らは親しみやすく、たいへん善良な人びとで悪意がありません。驚くほど名誉心の強い人びとで、金銭よりも名誉を大切にし、侮辱されたり軽蔑の言葉を受けて黙って我慢している人びとではありません。大部分の人びとは貧しいのですが、武士もそうでない人びとも貧しいことを不名誉とは思っていません。

人びとは賭博を一切しません。賭博をする人たちは他人の物を欲しがるので、そのあげく盗人になることを考え、たいへん不名誉なことだと思っているからです。盗みの悪習を憎んでいて盗みについてこれほどまでに節操のある人びとを見たことがありません。他人との交際はたいへん礼儀正しく、社交性があり、また知識欲はきわめて旺盛です。

日本人はたいへん立派な才能があり、理性に従う人たちなので道理にかなったことを聞くのを喜びます。好奇心が強く、うるさく質問し知識欲が旺盛で質問は限りがありません。また彼らの質問に私たちが答えたことを、彼らは互いに質問し合ったり話し合って尽きることがありません。

日本人の道徳性についてはどの宣教師も三点セットのように親切さ優しさ礼儀正しさを称えています。その他すべてが清潔で美しく、調和が保たれているとか、日本人は聡明で英知にたけ才能豊かな国民である、などとしています。

イタリア人の神父オルガンティーノは――日本のミヤコはヨーロッパのローマに当たり、

科学・見識・文明はさらに高尚で、信仰を別にすれば彼らにわれらは顕著に劣っており、私には全世界でこれほど聡明で天賦の才能を持つ国民はないと思われる――という書簡を送り、イエズス会内で問題になったこともあったそうです（『天皇はどこから来たか』長部日出雄著より）。

もちろん日本人にも悪い点があります。信長、秀吉の戦国時代、比叡山焼き打ちや六条河原でのさらし首などを見ているからでしょう。非常に好戦的な国民で、主君に忠誠心を欠き、裏切ったり謀反《むほん》を起こし絶えず戦っています。残酷にそれも安易に人を殺してしまう。過度の飲酒、祝事や祭りなど種々の宴《うたげ》に興じてのめり込む、などとしています。

もう一つ、現代の社会でも大きな問題となっていることですが、どのようなことなのか課題にしておきましょう。

宣教師が伝えた日本人の優れた国民性は、いつの世でも変わらない普遍的なことであり、日本人が誇りにしても良いことなのですが、その自覚がないためなのか、どんどん捨ててしまっているように思えてならないのです。〝一体これからの日本はどうなっていくのだろうか〟と心を痛めていました。そのような折りに素敵な女子高校生との出会いがあったのです。

前日、高千穂から尾平峠を越えて竹田市へ来たのですが、城下町では外来者は道に迷うのが常。あるお店で、

「すみません九重町へはどのように行けば良いのでしょうか」と尋ねたのですが、分かり易

い市内地図のパンフレットを示しながら、三、四十メートルはあったと思うのですが、わざわざ見通しの良い交差点まで一緒に来て「ここから二番目の信号を左へ曲がり真っ直ぐ行き、ガソリンスタンドの信号を右折してください」と嫌な顔ひとつせず、ニコニコと親切に教えてくれました。

〝ずいぶん優しくて親切だなぁ〜〟と土地の人の人情に触れ、心温まる思いがしました。日本人が持っていた多くの美徳を失いつつある現代社会で、一人の見知らぬ旅人に挨拶をしながらお辞儀ができるという礼儀正しい女子高校生が、現に存在したことが奇跡のようにも思えて感動したのです。

〝このような女子高校生が他に居るだろうか〟、これはきっと竹田市が営々として培ってきた歴史・文化と風土が、このような人びとを育《はぐく》んできたに違いないと思いました。環境が人を育てるからです。

三、広瀬神社への参拝

「杉野！　杉野はいずこ！」

「あ〜ビックリした」「先生、急にビックリしたよ！」

「ごめん、感情が高ぶっていたもので…先生はだんだん乗ってきました。古代史とは関係のない話が続いていますが、これを最後に広瀬中佐の話をしても良いですか」

「良いで～す」

それではお言葉に甘え、日露戦争の学習はもう終えているとのことなので、戦争の是非などとは関係なく広瀬中佐にスポットを当て、今のような時代に当時の人びとの生き方から学ぶことも多いと思えるので、そのような観点から話をしてみたいと思います。

幕末、福岡藩を脱藩して国事に奔走し鹿児島にやって来た勤皇の志士平野国臣《くにおみ》が噴煙を上げている桜島を見て、

我が胸の燃ゆる思ひにくらぶれば
烟《けむり》はうすし桜島山

と詠じた短歌が先生は大好きで、気宇壮大というか、そのほとばしるような熱情に、今風に言えば〝カッコ（格好）いい〟。

先生はこの短歌に何回も勇気づけられました。悩み事とか落ち込んだりした時、この短歌を思い出し〝何をそのようなことでくよくよしているのだ、小さい小さい平野国臣を見習いなさい〟と自分に言い聞かせると、不思議とまた〝頑張ろう〟と勇気が湧いてくるのです。

「先生、平野国臣って初めて聞いたけど有名な人なの？」

一八六三年の蛤《はまぐり》御門の変（禁門の変）時の七卿落ちの一人、沢宣嘉《のぶよし》（姉小路公遂の子）を擁して、一八六四年但馬生野で挙兵、敗れて捕えられ京都の〝六角の獄〟で処刑されました（維新後名誉を回復）。もし生きていれば明治の元勲になっていたと思われます。

岡藩の下級武士で勤皇の志士の次男として生まれた広瀬武夫もまた、「福井丸」に乗り込んで第二次閉塞作戦を指揮した時、辞世の漢詩に七生報国（七たび生まれて国に奉ぜん）との言葉を残した武人で、国に殉じた平野国臣と相通じるものがあります。それは一途に日本の国を思い、国のために命を捧げた二人の人生、その生き方には迷いがないからです。

日露戦争は敗ければ植民地になるかもしれないという国の命運をかけた戦いであることを、国民の誰もが自覚していました。国土の広さは日本の六十倍、ロシア陸軍三十一個師団、三百五十万人に対して日本は十三個師団三十一万五千人という戦力で、十倍以上の世界の大国ロシアに民族の誇りや国の威信をかけて戦いを挑んだのです。

言霊《ことだま》の国・日本では、万病に効くという丸薬に征露丸（ロシアを征伐する）と名づけ兵隊に携行させましたが、先生は日露戦争（一九〇四年）の年号を覚えるのに〝ひとつくれよう露（ロシア）にKOパンチ〟と言って覚えました。

国民は戦況に一喜一憂

さて、ここで広瀬中佐に登場してもらいましょう。広瀬武夫は明治元年（一八六八年）、大分県竹田市に生まれました。ロシア海軍の軍備に関する調査研究のため明治三十年ロシアに留学する。同三十二年駐在武官となりロシア人との交流を深めていきました。彼の飾り気のない素直さやひたすら純粋で誠実な人柄が万人に慕われ敬われました。特に貴族で軍人（海軍少将）のコヴァレフスキー家と、ペテルスブルグ大学の重鎮で医学博士のペテルセンからは家族の一員のように扱われました。

両家には美しい子女がいて、コヴァレフスキー家の娘アリアズナと二人のロマンスは公然のものとして知られていました。ペテルセン家では、広瀬中佐のあたたかで親切な、それでいて男らしい人柄から、日本人には立派な人がいると家族から慕われていました。優しくて誠実なマリア・オスカロヴナは健気な女性で、我が子のように可愛がった姪の馨子が切手を集めていると聞くと、広瀬中佐を兄のように慕っている弟のオスカルとともに古切手を贈っています（千六百三十五枚にも及んでいる）。

広瀬武夫とアリアズナとの会話の一節に、戦艦名アサヒ・ヤシマ・シキシマ・フジ・ミカサなどの意味を語りながら、「美しい名前でしょう。日本は美しい国だから、みんな美しいものを愛しています。どんなに堅牢な新式な軍艦にも、我々は日本人の連想をかぎりなく刺激する詩のように美しいひびきをもった名前をあたえるのです。力は強い。しかし心はやさしい。姿は美しい。――これが我々日本人の理想なんですね」と語らしめています（『ロシアにおける広瀬武夫』島田謹二著、弘文堂）。

当時（日清・日露戦争時）の軍艦名を調べてみると、神話にも出てくる「高千穂」「秋津州《しま》」「浪速《なにわ》」「吉野」などの他、「松島」「厳島」「春日」「八雲」「出雲」等々。〝なるほどなあ〜〟と感じ入ってしまい、日本人の理想というのは誰しもが持っていたい美学なのだと思いました。

四、美しい日本の国

「それでは〝日本は美しい国〟と思われることを言ってみてください」

「日本の自然」

「もっと具体的に」

「富士山」「各地の山々」「滝のある風景」「秋の紅葉」「春の桜」「きらびやかな神社」「庭園」「塔のあるお寺」「湖のある風景」……。


先生はまず国土の形そのものが美しいことを挙げたい。大陸の国々では、国境を接しているので自国だけを形良く描くことがなかなかできない。その点国境を海で隔てられている国、例えばオーストラリア、ニュージーランド、イギリス、キューバなどの島国と比較しても弧状列島日本は国土の形そのものが均整のとれた本当に美しい国土で断然世界一でしょう。

「日本国土の略図を黒板に書いてみましょう。この通り簡単に格好良く書くことができます」

「パチ、パチ、パチ」

「富士山の美しさは世界一でしょう」と広瀬中佐もアリアズナに語っていますし、富士山の美しさは誰しもが認める文句なしの世界一でしょう。


先生が奈良の薬師寺を訪ね、創建当時のまま再建された西塔を目の当りにした感動、そのきらびやかさに胸躍る思いがして、奈良の都が創建された当時に思いを馳せ、さぞかし絢爛《けんらん》豪華だったのだろうと、すぐ教科書にも載っている万葉集の、

〝青丹《あおに》よし寧楽《なら》の京《みやこ》は咲く花の
　薫《にお》ふがごとく今盛りなり

という歌を思いだしました。

「この歌で歌われている〝花〟とは何の花か分かりますか」

「えーっ、先生、花の名前が分かるのですか」

先生も〝百花繚《りょう》乱〟と言われるように、特に花の名を決めなくても歌の意味は充分通じると思うのですが、歴史学者の会田雄次氏は、当然、満開の桜の木の群でなくてはならないはずであるとしています。

そう言われると、確かに一本の木につける花の数とその豊かさは、桜の木の他にはないと思います。花と言えば桜のことを指すほど、日本人は桜を愛好し、国花ともされています。春、野に山に乱れ咲く桜の花の美しさは、もちろん世界一なのです。

桜は東南アジア、ヒマラヤ山脈の南側の高い斜面地帯から、中国の雲南、四川の山地にかなり見られるそうですが、中国の北部、中部、朝鮮などでは、日本のような桜の古木、大木などはないそうです。それは古木になると毛虫がついたり、木の一部が腐ったり枯れてきて見栄えが悪くなり、切り倒すからなのです。

ところが日本では野にも山にも川畔や公園、寺社の境内などいたる所に桜が咲きこぼれます。それは新種を次々と作り、苗木を植林し、樹木医などと地域の人が桜を守ってきたからなのです。なぜ、日本人はこのように桜を愛するのか。日本人は小さな一つの花にも命が宿っているという心のやさしさがあるからと思うのです。

五、日本人の心のやさしさが伝統文化〝生け花〟を生んだ

日本の伝統文化〝生け花〟がどのようにして生まれたかについては、いくつかの説がありますが、先生は日本人の心の優しさが〝生け花〟を生んだと考えています。もっともこのように考えている人は、先生ぐらいかも知れませんが。

ここで歩く姿がユリの花のような美しく心の優しい大和なでしこ、名前は古風に百合《ゆり》さんに登場してもらいましょう。

ある時、庭に咲いている花を愛《め》でながら歩みを進めていた時、つまずいていま正にこれから花を咲かせようとしていた花、そうですね、ユリの花を折ってしまったとしましょう。一つの花にも命が宿っていると考える心優しい百合さんは、「あら、どうしましょう、可哀そうに。ごめんね」とそのまま捨て置くことができません。

百合さんは家の回りを見渡しながら、「そうだわ、あそこに生えている竹を切って器にしてみようかしら」と竹で作った器に水を入れ、花を生けて飾って見ると、「まあ～素敵、庭

で咲いていた時より生き生きと蘇ったわ、嬉しい！」などという経緯があったのではないかと想像力をたくましくしてしまうのです。

〝生け花〟とは、花を生かす、つまり一度死んだ花の命を再び生き返らせているのです。なぜかと言うと、先生は一つの〝生け花〟によって蘇った体験があるからなのです。

「……」

「恥をさらすようですが先生は、一度死んだ人間なのです」

「えーっ」「うっそ！」

先生が片田舎で浪人生活をしていた時、部屋に閉じこもって勉強し過ぎたせいか、その年の暮れにノイローゼとなり、大学には合格したのですが、自分の人生に生きて行く意義を見い出すことができず生ける屍《しかばね》と化し、人生を彷徨《さまよ》っていた時代がありました（精神的には死んでいた）。お陰様で大学に六年間在籍、卒業できなかった落ちこぼれ大学生でした。

〝いつ死んでも良い〟と思いながら、自分から死ぬ勇気もなく、何かの本で読んだ〝頭の良い人間ほど悩み苦しむのだ〟と自分を慰めながら悶々とした日々を過していました。何かに救いを求めようとしていたのでしょう、一冊の格言集の中にアメリカの詩人・エマーソンの「人格は廃墟と絶望の上に築かれる」という言葉を目にして、「そうか、人間は悩みや苦しみを乗り越えて行って初めて人間として成長して行くものなのだ！」と気付かされたのです。

先生が今まで悩み苦しんできたことは、自分を人間らしく育てる力になるものだったのだと自覚することにより急に気が楽になり、〝頑張って行こう〟と勇気が湧いてきて自分を取り戻すことができるようになって行ったのです。

「若い皆んな、これからの長い人生、順風満帆《まんぱん》には行きません。必ず悩みや苦しみ挫折することがあります。しかしそれは決してマイナスなことではなく、自分を成長させる糧《かて》として、プラスに転化してそれらを克服していくように頑張って欲しいのです。自分の成長のために。そのような悩みや苦しみを体験しない人間はむしろ不幸だと思います。それは人の心の痛みを思いやることができない、他から信頼されないような尊大な人間になりがちだからです」

精神的に死んでいた頃には、恋愛なんて〝夢のまた夢〟と思っていた先生は、人生に希望を持てるようになってくると、デパートや地下街で開催される生け花展によく足を運びました。なぜかというと日本の伝統文化を鑑賞するとは名ばかりで、その実、〝生け花〟をたしなむ女性は心が優しく、いつも生き生きと輝いていて、特に着物姿の女性に〝素敵だなぁ～〟と憧れていたからです。いつも胸をときめかせてそのような女性との出会いを期待していたのですが……残念ながらそのような女性との直接的な出会いはありませんでした。

「アハハハ…」

ところが一つの〝生け花〟に目を奪われたのです。それはたった一つの花しか咲いていないアヤメ科のカキツバタの生け花でした。一輪のカキツバタはその場を美しく飾る花（物質）ではなく、命が蘇った生き物、一人の人間と擬人化して眺めていると、一輪のカキツバタと、一度死んだ先生が同じ境遇のように思え、八分咲きぐらいのカキツバタの瑞々しく生き生きと輝いているその様に、今生きている喜びを主張している命の叫びのようなものを感じたのです。

『限られた寿命の中で私（カキツバタ）は、こうして今生きている喜びを精一杯謳歌《おうか》しているのです。あなたは生きて行こうとすればいくらでも生きて行けるのに、自分の生き方を省みたことがありますか』と。世界に誇る日本の伝統文化〝生け花〟という芸術が、一人の人間に生きる希望を与えるような力があることに驚かされたのです。

その時先生は、生け花展の女性がなぜ生き生きと輝いていて美しいのか。それは、花を生けることで再び花の命を生き生きと蘇らせることが出来た喜びが、表情に現われているのだと思いました。

なぜ日本人は桜を愛するかについては、新渡戸稲造の著書『武士道』（飯島正久訳）の中で、「桜の美しさには気品があり、また優雅であることが他のいかなる花にも優って私たち日本人の美的感覚に訴えるからなのです。ヨーロッパの人々はバラの花を讃美しますが、日本人である私たちはこれに同調できません」と述べています。

次にユーモアとウィットに富んだ藤原正彦氏ならではの名訳を、その著書『国家の品格』から紹介しましょう。

「バラは花の色も香りも濃厚で、美しいけれど棘《とげ》を隠している。なかなか散らず、死を嫌い恐れるかのように、茎にしがみついたまま色褪《いろあ》せて枯れていく。それに比べて我が桜の花は、香りは淡く人を飽きさせることなく、自然の召《め》すまま風が吹けば潔く散る」

松尾芭蕉の『奥の細道』の中で先生の大好きな

山路来てなにやらゆかしすみれ草

という句がありますが、日本人は小さな花にも命が宿ると思うからこそ、はかなく消えゆく桜の花や見過ごしてしまいそうな小さなすみれの花にも、ひとしお愛《いと》おしく思うのです。日本が世界一安全で凶悪な犯罪の少ない国と言われてきた理由の一つに、このような日本人の心の優しさがあったからと思うのです。

春の桜に対して秋の紅葉、もちろんこれも世界一です。前述の『国家の品格』の中でも書かれていましたが、イギリスの学者が日本の紅葉の美しさに驚いています。欧米の紅葉する樹木、例えば楓《かえで》の葉は日本のものに比べ、もっと大きくて肉厚なそうです。

海に囲まれた弧状列島の自然環境が影響し、紅葉する樹木の葉は繊細なので鮮やかな色合いの変化をするのです。欧米の紅葉は黄色一色に近く単調なのですが、世界でも珍しいほど日本は四季の変化がはっきりしているので、一つの樹木に紅い葉、オレンジ色の葉、黄色の葉、緑色の葉など色彩が豊かなのです。秋の野山をこの世のものとは思えないように、美しく錦で飾るのは、日本人は神様のなせる技と考えてきました。

現にこの神様は大和国・平群《へぐり》（現在の生駒郡）の龍田《たつた》山に鎮座まします秋の女神様で、お名前を龍田姫様とおっしゃいます。昔の人は山にも大きな木にも神が宿ると崇め、豊かな自然を守っていくことが、人々に大きな恵みをもたらすことを知っていたからです。

世界各地で起きている森林破壊による自然災害や砂漠化などを見るにつけ、先人の知恵に私達は感謝しなければならないと思います。古《いにしえ》の昔から日本人は、秋の紅葉を求めて野山を逍遥《しょうよう》することを〝紅葉狩り〟と称し、最も優雅な遊びの一つとしてきました。〝紅葉狩り〟とは何と雅なことでしょう。先生の夢なのですが、京都の嵐山で紅葉舟（川に舟を浮かべて岸の紅葉を観賞する）で遊び、お寺の境内か庭園の東屋《あずま》で茶の湯をたしなみながら、錦繍《きんしゅう》の秋を楽しんだ後、お斎《さい》（精進料理）のご馳走にあずかれたらと。

山、滝、湖等があやなす自然景観の美しさも断然世界一です。

「先生の手にかかれば何でも世界一だね！」

「そうですよ、美しいと思っていてもそれが世界一だと認識できていないことが多いのです」

雄大さには欠けますが、国土の広さに比べて日本ほど滝や湖の多い国はないのです。

「その理由が分かりますか」

「日本が火山列島だからです」

「国土の七割が山地で豊かな森が広がっているからです」

「素晴らしい！　その通りです」

日本列島には多数の火山帯が走っていて、火山と火山湖と呼ばれる大小無数の湖がありま す。高山の山麓に広がる豊かな森と豊富な降水量に恵まれているから〝滝王国日本〟とも言われているのです。このような豊かな自然、四季折々に見せる日本の自然景観の美しさは、世界に誇れる日本の財産、宝物なのです。大切にしていきたいものです。

それと世界的にも珍しいのですが、日本では北海道の北の果て知床から九州の南の果てまで全国至る所に温泉が湧《わ》き出しています。美しい景観に心が和み、温泉で心身共に癒された人々の顔はにこにこと極楽然としています。〝環境は人を創る〟とも言います。日本人が優しくて穏やかなのは、美しい自然の景観と豊かな温泉のせいではないかなと先生は思っています。

日本人が造り出した建造物から城のある風景も良いですね。ヨーロッパの石造りの堅牢な城と比べて優しさがあり、これも日本的な美しさの一つでしょう。日本庭園の美しさも世界一だと思いますが、〝枯山水〟などは芸術の域を越えた哲学があるように思えて、日本人の感性の豊かさに驚かされます。

「〝塔のある寺〟と言った人は誰ですか。K君？　K君の感性は素晴らしいと思います。それは木塔を美しいと感じる感性がです」

本来、塔とはどのような意味を持つかと言うと、仏教の発祥地インドでは高貴なお坊さんが亡くなると、なきがらを埋葬した上に、日本でいう笠のような物を被せたのです。それは雨などを防ぐ意味合いがあったのですが、高貴なお坊さんほど、何重にも笠を重ねていったのが、日本では三重塔とか五重塔に変化したのです。

木塔にはお墓の意味があり、今でも三重塔や五重塔に向かって手を合わせる人もいるそうです。木塔の周りに住んでいる人々は、お寺に必要な建物だと思っているので、特に〝美しい〟とかいうような感じは持っていないと思います。それは木塔が周りの風景に溶け込んでいて、自然そのものであり何も違和感など覚えないからです。

先生は日本の三重塔にしろ五重塔にしろ、その美しさは間違いなく世界一だと思います。

「前に先生が言った日本人が持っている〝美学〟をもう一度言ってみてください」

「強く、やさしく、美しく」

「ベリーグッド、素晴らしい！」

先生は日本の木塔は、日本人が持つ美学の結晶だと思っています。ただ多くの日本人は木塔の美しさに気づいていないのです。日本の自然景観の美しさが世界一だと気づいていなかったと同じように。

現在、日本の三重塔や五重塔のような木塔は中国には一つも有りません。韓国には三重塔と五重塔はたった二つしかないのです。韓国の五重塔は耐震構造のためと思われるのですが、ピラミッド型で日本の五重塔とはまるで違います。韓国の方には申し訳ありませんが、日本人は両者を比較すると初めて〝あぁ～やっぱり日本の五重塔は美しい〟と感じるはずです。

明治維新後、日本にやって来たフェノロサは、日本の文化遺産の素晴らしさを海外に紹介したアメリカ人ですが、奈良薬師寺の東塔の美しさに感動して〝凍《こお》れる音楽〟と讃えました。〝凍れる音楽〟？　〝凍れる音楽〟とはきっと演奏中の生の音楽が聴こえてくるのではなくて、じっと東塔を眺めていると、東塔の美しさや六重の塔にも見える、そのリズム感から、先生の脳裏にはピアノの名曲でもヴァイオリンの名曲でも良い、オーケストラのシンフォニーでも良い、何か音楽が聴こえてくるに違いないとじっと眺めていたのですが、何も聴こえてきませんでした。

「アハハ」

なぜかと言いますと、建築物の柱上にあって軒《のき》を支える斗栱《ときょう》は木を組み合わせただけで、このように美しくきゃしゃな木造建築物がどうして千三百年以上もの間、地震で倒壊しないのだろうという疑問の方が強かったからなのです。

もう今から十数年も前になりますが、ＮＨＫのテレビで法隆寺の心柱の下端の一部が腐って欠け落ち、中ぶらりの状態になっていたことと心柱の下に空洞が発見され、空洞の底の大きな石の中央部の凹《くぼ》みに金、銀、銅の三重の器に包まれている舎利壷《しゃりつぼ》（お釈迦様の遺骨・舎利を納める壷）が新たに発見されたという内容の放映がありました。その瞬間〝なるほど日本の木塔が倒れない訳だ！〟と創建した匠《たくみ》の技に驚嘆し深い感銘を受けた記憶があります。

「再度薬師寺に参詣する機会があれば、今度こそ〝凍れる音楽〟が聴こえてくるでしょう」

前に〝日本の木塔は日本人の美学の結晶だ〟と言いましたが、それは、強く――地震で倒れない、やさしく――女性的できゃしゃである、美しく――凍れる音楽が聞こえてくる、ということではないでしょうか。

地震学者の大森房吉氏は〝日本の五重の塔は震度七の地震でも倒れない〟と断言しましたが実際、関東大震災（マグニチュード七・九）でも五重塔は倒れませんでした。先生は授業の中で〝五重の塔はなぜ地震で倒れないのか〟の説明と、建立した匠の技の凄さを紹介したくて法隆寺の五重塔についてもっと詳しく調べようと図書館へ行ったのですが、「法隆寺の五重塔の心柱は掘立柱であった」「五重塔は倒れないは間違い」とか、法隆寺五重塔のヒノキの心柱の伐採年が西暦五九四年と判明すると、「法隆寺は再建でない」「法隆寺は九州大宰府の寺を移築した」などと驚くことばかり書かれていました。

『法隆寺の五重塔はなぜ地震で倒れないのか』という本を読んでみました。何人かの偉い学者が学説を述べていますが間違いだらけで、〝五重塔はなぜ倒れないか〟の理由が何一つ解明されていないのです。中学生の皆んなには少し難しい内容かも知れませんが、後で先生が分かり易く説明すれば、きっと理解できると思うので楽しみにしていてください。

「本当かな？」「心配だなぁ〜、だって大学の先生でも間違っているんでしょう？」

「心配してくれてありがとう。でも先生を信じなさい（笑）」

中学校の理科の教師だからこそ、大学の教授が気づかないことに気づくこともあるのです。

中学生にも分かるように説明するためには、自分が納得できるまで物事の本質を論理的、実証的に考察しなければならないからです。

もう一つ断然世界一美しいものがあります。それは日本の民族衣装とも言える女性の着物です。多くの国の民族衣装は、衣類に直接飾りをたくさん付け、きらびやかに飾りつけますが、そのパターンは限られています。日本の着物は直接飾りをつけません（朝鮮のチョゴリマも）。ここからが日本人の感性の豊かさなのでしょう。まず帯留めをおへそよりずっと上とは言いませんが上の方できりりと結ぶと、たちまち足長のスマートな姿美しい女性に変身します。

後は日本の独壇場、他国を圧倒します。着物の生地はカンバスと化し、千変万化無限の芸術作品を生み出します（加賀友禅は生地に直接絵を描いています）。

先生は歌謡番組を見るのが楽しみで、それは日本人の心を歌う演歌も好きなのですが、女性歌手の着物に描かれている芸術作品を観賞できるからです。時々審査員になったつもりで、八十五点、九十五点、百点などと採点し、一人悦に入っています。

着物の柄は四季折々の変化を表しているものがほとんどですが、それにしてもどうしてこのように美しいものを作り出せたのか、日本人の天才的な美的感覚の素晴らしさにいつも感動させられます。

神社参道の玉砂利の上をサクッサクッと踏みしめていく景観、茶道の野立てなども日本的な美しさでしょう。日本にはこのように世界に誇れる美しいものがたくさんあります。それは日本の誇りでもあり、幸せなことだと思います。

広瀬中佐の〝美しい日本の国〟から脱線してしまいましたが、日本の歴史・文化・伝統から自然、日本人の情緒、国民性等について知ることは「日本とはどういう国なのか」を考える上で、とても大切なことなのです。

六、恋人アリアズナとの別離と日露戦争開戦

〝会うは別れの始まり〟と言いますが、その別れの時が遂にやってきました。一九〇二年（明治三十五年）一月、シベリア・満洲経由で帰るのですが、イルクーックまでシベリア鉄道で、後は馬そりで厳冬のシベリア、満洲を走破。『ロシヤにおける広瀬武夫』（島田謹二著）によれば、鉄道での兵員、物資の輸送状況の予測や冬の気象、町の様子等について調べ、避けることの出来ないロシアとの戦争に向けての情報収集にあたります。

西暦一九〇四年（明治三十七年）二月、日露戦争勃発。補給路を断たれては勝利はおぼつかない。当時、ロシアの旅順艦隊（太平洋艦隊）は日本の連合艦隊を恐れて旅順港に停泊したままでした。

バルチック艦隊が日本に到着する前に旅順艦隊を壊滅しなければなりません。旅順港の幅二百七十三メートル、その両側が浅いため、旅順港の出口（旅順口）は敵艦が通れる幅が九十メートルほどしかありません。そこへ商船などを沈めて、旅順艦隊を港内に閉じ込めよ

うとしました（閉塞作戦）。

広瀬中佐がロシアにいた頃、「タケニイサン」と日本語で呼びかけ、広瀬中佐が大好きだったボリス・ヴィルキトゥキーという士官候補生がいました。彼も日露戦争時、旅順艦隊に派遣され戦わなければならなかった。その運命を知った広瀬中佐はボリスに手紙を認《したた》めました。『これは国と国との戦いで、あなたに対する個人の友情は昔も今も少しもかわらない。いや、こんな境遇のうちにいるからこそ、却って親しさも増してくる。（中略）今度は貴軍港を閉塞しようと願い、報国丸を指揮して、今その途上にある。さらば、わが親しき友よ、いつまでも健在なれ』

この第一回閉塞作戦で広瀬中佐は、辞世も残しています。決死の覚悟だったのです。

第一回閉塞作戦で報国丸を旅順口灯台下に沈め帰還。第二回閉塞作戦には、ロシア軍も予測していて二隻の駆逐艦を待機させる。陸上から狙い撃ちされないようにと、夜の暗闇の中で強攻。ロシアの探照灯がそれを捉え砲撃する。広瀬中佐が指揮していた『福井丸』も被弾し沈没し始めた。退避のためのボートに来たが、部下の杉野上等兵がいない。探してくると『福井丸』へ戻り「杉野、杉野！」と広瀬中佐の捜索は三度におよんだが、結局、杉野上等兵は見つからず。退避行動に入った時、陸岸から放たれた至近弾で壮烈な最後を遂げました。

日本人の国民性として愛する祖国を守るために戦い、部下の安否を気づかって自分の命まで犠牲にした英雄的行為に対しては、一代の勇士として、当時、礼賛《らいさん》賛美の限りを遂くしました。広瀬中佐の死は国内だけでなくロシアのペテルセン家を嘆き悲しませました。マリアは広瀬中佐の義姉宛に中立国のドイツから、ドイツ語で書かれたおくやみの手紙を送っています。アリアズナも広瀬中佐の死を慟哭《どうこく》で迎えたであろうことは想像に難くありません。

旅順口閉塞に失敗した日本軍は、旅順口北側の二百三高地（標高二百三メートル）攻略に全力を注ぎます。二百三高地に連なる高地は、難攻不落の完全要塞化し、それまでに約一万三千人もの兵を失っていました。そこで予備軍としていた旭川の第七師団を注入します。先生が中学生の時、叔父さんは〝今度こそ陥落させるに違いない〟と国民は期待したそうです。〝旭川の第七師団は精鋭部隊なのだ〟と身を乗り出して聞いていると叔父さんは、「二百三という数は七でしか割り切れないから」と言います。

確かに一を除いた第二師団から十三師団までの内で二百三を割り切れるのは七しかありません。二人で顔を見合わせて大笑いしたことを覚えています。それだけ国民は神にも祈るような気持だったのです。

「先生、それでどうだったの？」

「見事陥落させてしまいました」

「パチ、パチ、パチ」

それには二十八センチ砲の導入とか、他の部隊の必死の戦いがあったからなのです。

二百三高地を占領した日本軍は、外から観測して旅順港に停泊している戦艦までの距離を教えて攻撃。命中したのもありますが、ほとんどが自沈（乗組員の生命を守るためと、戦利品になることを防ぐため）し、旅順艦隊は壊滅しました。

乃木希典《まれすけ》司令官がロシアの将官に帯刀を許した武士道精神が世界中から称えられたり、日本海海戦で日本連合艦隊を奇跡的な大勝利に導いた司令官・東郷平八郎は、イギリスのネルソン提督を凌《しの》ぐ古今随一の海将として、全世界から仰ぎ見られるようになりました。

広瀬中佐と連合艦隊の参謀・秋山真之とは同じ下宿の親友でした。閉塞作戦の発案は秋山参謀です。親友を失った雪辱を日本海海戦の大勝利で果たしたとも言えます。その日、明治三十八年五月二十七日、奇しくもその日は広瀬中佐の三十六回目の誕生日です。広瀬中佐の霊が国を守ったとも思われ、軍神と称えられる所以かも知れません。

極東の小国日本が世界の大国ロシアに勝利したことで、世界中が仰天、特にクリミア戦争で黒海の制海権をロシアに奪われ、露土戦争に敗れたトルコでは、生まれてきた男の子に「ノギ、トーゴー」と日本の将軍の名前を誇らし気に付けたそうです。

「ワー」「パチ、パチ、パチ」

日露戦争の勝利によって、「近代国家の基盤が確立された」という考えと、いや「大東亜戦争による日本破滅の萌芽」という相対する歴史の評価が必ずあります。

大切なことは、明治維新後日本は弱肉強食の帝国主義の時代において、独力で世界に追いつき一等国を目指したという時代背景や、当時の国民がどのような考えを持っていたのかの理解なしには、正しい歴史の評価はできないということです。私達は正しく過去の歴史を評価し、歴史からどのような教訓を学びとり未来につなげていくかが、常に問われているのです。

具体的に言えば、大東亜戦争が終わると、あたかも戦争推進の責任を神武天皇に負わせるかのように歴史上から抹殺してしまった。果たして、これで一体どのような教訓を先の大戦から学んだと言えるのでしょうか。

七、広瀬中佐の人物像

軍神として崇められていた広瀬中佐について、武骨で厳《いか》めしい感じのする一軍人だったのではないかと思っていたのですが、調べてみて驚きました。

アリアズナはレフ・トルストイ原作『戦争と平和』のヒロイン、ナターシャを彷彿とさせるような美しい女性でした。そのような女性を貴族である士官候補生のライバル達の中から、アリアズナのハートを射止めたのです。

広瀬中佐はさしずめピエールかと思いましたが、そのピエールを広瀬中佐は「我が命一つを投げ出して圧制者ナポレオンを暗殺しようとするでしょう。そこがいい」と激賞しています。

広瀬中佐の人物像をまとめると、武人としてただ一筋の祖国愛と信念の強さ、崇高な志の持ち主であり、一人の人間としては、心の清らかさと優しさがあり、かざり気がなく素直な人柄で誠実な生き方をし、ひたすら純粋可憐、生真面目さが国境を超えて異性同性を問わず、誰からも慕われ敬愛された人物と言えるのではないでしょうか。

誠実さは、その人が持っている何物よりも勝る宝物と言われます。今、日本社会は崩壊の危惧《きぐ》を抱かせるような世の中で、私達が失いがちなものを、一軍人としてよりも一人の生き方として広瀬中佐から学ぶことが数多くあるように思います。それがどのようなものかは、各人が考えて今後の人生に生かして欲しいと思います。

神社境内には終戦時に陸軍の出方によっては大きな混乱が懸念されていた時（実際、宮城事件というクーデターが起きた）に、天皇の信任が篤《あつ》く人望を集めていた人格者だった故、そのような動きの拡大を一死を以て未然に防いだ陸軍大臣である『阿南惟幾《これちか》顕彰碑』岸信介元総理大臣揮毫《きごう》の建立や他にもプラスチックケース内の金属プレートに大臣が顕彰されていて、竹田市の人々等、多くの人からその遺徳が偲ばれているのが大変良く分かりました。

阿南陸軍大臣も竹田市出身者だったことに驚きつつ、ごみ一つ落ちていない美しい武家屋敷跡を歩きながら、広瀬武夫、阿南惟幾という武士道精神に生きた類稀《たぐいまれ》な二人の武人を輩出した岡藩には、名君と言われる藩主が存在したに違いないと強く思いました（中川氏三代目に中興の祖といわれる中川久清公は、教育に力を注ぎ国防の大切さと人間は生まれながらにして平等であるという精神を、この地に根づかせる祖となったそうです）。

午後から妹と小鹿田窯《おんた》の焼き物の里を訪ねる予定なので、そば屋への無断駐車の非を心で詫びながら、素晴らしい人々との出会い、新しい発見、城下町の風情を味わい、旅の醍醐味を満喫して竹田市を後にしました。

第八章　天孫降臨の地は高千穂町である

ニニギノ尊が降臨した地は『古事記』と『日本書紀』をまとめると次のようになります（実際は正しいと思われる『古事記』の文）。

「膂宍《そしし》の空国《むなくに》を丘続きに求め歩いて此地《ここ》は韓国《からくに》に向ひ笠沙の御崎《みさき》に真来通《まきとほ》りて、朝日の直刺《たださ》す国、夕日の日照る国ぞ。此地はいと吉《よ》き地《ところ》」

天孫降臨の地はどこかと特定する前に、天孫降臨とはそもそもどのようなことを意味するかについて考えてみましょう。

圧倒的に多いのは海外からの渡来説です。

朝鮮からの渡来説　～前述の韓国に向ひから
対馬からの渡来説　～古田武彦氏（『日本古代新史』）
呉からの渡来説　～竹田昌暉氏（『「神武」は呉からやって来た』）
海外からの渡来説　～どこの国とは特定できない

その他、天孫降臨とは侵略戦争という説がありますが、これらの説はどれも誤りなのです。

その理由は〝天壌無窮の神勅〟を下したのは天照大神即ち卑弥呼女王だからです。以前、天照大神とは邪馬台国の女王・卑弥呼を神格化した神と言いました。つまり邪馬台国の女王・

卑弥呼が命令したということは、邪馬台国は日本国内のどこかにあったことは確かなのです。ですから、論理的に考えて海外からの渡来説は成り立たないのです。

それでは天孫降臨の実際とはどのようなことかと言いますと、狗奴《くな》国との戦いや紀元二四八年に起きたとされる皆既日食により、日の御子としての霊力の衰えから邪馬台国連合の各国家の支持を失い、国内の乱れから身の危険を感じた卑弥呼女王は、直系の孫・ニニギノ尊を安全な場所へ避難させ後事を託したのです。

これは先生の大胆な仮説ですが、皆んなにも分かり易く少しくだけた言い方になりますが、次のような経緯《いきさつ》があったのではないかと思っています。

「可愛い私の孫ニニギノ尊よ、そなたに言っておきたいことがあります。こちらに来なさい」

「はい、おばば様、いえ、日の御子様」

「よいよい、おばばで良いのじゃ、その方がかえって肉親の情が湧くというものです。おばばも若い頃は三十ヶ国を従え、魏へ何回も使者を送っていたものだが、もう歳も歳だし、まさか急にお日様が隠れて夜のようになるとは思いもよらなかった。そのことで何か不穏な動きもあるようです。そこで、これだけは言っておきます。遺言だと思って心して聞きなさい」

「はい、畏《かしこ》まりました」

「決して誇り高き我が家の血筋を絶やしてはなりませんよ。今はじっと我慢の時ですが、必ずお家を再興するように代々伝えていくのですよ。筑紫《ちくし》などに甘んじていないで、志を大きく持つのですよ、分かりましたか」

「はい分かりました」

「これから尊に遣《つか》わす品々は、我が家の正当な証《あかし》としての神器と為《な》るものです。子々孫々大切に伝えていくのですよ。この八尺瓊曲《やさかにのまが》（勾）玉は吾が身に付けていたもので、蘇《よみがえ》る働きがあり魔よけにもなり、様々な災いから尊を守ってくれるでしょう。

この剣《つるぎ》は、素戔嗚尊《すさのおのみこと》殿が出雲で八岐大蛇《やまたのおろち》を退治した時に尾から取り出した剣で、天叢雲剣《あめのむらくものつるぎ》という神剣として、必ず我が家の守り刀となるものですよ。

この八咫《やた》鏡は〝我が御魂《みたま》として〟斎《いつ》き祀るようにしなさい。よいか皆の者、ニニギノ尊を支え必ず立ち行くように頼みますよ！」

「畏《かしこ》まりました」

「これから行く方向は、南へ行くのが最も安全でしょう。まず火を噴《ふ》く山（阿蘇山）を目当てにして行きなさい。そこからは必ず日の昇る方向に向かって行くのですよ。決して日の沈む方向へ行ってはなりませんよ」

「先生、どうして日の沈む方向へ行ったら駄目なの」

「良い質問ですね、阿蘇から日の沈む方向は西になり熊本平野が広がっています。邪馬台国連合国と敵対関係にあった狗奴国の根拠地であったと、最も有力視されている地域だからです」

「定住地が決まり落ちつくことが出来たら、一度海に出て〝笠沙《かささ》の御崎《みさき》〟という交易の場所へ行ってみなさい。大層なにぎわいだそうですよ」

「はい、おばば様もお達者で」

「おばばのことは何も心配しなくて良いですよ、たとえおばばにどのようなことがあっても、尊をいつまでも見守っていますよ。さあ、もう行きなさい」

「それでは皆の者、名残《なごり》は尽きないが、出発することにしよう。おばば様――」


このようなことが実際にあったと先生は信じています。そのような例が日本の歴史上、何例もあるからです。卑弥呼女王が三十ヶ国の盟主として君臨していた範囲は、ほぼ北九州全域に及んでいたと思います。そのような卑弥呼女王も狗奴国との戦いや、決定的なのは紀元二四八年に起きた皆既日食によって霊力の衰えを見透かされ殺されてしまったのです。

「え～っ、本当ですか？」

これは松本清張氏が唱えた説ですが、古代ではこのようなことが世界各地で行われていたことを例をあげて述べています。井沢元彦氏も著書『逆説の日本史』の中で、卑弥呼女王は殺され、そのことによって天照大神として神格化され伊勢神宮に祀られたとしています。

前述したように卑弥呼女王はシャーマンのような巫女《みこ》ではなく、統治能力に秀でた優れたリーダーだったのです。だからこそ非業《ひごう》な死（殺害された）を遂げたものの霊を畏怖し、その霊を慰和してその祟《たたり》を免れ安穏を確保しようとして（御霊信仰）卑弥呼女王の実体を祀っているのが宇佐神宮なのです。

さて、ここで整理してみましょう。天孫降臨と言っても、人間が天（高天原）から降臨することは出来ませんね。これはあくまでも神話の世界の話なので、『日本神話の法則』からも、神聖化し尊厳化するためのものと分かります。天孫降臨の実際とは決して海外からの渡来ではなく、邪馬台国からどこかへニニギノ尊一行が移住したことを示しているのです。天孫降臨の有力な候補地は、次の三ヶ所です。

北九州の高祖山連峯（北九州北部の地域）

日向の高千穂

霧島山の高千穂の峯

少数派意見として、国東半島、宮崎平野とする説がありますが、未だに天孫降臨の地は特定されていません。ニニギノ尊が降臨した地を『古事記』と『日本書紀』の記述から検証してみましょう。

「膂宍《そしし》の空国《むなくに》（鹿や猪の背中の骨の回りに肉がないような農耕に適さないやせた不毛の土地）を丘続きに求め歩いて」について以前先生は、阿蘇山の堆積物でおおわれた荒涼とした傾斜地としましたが、梅原猛氏も同じ見解でした（通ったルートは異なる）。

高森町から国道二百六十五号線（至ル蘇陽町）を左折し、高千穂町への国道を進んで行くと、すぐ目に入ってきたのは、お碗を伏せたような山が連なっている印象的な山並みに、ここが『日本書紀』の「膂宍の空国を頓丘《ひたを》から国覓《くにま》ぎ行去《とほ》りて」の頓丘〜丘続きとされる場所では？と胸の高鳴りを抑えることが出来ませんでした。

著名な歴史学者の中に、『日本書紀』では「吉き地」が「膂宍の空国」という荒れた土地に変わってしまうとしていますが、そのようなことはどこにも書いていないし、明らかに誤りです（荒れた不毛の地にニニギノ尊一行が住むはずもない）。『日本書紀』の編纂者は先生と同じように、天孫降臨の地は高千穂と認識していました。

「へ〜、どうして分かるのですか？」

ここは非常に興味深いところなのですが、『古事記』では「此地《ここ》は韓国《からくに》向ひ笠沙の御崎に真来《まき》通りて〜此地はいと吉き地」と書かれていますが、『日本書紀』では確かに「韓国に向ひ」「真来通りて」「此地はいと吉き地」はカットされて書かれていません。なぜかと言うと、天孫降臨の地は高千穂と考えているから「韓国に向ひ」とは書けなかったのです。

「先生、それならどうして『古事記』には書かれているのですか」

まだ文字を持たない時代、諸家（各氏族）では家（氏族）の歴史や伝承を〝語《かた》り部《べ》〟という記憶力の優れた人物が代々語り継いできました。

天武天皇は諸家が受け継いできた『帝紀（皇室の系譜）』や『旧辞・本辞（神話や伝説・歌など）』

に誤りや乱れが多いため、これを正して後世に伝えようとして、記憶力が抜群の稗田阿礼《ひえだのあれ》という舎人《とねり》（天皇、皇族などに近侍し雑事に携わった者）に帝紀・旧辞を誦《よ》み習わせ、皇室に伝わる歴史を物語や神話で語ったものを太安万侶《おおのやすまろ》が筆録、上進したものが『古事記』とされていま す。『古事記』は日本最古の文学であるとも言われます。それは、歴史を語り継いでいくには、物語や神話のようにしなければ代々語り継いでいくのが難しい面があるからなのです。

皇室の私的な歴史書『古事記』に対して『日本書紀』は官撰の公的な歴史書です。以前、律令の制定と国史の編纂は、文明国家としての根幹を成すものであったことを説明しましたね。中国や朝鮮を意識して国史を編纂していて、帝紀・旧辞や諸家の記録等を実証的に確かめながら編纂されています。

分かり易く言いますと、『古事記』では代々語り継がれてきていることを、何のためらいもなく語り継いでいきます。だから「此地は韓国向ひ、笠沙の御崎に真来通りて、~此地はいと吉き地」と書いているのです。一方『日本書紀』の編纂者は、天孫降臨の地・高千穂からでは実証的に考えて「韓国に向ひ」とは書けなかったのです。『日本書紀』が編纂されたのは、西暦七二〇年ですが、当時、「笠沙の御崎」という場所は九州のどこにも存在しなかったのです。

「先生、本当にそのようなことが分かるのですか」

「それは先生が理科の教師だから、自信を持って言えることなのです」

『日本書紀』の編纂者は、「笠沙の御崎」をニニギノ尊と結婚するアタツヒメ（後のコノハナサクヤヒメ）の名前から推測して、現在の薩摩半島の加世田市一帯が古代では、阿多（吾田）という地名であり、豪族阿多君《あたのきみ》一族の女性と考えて、次のように記述しています。「膂宍《そしし》の空国《むなくに》を頓丘《ひたを》から国覓《くにま》ぎ行去《とほ》りて、吾田《あた》の長屋《ながや》の笠狭《かささ》の碕《みさき》に到り」もうお分かりでしょう。『日本書紀』の編纂者は天孫降臨地・高千穂から笠沙の御崎は余りにも遠く、「笠沙の御崎に真来通りて～此地はいと吉き地」とは書けなかったのです。

しかし、この笠沙の御崎を薩摩半島に求めるのは誤りなのです。詳しい説明は後でしますが、伝承を元に語り継がれてきた『古事記』が、実証的に編纂された『日本書紀』よりも正確に、日本の古代について叙述していることが、理科教師の目から見て非常に興味深いのです。

その理由は、ニニギノ尊とコノハナサクヤヒメと出会った三世紀中頃は、日向（現在の宮崎平野）のかなりの部分、特に西都原古墳群の近くまで海だったのが、『古事記』（七一二年）や『日本書紀』（七二〇年）が完成した八世紀前半の頃になると、ほとんど現在のような地形になっていたことを示しているからです。このことが〝天孫降臨の地はどこか〟の解明に深く係わっているのです。

さて、「膂宍の空国」について、真実の日本古代史解明のためにも、学者の誤った考えについて触れない訳にはいきません。

『古事記』の「いと吉き地」が『日本書紀』では「膂宍の空国」と荒れた土地に変わってしまうという学者の説は論理的に無理があります。ニニギノ尊一行が、そのように荒れた土地に住む筈《はず》もないし、降臨（移住）した高千穂に棚田を拓《ひら》いた一大水田耕作地帯が、どうして「膂宍の空国」と言えるのだろうか。天孫が降臨する日向が「膂宍の空国」なのに、なぜ日向に行ったのかなどと、古代の日向がどのような地だったのかについて理解していない学者の存在に驚くばかりです。

「膂宍の空国」の空国を空国《からくに》と称して朝鮮を蕃国《はんこく》（民度の低い異人種、蛮族の住む国）視したとしている学者もいますが、その後の『記紀』の記述をどのように解釈するかの説明が何もないのはどうしたことでしょう。ニニギノ尊が蕃国の朝鮮から渡来して来たとでも言うのだろうか。

学者の多くが「膂宍の空国」を天孫降臨した地と結びつけていますが、『記紀』の記述から考えて降臨（移住）する途中の土地の形状を表しています。三世紀の阿蘇山の山麓や阿蘇高原は、現在よりはるかに阿蘇火山の堆積物でおおわれた荒涼とした地が広がっていたと思います。

このような形状の地を「膂宍の空国」とは！　その表現力の豊かさに感心しながらも論理的に考えて、ニニギノ尊一行は阿蘇山の荒涼とした山麓を通って行ったと先生は確信していますが、このような考えは、先生と梅原猛氏くらいしかいません。

「へぇー」

正しいかどうかは読者に判断してもらうしかありません。「膂宍の空国」については少し難しかったと思いますが、次に「朝日直刺《たださ》す国、夕日の日照る国ぞ」について、皆んなと一緒に考えてみましょう。

「〞♪夕焼け空が真《ま》っ赤《か》っ赤《か》〞という歌がありますが、この時の夕日は、照《て》り（光り）輝いていると思いますか」

「いいえ、輝いていないと思います」

太陽が地平線に沈む夕日は、地表近くの塵など無数の粒子に、太陽の光が乱反射して赤くなります。太陽の高度が高い時は、地表近くの塵の粒子の影響が少ないので、太陽は眩《まぶ》しいように輝きます。

「それでは〞夕日が照り輝く〞とはどのようなことを表現しているのか分かる人いますか」

「はい、はい、はい」

「お～すごいですね、ではT君」

「はい、西側が高い山々に囲まれていて太陽が沈んで見えなくなる頃も、太陽の高度が高いので輝いているのだと思います」

「T君の考えをどう思いますか」

「良いと思いま～す」「パチ、パチ、パチ」

「素晴らしいですね。先生もその通りだと考えています」

次に「朝日の直刺す国、夕日の日照る国ぞ」について、朝日や夕日がよく照り映《は》える国だとの解釈が最も一般的ですが、〝朝日が海からまっすぐ射し昇る国、夕陽がいつまでも輝き渡る国である〟と解釈する学者もいます。

ただ〝朝日が海からまっすぐ射し昇る国〟という解釈は誤りだと思います。それは、〝朝日の直刺す国〟と〝夕日の日照る国〟とは対になっていて、降臨した地域の地形的な形状を現していると思うからです。〝朝日の直刺す〟の刺すについて、肌を刺すような真夏の強い陽射しと言うようなことがありますが、太陽が海の地平線から昇ってくる和《やわ》らかな陽射しにと〝朝日直刺す〟という表現は決してしないからです。

「朝日の直刺す国、夕陽の日照る国ぞについて、何か気づいた人いますか」

「はい」「はい」

「それではOさん」

「自信はありませんが、山々に囲まれた盆地のような所ではないだろうかと思いました」

「皆んなはOさんの考えをどう思いますか」

「良いと思いまーす」

評価は先ほどではないようですが、先生も〝朝日直刺す〟というのは、太陽が山陰《かげ》から昇った時には太陽の高度が高いので、強い直射日光を〝朝日直刺す〟と表現したのだと考えています。

　つまり東側も高い山々に囲まれているのです。『記紀』の記述から〝天孫降臨の地は四方を高い山々に囲まれた盆地である〟と主張したのは、先生とOさん、T君が最初の人物かもしれません（笑）。

「へ～、すご～い」「パチ、パチ、パチ」

　もっともこの説が〝正しい〟と認識されるかどうかは分かりませんが……。

　先生が『朝日の直刺す国、夕日の日照る国ぞ』で最も注目したのは〝夕日の日照る〟とは、〝夕日のどのような現象を表しているのか？〟と考えた点です。このフレーズだけで、〝九州北部に天孫降臨した〟とする説は成り立たないのです。それは九州北部の平野（福岡平野）の北から西方にかけて海に面した地では、西の空が晴れた日でも夕焼け空になり、夕日が照り輝くことがないからです。

　高千穂町を訪ねて天の岩戸神社から国道七号線を尾平峠へと向かう途中、高千穂盆地を見渡せる所に出た時の感激は忘れられません。平成十三年三月三十一日午後四時半頃、盆地の向う側の山々に太陽の光が燦々《さんさん》と照り輝いていました。その時〝天孫降臨の地は高千穂だ〟と実感できたのです。その山陰の地が〝日之影町〟とは。正に高千穂は〝朝日の直刺す国、夕日の日照る国ぞ〟でした。

　ニニギノ尊が周囲を山に囲まれた高千穂に降臨したとする説を有力視する別の考え方があ

ります。神武天皇が四方を山に囲まれた土地を求めたとの『日本書紀』の記述や、天皇の住む都が、飛鳥、平城京、平安京と四方ないし三方を山に囲まれた場所に置いているのは、皇室の先祖が周囲を山に囲まれた降臨の地・高千穂をその原点としたからではないかとする考え方です。

確かに一理あると思いますが、先生と皆んなで論理的に検証したのが、より科学的な証明になっていると思います。

『笠沙の御前《みさき》（崎）に真来通りて』について考えましょう。「笠沙の御崎」とは地名（固有名詞）ではなく地形の形状やどのような場所かを示す形容詞のように感じられます。結論を先に言いますと「笠沙の御崎」とは天然の良港なのです。「笠沙の御崎」とは地名というより地形を表しています。当時は西都原古墳群の近くまで海が入り込んでいました。笠のような形をした島に、一ノ瀬川、三財川等の川から運ばれた土砂が砂洲を作り、笠のような島とつながり防波堤の役割を果す岬が出来て、入り江をつくり天然の良港となったのです。沙は砂と同じ意味で、岩石が風化した砂と違って、川や海が運んで堆積したので笠沙としているのです。人工の港など造ることが出来ない当時、船舶を安全に停泊させるかは、船乗りにとって死活問題でした。江戸時代の北前船《きたまえ》が、停泊した入り江から船が出ていく時、船乗りが必ず岬に向かって手を合わせて無事の船出を感謝して拝《おが》んだそうです。

なぜ岬を御前（崎）としているのでしょう。それはこのような天然の良港は神様の手によってしか造られなかった岬として崇《あが》めているからです。今でも沖縄の村々では、御獄《うたき》といって神様が宿る聖地として崇めています。このように天然の良港に恵まれ、物質の一大集散地として発展し文明が栄えたのです。

因みに西都原古墳群がある西都市には、ニニギノ尊の舟が着いた場所であるという「御舟《みふね》塚《づか》」があり、この御舟塚のある一帯が『記紀』にいう「笠沙の御前」なのだと土地の人は信じています。さらに少し行った逢初《あいぞめ》川は、ニニギノ尊とコノハナサクヤヒメの出会いの場所でもあります。「笠沙の御崎」とは、地名というより地形を表し、天然の良港で西都原古墳群の近くにあったという先生の考えを理解してくれたでしょうか。

今まで天孫降臨の地と「笠沙の御崎に真来通りて」との関連を明確に説明した学識者は誰もいません。それは「笠沙の御崎」を地名と考えどこかと特定できなかったことと、「真来通りて」の説明が出来なかったからなのです。「真来通りて」という意味は、当時、陸路には一直線に連なっているまっすぐな通り（道）などありません。当時の交通手段は専ら船舶に頼っていました。

高千穂から「笠沙の御崎」へ行くには、現在より遥かに水量の多かった五ヶ瀬川を一気に下り、海へ出て海岸沿いに南下すれば、何ら迷ったりすることもなく簡単に行けることから、一本道というような意味で「笠沙の御崎に真来通りて」と記されているのです。これは天孫降臨の地が高千穂だから言えることなのです。

多くの学者が「韓国《からくに》に向ひ」から天孫降臨の地を九州北部の地としていますが、皆んなに質問します。

「九州北部の地で韓国（朝鮮）に面していて、どのようなメリット（利点）がありますか」

「……」

朝鮮に面しているからといって特に具体的な利点などないと思いますが、儒教を重んじる中国や朝鮮の人々は先祖の霊を崇め崇拝します（祖霊信仰）。「韓国に向ひ」というのは、望郷の念にかられたり、故国の先祖の霊に向かって祈る時に、イスラム教徒の人々が毎日、聖地メッカの方向を向いて祈るように、故国を望見できる地を指しているのです。

また山口県響灘《ひびきなだ》沿岸の土井ヶ浜遺跡から発掘された三百五十を超える人骨が、中国から渡来した人々で、埋葬された人たちはみな大陸の方を向いていたそうです（『日本人はるかな旅5』より）。このようなことから、「韓国に向ひ」という地は、何も九州北部の地でなくても、高い所から遠くの朝鮮の方を望見できるような所であれば良いのです。

それでは「膂宍《そしし》の空国《むなくに》を丘続きに求め歩いて、此地《ここ》は韓国《からくに》に向ひ――」という朝鮮の方を望見できる場所が高千穂に存在するのかというと、正にこの地としか思えない場所があります。それは高千穂の槵触峰《くしふるのみね》の尾根に当たる所に「遥拝所《ようはいじょ》」があり、ここからニニギノ尊一行が遥か遠い故郷を拝んだという伝承の場所です。天孫降臨という歴史的な事実は、邪馬台国から阿蘇高原の荒涼とした山麓（脊宍の空国）と、お碗を伏せたような山並を通り槵触峰の遥拝所の地に辿り着いたということに他ならないのです。

「さて、これで天孫降臨の地は高千穂であるという先生の説明は終わりますが、中学生の皆んなに果たして理解してもらえただろうか。先生の考えが正しいと思う人は拍手をしてください」

「パチ、パチ、パチ、パチ」

「おーこんなに沢山、嬉しいなあ。後は読者の皆様にどう判断してもらえるかです」

古代、日向が文明から取り残された地であるとか、脊宍の空国などと考える学者には驚かざるを得ませんが都城市の坂元A遺跡では北部九州の福岡県板付《いたつけ》、佐賀県菜畑《なばたけ》遺跡と肩を並べる古さの最古級の水田遺構が見つかっています。また西都原古墳群の前方後円墳が、少なくとも四世紀前半に誕生していることが明らかになり、そして、そのことは三世紀後半をも射程に入れて南九州における築造開始期を考える必要があるとしています（『西都原古墳群』北郷泰道氏著より）。

西都原百六十九号噴出土の海外から渡来したと思われる大型船の舟形埴輪や、近くの百塚《ひゃくづか》原《ばる》古墳群から出土した金銅製馬具類は国宝に指定されています。さらに日向に多い初期前方後円墳の柄鏡式古墳が、大和磐余《いわれ》の地にメスリ山古墳（神武天皇の御陵と思います）と茶臼山古墳があります。このようなことからも古代、日向の地には優れた文明が築かれていたことは明らかでしょう。

第九章　日本国体の基《もとい》となった「天壌無窮の神勅」

これから学習課題「神武東征神話は史実である」という命題を証明していくことになりますが、まず歴史教科書（教育出版）を読んで、大和政権が生まれた前後について確認しておきましょう（現在の教科書で大和をヤマトと表記するのは大きな誤りです）。

国々の誕生　稲作がさかんになると、社会のしくみも急速に変わり、小さな国々ができ、人々を支配する有力者（豪族）や王が出現しました。中国の歴史書には、紀元前後のころ、倭（日本）には百余りの国があり、中には、中国へ使いを送る国もあったと記されています。また、一世紀の半ばには、倭の奴国《なのくに》の王が、漢（後漢）に使いを送り、皇帝から金印を授《さず》けられました。

邪馬台国の女王　三世紀になると、中国では後漢がほろび、魏《ぎ》・呉《ご》・蜀《しょく》の三国に分かれて争いました。そのころ、日本列島には邪馬台国という国があり、魏と交流しました。

魏の歴史を記した「魏志《ぎし》」の中の「倭人伝」の部分には、邪馬台国の女王卑弥呼《ひみこ》が、倭の三十余りの小さな国々を従《したが》えており、その国々では、すでに身分のちがいも生まれていたこと、卑弥呼が使いを魏の都に送り、皇帝から「親魏倭王《しんぎわおう》」という称号《しょうごう》と金印を授けられ、銅鏡百枚などのたくさんのおくり物を受けたことが記されています。

大和政権の発展　三世紀後半になると、奈良盆地を中心とする地域に強力な勢力（大和政権《やまとせいけん》）

が生まれ、前方後円墳をはじめとする大きな墓（古墳《こふん》）がつくられるようになりました。大和政権は王を中心に、近畿地方の有力な豪族によってつくられていました。

大和政権の支配の広がりにともなって、前方後円墳などの古墳が、各地でも、その地の豪族を葬るためにつくられるようになりました。

現在、どの教科書を読んでみても奈良盆地を中心とする地域に、大和朝廷がどのようにして誕生したかについての古代史の真実が何も伝えられていません。教科書の記述からも、紀元前後のころ、日本には百余国の国があり、三世紀には邪馬台国の女王卑弥呼は三十余りの小さな国を従えていたとしています。

「それでは、常識的に考えて、その後、日本という国はどのように発展していくと思いますか」

「はい、有力な豪族とか、邪馬台国のような国の王が、日本を一つの国に統一しようとすると思います」

「その通りです。素晴らしい。古代においては、世界のどの国でも歴史の必然性として、必ず一つの国家に統一されます。

歴史は点ではなくて一本の線でつながっているものなのですが、現在の歴史の教科書では、突如、奈良盆地を中心とする地域に大和政権が生まれたことになっています。このことは、どのような経過をたどって大和朝廷が生まれたのか、つまり、日本という国の建国の歴史が何も記されていないことを意味します。

その理由は主に次の二つになると思います。一つは大和朝廷が生まれた当時の記録が何も残っていないからです。〝謎の四世紀〟と言われる所以です。

二つには、〝神武東征〟という『記紀』の建国神話（歴史）が、大東亜戦争の推進に利用されたため、戦後『記紀』の神話が否定され、神武天皇も歴史上抹殺されてしまったからなのです。

卑弥呼女王がニニギノ尊に後事を託したであろう世俗的な事柄が、神話の世界では「天壌無窮の神勅」として昇華します。神話とは必ず歴史的な事実を基本にして、神の話として書かれたものなのです。

そのことを念頭において、神話の中でも特にタブー視されている「天壌無窮の神勅」と「八紘一宇」について、多くの国民から正しく理解されていないというのが実状と思います。真実を知らなければ何も始まりません。そこで、「天壌無窮の神勅」に関する文献を、三十冊あまり調べてみましたが、琴線に触れるようなものはありませんでした。

ところがある時、ソファーに横たわりながら斎川眞氏の著書『天皇がわかればわかる』（ちくま新書）を読んでいて、〝これだ！〟と長い間探し求めていたものに、やっと出会えた思いで飛び起きました。それによれば有名な「天壌無窮の神勅」について、その言葉はこうであったと次のように明快に解説していました。

（天照大神《あまてらすおおみかみ》）皇孫《すめみま》に勅して曰《いわ》く、

「葦原《あしはら》の千五百秋瑞穂《ちいほあきみずほ》の国は、是吾《これわ》が子孫の王たるべきの地なり。宜《よろ》しく爾《なんじ》皇孫、就《ゆ》きて治むべし。行け。宝祚《ほうそ》の隆《さか》んなること、当《まさ》に天壌《てんじょう》とともに窮《きわま》り無《な》けん」と。

〔現代語訳〕

皇室の祖先神である天照大神は、孫の天津彦彦火瓊瓊杵尊《あまつひこひこほのににぎのみこと》に神勅を下して、言われた。「幸多く豊かな葦原の瑞穂の国である日本は、私の子孫が王として統治すべき国である。我が孫、天津彦彦火瓊瓊杵尊よ。行って、治めよ。さあ行け。我が子孫の皇位は、天地と同じように、永遠に隆盛である」と。

これが有名な「天壌無窮の神勅」の全文である。日本の天皇の正当性についての政治思想は、じつにこの「神勅」だけなのです。他には見当たりません。

〝これだ！〟と思ったのは、現代語訳の中で、「〜我が孫、ニニギノ尊よ。行って治めよ。さあ、行け」

「ははぁ〜っ」とうやうやしく拝命しそうにでもなるよう生々しく訳されていて、『日本書紀』の編纂者が何を意図として「天壌無窮の神勅」を取り入れたのか見極めることができたからなのです。分かり易く言うと、

「自分がこの国を治めているのは、神の命令によって正しいことであり、我が子孫がこの国を治めていくことは、天地と同じように変わることはないのだ」

という国の支配の正当性を神勅（神の命令）によって認めさせ、絶対化しているからです。

「天壌無窮の神勅」によって、他の国には見られない〝万世一系〟という日本国の形態（国体）が形づくられたのです。

　このような国体を称して、「日本が日本たる所以である」とか、北畠親房が『神皇正統記《じんのうしょうとうき》』で、日本は中国と違って王朝の交替がなく、皇統が一貫して変わらないのは、我が日本国だけである。異朝（外国）にはないことを誇りとして、故に「日本を神国」というのであるとしています。この「神国」という言葉は少し強調しすぎと指摘している学者のいることは付記しておきます。

　また、日本国家のアイデンティティとして、「神の末裔《まつえい》による肇国《ちょうこく》」（天照大神＝卑弥呼の子孫、神武天皇が国をひらきはじめた）とする考え方もあります。それぞれの見方に立てば、どれも正《せい》鵠《こく》を射ていて正しいのだと思います。

　イデオロギーに左右されて、神武天皇の東征から始まる〝万世一系〟の主張など、非科学的・反動的として成立しないとする考え方がありますが、それは学問として正しい歴史認識ではないのです。なぜなら日本という国は好むと好まざるとにかかわらず、初代を神武天皇として、皇室の血統はその時から連綿と続いて今に至っていることは、紛れもない歴史的事実であり世界に類を見ない国だからです。

第十章　「八紘一宇」とは神武天皇の国を治める理想である

神武東征建国神話が先の大戦の推進に利用されたため、戦後、神武天皇が歴史上から抹殺されました。その理由の一つに「八紘一宇」の誤った解釈があると思います。

『広辞苑』では、次のように訳されていました。

八紘～四方と四隅。地のはて。転じて天下。全世界。宇は、屋根の意。八紘一宇～世界を一つの家とすること。太平洋戦争期、日本の海外進出を正当化するために用いられた標語。

『日本国語大辞典』（小学館）では、八紘一宇～地の果てまでを一つの家のように統一して支配すること。

元来は国の内を一つにする意であったが、太平洋戦争期、軍国主義のスローガンとなり、海外進出の口実ともなった。

神武天皇をこのように、有無を言わせず力づくで国内を統一し支配していく覇権者のようなとらえ方に長年疑問を抱いていました。その理由は、『日本書紀』の現代語訳（宇治谷孟訳）で、神武天皇が小国分立していた国々を統一した後に、「八紘《あめのした》を掩《おお》ひて宇《いへ》にせむ（八紘一宇）」と宣言する前に次のような訳文があります。

「～人民の利益となるならば、どんなことでも聖《ひじり》の行うわざとして間違いはない。まさに山林を開き払い、宮室を造って謹んで尊い位につき、人民を安《やすん》ずべきである。上は天神の国をお授け下さった御徳に答え、下は皇孫の正義を育てられた心を弘めよう。その後、国中を一つにして都を開き、天の下を掩いて一つの家とすることは、また良いことではないか」

この訳文からも分かるように、神武天皇はまず人民を安ずべきと、新しく統一した国の安寧に最も心を砕いていたのです。最愛の兄を二人も失い（『記紀』では三人となっていますが、三兄のミケヌノ命は統一を助けた後、高千穂に帰郷したという伝承が正しいと思います）、敵味方にも多くの死者を出し、辛苦の末に統一したその時に、さらに屋上屋を架すような宣言をするでしょうか。

もし神武天皇を初めとする歴代の天皇が覇権者のような存在だったとしたら、人民の反動を恐れ支配者の住む王宮を堅牢な城にしたり、王の住む都そのものを城壁で囲ったりします。それが世界の通例だからです。日本は世界でも稀有なのですが、長安を模倣して建造した平城京に城壁はなく、江戸時代までの天皇の住居の京都御所はプライバシーを守るだけで、戦から防備するには全く用をなしていないのです。

その理由は、初代神武天皇から天皇は、人民から畏怖されるような対象ではなく、国・人民を安泰ならしめるリーダーとして、尊崇され敬われていたのではないかと考えていました。

梅原猛氏は「八紘一宇」の言葉は、元来「人類は一家、みな兄弟」といった意味だったとしていますが、今一つ具体性を欠いていて疑問を解消するには至りませんでした。ところが定説を覆す大発見（?・）があったのです。数多くの古代史に関する著作者の中から唯一人「八紘一宇」とは、神武天皇が国を治める理想を述べたもので、その意味するところは定説とは正反対とも言える内容だったからです。

何を隠そう誰かと申せば、小生と運命の糸で結ばれていた高千穂神社の宮司・後藤俊彦氏その人なのです。著書の『山青き神のくに』の中で神武天皇は国家統合にあたって、各氏族の個性的な伝承や神々を認めながら、しかもそれらが一つ屋根の下に共存することを願い、お互いに尊敬し合うことを理想とする国づくりを目指したとしています。分かり易く言えば、それまで争ってきた国々や各氏族を一つの大きな家族のように仲良くまとめていくことを、国づくりの理想としたのです。家族の一員と同じように国民一人ひとりの幸せを願う、現代でいう福祉政策を人民に施した先駆者として称えられて然るべき立派な初代天皇だったということです。

お互いを尊敬し仲良く共存する和の精神が、初代神武天皇から皇室の家訓のようにして受け継がれ、聖徳太子の十七条の憲法・第一条「和を以て貴《とおと》しと為《な》す」として明文化され、いま現在も脈々として生き続けているのではないでしょうか。

神武天皇が統一した最初の国が、卑弥呼女王の国・やまと（邪馬台）の後継者として、大きな家族（人民）が和の精神で結ばれた理想の国づくりを願って「大和《やまと》」と名づけたと考えるのは小生の独り善がりでしょうか。

「八紘一宇」とは、国を治める理想を述べたものとする後藤俊彦氏の見解が正しいことは、『日本書紀』の内容を正しく解釈することで理解して頂けたと思います。タブー視してきた「天壌無窮の神勅」や「八紘一宇」を誤ったとらえ方をして歴史を戦争推進に利用した、そのことの是非が問われるべきなのであって、神武天皇にあたかも戦争推進の責任を負わせるようにして、歴史上から抹殺し、古代史の真実を解明できない日本という国は、いつまでたっても成熟した国家にはなれないのです。日本人に生まれてきて、確たる建国の歴史も、日本とはどのような国かも知らずして、どうして民族や自国への誇りと自信を持つことができるのでしょうか。

神武天皇の実在を否定し、神武東征を虚構とする学者にお聞きしたい。それではなぜ神武天皇に代わる初代天皇を〝誰である〟と特定できないのですか。歴史学者の大義とは何か。それはイデオロギーにとらわれず、国民の前に日本という国の成り立ち、確たる建国の歴史を明らかにすることではないのですか。長い伝統と歴史を持つ国の中で、自国の成り立ちや、確たる建国の歴史を持たない国など日本の他にあるのだろうか。とても先進国とは言えない。このような状況に歴史学者として恥ずかしいと思う心の痛みは感じないのだろうか。

国公立の大学はもとより、私学助成費として、年間三千三百億円もの国民の税金が支払われているのをご存じですか。国民の付託に応える責任が少しはあるのではないですか。

津田左右吉氏の「記紀における神話時代および応神天皇以前の時代の話を、六世紀の大和朝廷が自己を神聖化するためにつくった全くのフィクション」との説を金科玉条として、その呪縛を解き放つことができない現状の歴史学界を深く憂います。今こそ日本古代史の真実を国家・国民の前に明らかにしなければならないのです。

タブー視されていた事柄には、どうしてもイデオロギーと政治が絡んできます。純真な皆んなをそのような渦中にまき込むのを避けるため、先生の考えを一気に述べてしまいましたが、皆んながもう少し大人になったらもう一度、何が真実で何が正しいのかを自分自身で考えてみてください。

本来、国家の草創期、国の統一に正当も不当もないのです。それは力を正義とする勝つか負けるかが全てなのですが、律義な日本人は国の統一にも、それが正当とする理由を考えてしまうのです。「神武東征」については、後で詳しく検証しますが、簡単にどのようなことかを説明しておきます。

初代天皇となり神武と追称された狭野尊は、三人の兄とともに東方に都とすべきところを求めて日向を出発します。

途中、宇佐、筑紫国《ちくしのくに》、安芸国《あき》、吉備国《きび》で船舶や兵器、糧食を蓄え、日向を出発して六年かけて国のまほろばと言われる大和を平定して大和朝廷（後の日本国）が誕生したという物語。

「ここで皆んなに質問します。『天壌無窮の神勅』は、誰が誰に命じたのですか」

「はい、はい、はい」では、「Yさん」

「はい、天照大神がニニギノ尊に命令しました」

「その通りですが、何か疑問に思うことがありませんか」

……「はい」「W君」

「神勅の内容がニニギノ尊には、ふさわしくないと思います」

「これはすごい！　よくそのことに気づきましたね。多くの学者もそこまでは考えていないのですよ。ニニギノ尊は平和裡に移住してきて棚田を広め地域のリーダーとして尊崇されたからです」

「それでは誰に命令したい内容なのですか、W君」

「はい、神武天皇だと思います」

「素晴らしい、その通りです」

「先生、どうして神様なのに、直接神武天皇に命令できないのですか」

良い質問ですね、前にも話しましたが〝神話は必ず歴史的な事実を基本にして作られている〟ということを話しましたね。天照大神は卑弥呼女王を神格化した神様なので、卑弥呼女王の時代には、神武天皇はまだ生まれていないので、神話といえども筋の通らないことは出来ないのです。「天壌無窮の神勅」は、一つの政治思想なので時空を越えて間接的に神武天皇に命令しているのです。

それにしても神話に「天壌無窮の神勅」という政治思想を考えついた『日本書紀』編纂者の俊才振りには驚かされます。小国分立していた日本を必ず誰かが統一しますね、その統一した国を、「我が子孫が治めていくことは、神の命令によって正しいことであり、天地と同じように永遠に変わることはないのだ」として、国を統治する正当性を神の命令（神勅）によって絶対化した、その発想はもしかして旧約聖書を読んでいたのではとも思えるくらいです。

前にモーゼの〝出エジプト〟の話をしましたが、その後ユダヤの民を連れてシナイの荒野に入り、モーゼは神の戒律を授かるために聖なる山（シナイ山）に登り十戒を授かります。聖書では民族の神（ヤファエイ）が岩盤に十の戒め（父と母を敬え、殺してはならない、盗んではならない、隣人に関して偽証してはならない等）を記したことになっています。もちろん、それはモーゼが岩盤に刻んだのですが、預言者（神の言葉を預《あず》かった者）・モーゼは、ユダヤ人に神の命令を伝え、その指導者となって神の命令を実行させたのです。一神教（絶対神）を信ずる民にとって、神の命令は絶対とする旧約聖書を読んでいて、「天壌無窮の神勅」を考えついたのではと思えてしまうのです（確信はありませんが）。いずれにしても「天壌無窮の神勅」によって、日本という国は世界に類を見ない国になったのです。

第十一章　皇室に隼人《はやと》の血は一滴も流れていない

高千穂に居を構え落ち着いたニニギノ尊は、側近と連れだって五ヶ瀬川を一気に下り、海に出ると後は簡単、陸地を右手に南下すれば、やがて舟が停泊するのに適した〝笠沙の御崎〟に到着。なるほど、山の幸海の幸の集散地で、海外からの珍しい物資などの交易が行われていて大層なにぎわいです。

「さて、この地でニニギノ尊とコノハナサクヤ姫との運命の出会いがあるのですが、その後の話の展開については自信がないというより、このような話は苦手なので質問したいことがあっても、そのうち分かるようになるのであまり先生を困らせるような質問は、極力控えるようにしましょう」

「先生、もう顔色赤くなっているよ！」

「この神話は避けて通れない、先生の苦しい胸の内を分かってください」

二人が初めて出会った川（現在の逢初川）のほとりで、アタツヒメ（コノハナサクヤヒメ）を見初《みそ》めたニニギノ尊は、早速結婚を申し込みます。喜んだアタツヒメの父オオヤマツミの神は、アタツヒメの姉・イワナガヒメの二人と、多くの献上品とともに差し出したのですが、ニニギノ尊は美人のコノハナサクヤヒメだけを娶《めと》ったという経緯で、二人は結婚します。

ところが何ということでしょうか、ニニギノ尊が最愛の妻コノハナサクヤヒメを一夜の契《ちぎ》りで懐妊したのは〝私（天つ神）の子ではなくて、国つ神の子ではないのか？〟と疑ったのです。何ということでしょう。

純潔を疑われたコノハナサクヤヒメは、

「せっかく御子《みこ》のために…もう**シラナーイ**」

「キャッ！」「キャハハ…」「アハハ…」

とても泣き叫んだことでありましょうか。後は悲しさと悔しさのために言葉になりませんでした。

「先生、どうしても一つだけ質問したいのですが、だめですか」

「ドキッ！…皆んなの前でそこまで言われたら、N君のことだもの仕方ありません。どうぞ」

「ありがとうございます。先生の話だと、せっかく二人は結婚したのに一緒に生活できなかったのですか？」

「ワー」「アハハ…」

「先生は思っていますよ、二人はそれはそれは人もうらやむような仲睦まじい新婚生活を送っていたと」

「先生、どうしてそのようなことが分かるのですか。やっぱり変だと思います。皆んな変だと思わない？」

「変だ！」「変だ！」

「…困ったなぁ〜。まぁ〜先生の話を最後まで聞いてください」

その後のコノハナサクヤヒメは、産屋《うぶや》に入ると戸をふさぎ火をつけると言うのです。そしてニニギノ尊に次のように言いました。

「もし御子（天つ神＝ニニギノ尊）の子どもなら無事生まれるでしょう。国つ神の子なら、母子共に焼け死んでしまうでしょう」と言って産屋に火を放ったのです。果たしてコノハナサクヤヒメの運命やいかに？

お分かりですか。妊娠して出産するまで十ヶ月かかりますね。少なくともその間は一緒に生活していたことになります。結婚して一夜限りでコノハナサクヤヒメが里帰りかどこかへ行っていて、出産するために再び帰って来ることなど考えられないからです。

「なぁ〜んだ、そうか。心配して損しちゃった」

「アハハハ…」（…でもやっぱり少し変だなあ〜）

さて、慌てたニニギノ尊は止めようとしても、もう手の施しようがない、かたずをのんで見守っていると、静寂を破って突如「オギャー」「オギャー」

「おお〜無事生まれたか。良かった、良かった」と喜んでいると、またも「オギャー、オギャー」と何と三人も玉のような男の子を生んだのです。しかも母子共に元気で！

「パチ、パチ、パチ」

「ここで拍手が出るとは〝うれしいなあ〜〟素晴らしい」

「先生、また質問していいですか」

「はい、これからは質問大歓迎ですよ」

「先生、燃え盛る炎の中で生んだ赤ちゃんの産声が外に聞こえてくるのですか」

先生も皆んなの立場だったら同じような質問をしたと思います。なぜこのような神話にしたのかと言うと、「日本神話の法則」を思い出してください。ポイントは〝天ヽつヽ神ヽの子なら無事生まれる〟というところです。

神話の実際は決して火を放って自殺を図るなどということではなくて、奄美大島などの南島では、安産や産後の回復のために産屋の中で火を焚いて、産屋を暖かくして出産するという風習が幕末の頃まで行われていました。航海民の子孫であるコノハナサクヤヒメはこのような風習を知っていて取り入れたのです。火はいぶったりしないようにおきの状態にして産屋を暖めておくのです。

もうお分かりでしょう。ニニギノ尊とコノハナサクヤヒメは、ごく普通の結婚生活をし、安産のために産屋の中で火を焚くという風習が、燃え盛る炎の中でも天つ神の子なら無事生まれるというように神話化し、ニニギノ尊を権威づけ、尊厳化、神聖化したのです。それはニニギノ尊が皇室の先祖の一人だからなのです。

「N君、二人が仲睦まじい新婚生活を送っていたという、先生の言ったことに納得できましたか」

「はい、やっと納得できました」

ここで皇室の尊厳に係わる重要な問題に触れます。それはニニギノ尊の結婚相手のコノハナサクヤヒメが民度（人民の生活や文化の程度）の低い異人種ではないのかという考え方です。その理由の一つに、コノハナサクヤヒメの前名はアタツヒメと言われていたからです。先生は、コノハナサクヤヒメは中国の江南地方から渡来して来た航海民の子孫と考えています。歴史学者の武光誠氏の説によれば（『水軍国家ヤマトの誕生』より）、

かって呉と越の王国を築いて、そこの支配層となった原アジア人の文人や武人は、中国人に江南を追われ、その一部は南方の奥地に逃れて雲南や東南アジアの少数民族になり、一部ははるばると海を渡って北九州にたどり着いたのである。

そういった経過をみれば、倭人が呉の太伯の子孫と名乗ったのは当然のことと評価できる。

～このように考えてくると、天皇家の先祖は、高度な文化と有力な水軍とを保有する江南の豪族に行き着くことになる。呉越の人は好奇心が旺盛で活動的。各地の文化を吸収して自己の文化を高めるのが得意で中国人のような策略を軽蔑する性格をもっている。文明開化をもたらした進取の気性と武士道に似た美意識をもつ江南の原アジア人こそ私たちの

先祖にふさわしい。

このような航海民が黒潮に乗って南九州や日向に渡来して来て、文明社会を築いたことは充分考えられるのです。航海民は決して一ヶ所に定住せず、交易のため移動し、気に入った土地に定住するような生活をしていました。

コノハナサクヤヒメは吾田で生まれたのでアタツヒメと名づけられたのです。交易で財を成したアタツヒメの父は〝笠沙の御崎〟にやって来て、〝此所《ここ》は良い地〟と土地を購入し、オオヤマツミと改名して定住したと思います。

隼人族は観念的に作り出された民族なので、コノハナサクヤヒメを民度の低い異人種と考え、皇室が日向から東征の旅に出たことを否定する考え方がありますが、その考えは学問的には何の裏付けもない思い込みに過ぎないのです。どのように民度が低いのか。異人種というなら他の人種に比べて背が低いとか、具体的な例を提示してこそ学問というものでしょう。

天孫族を朝鮮半島からやって来た文明の民と考え、コノハナサクヤヒメを吾田のハヤトと蔑視して、皇室の先祖としてふさわしくないと考えるのは間違いだと思います。なぜなら異人種間の混血によって日本民族は形成されているからです。

皇室の先祖は朝鮮族ではなくして日本民族なのです。だからこそ『日本書紀』の編纂者は何ら卑下することなく、皇室の先祖を日向生地として載せているのです。

「コノハナサクヤヒメか、美しい名前だなあ〜、このように美しい名のお妃様は日本はおろか…」

「世界一と言いたいんでしょう」

「その通り」

コノハナサクヤヒメは、サクヤが転じてサクラの語源となったとか、咲き誇るサクラの化身とも言われ、絵にも描かれ、有名な彫刻家・佐藤朝山の傑作の一つコノハナサクヤヒメの彫像の写真がこれです。

「オー」「……」

「この作品は誰しもが魅せられてしまう素晴らしい彫像だと思います。美の女神として有名なギリシア時代の彫像の名を知っていますか」

「ミロのヴィーナス」

先生は〝西のミロのヴィーナス〟〝東のコノハナサクヤヒメ〟と言っても過言ではないと思っています。

このように日本を代表する美女で、宮崎県西都市の都萬《つま》神社（ニニギノ尊の妻の神社の意）の祭神として祀られ、全国に約千三百社あるという浅間《せんげん》神社の総本社が富士山登山口近くの有名な富士山本宮浅間大社でそこにご祭神として祀られています。

「先生どうして日向のコノハナサクヤヒメが富士山本宮浅間《せんげん》大社のご祭神として祀られてい

るのですか」

　富士山が大噴火をし、周辺地が荒れ果てたのを憂いた第十一代垂仁天皇が浅間大神を祀り、山の神様を鎮めたのが起源とされていますが、コノハナサクヤヒメが産屋に火を放ったのに無事皇子を出産したという記紀神話の故事から、火を鎮める御神徳により富士山の噴火が鎮まり平和がもたらされたとして信仰されているのです。

「コノハナサクヤヒメを祭神として祀っている浅間大社に参拝したとしましょう。どのような御利益があると思いますか」

「はい、はい」「はい」「それではM君」

「はい、美人になれると思います」

「ワー」「アハハハ…」

「お祈りしただけで美人になれたらいいと思いますが…先生は、コノハナサクヤヒメはニニギノ尊を一途に慕っていて、献身的で心の清らかな、誠実な人柄だったと思っています。外面的な美しさでなく、内面的な心の美しい人を美人と思ったのかも知れませんよ。M君どうですか?」

「その通りでーす」「ワー」「アハハ…」

「その他にありますか」

「はい」「はい」「はい」「Tさん」

日向神話◇関連系図

数字は日向三代をあらわす。　※は別名

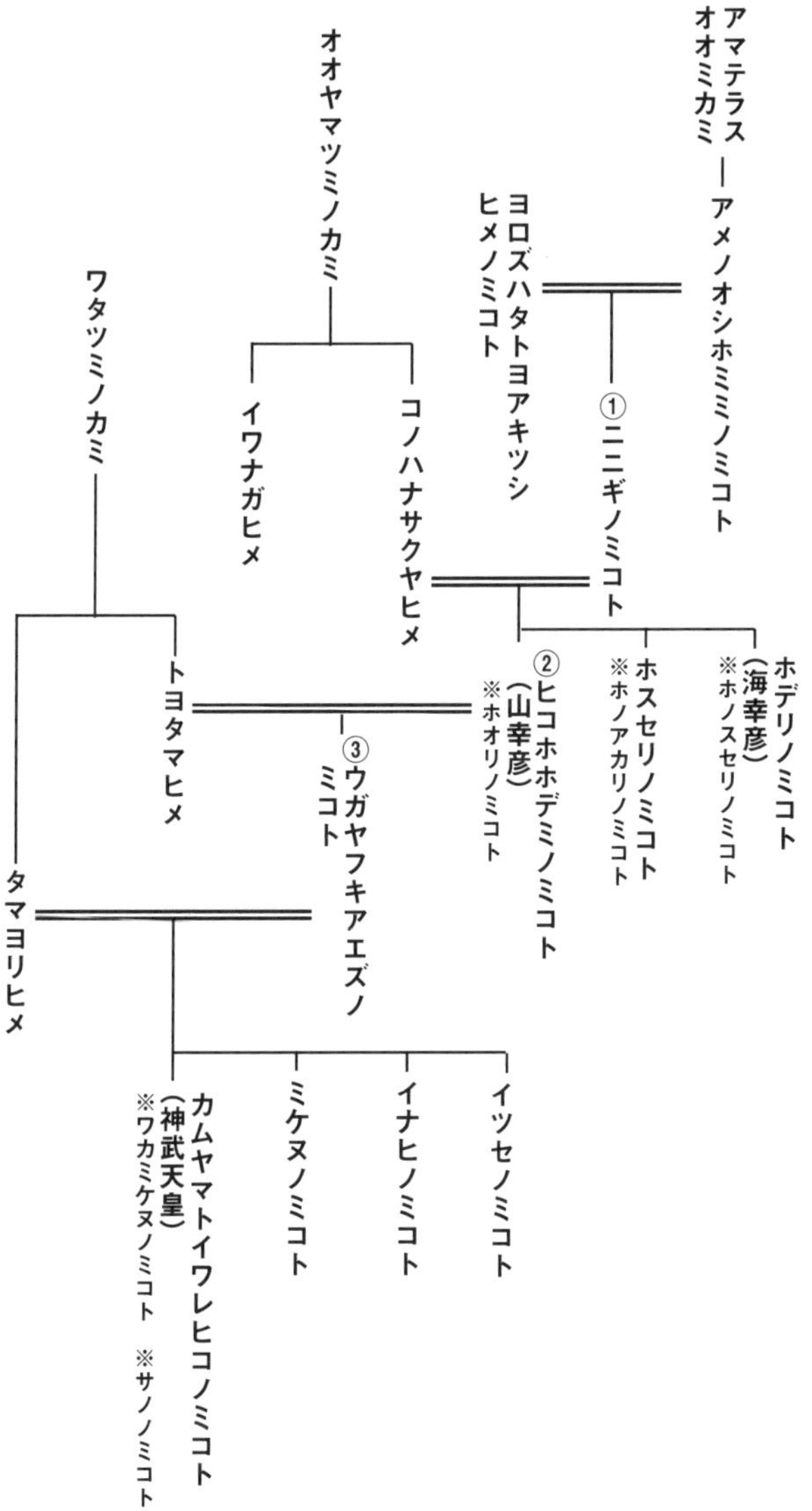

「はい、赤ちゃんを無事生めるのだと思います」

「パチ、パチ、パチ、その通りです。その理由は分かりますね。燃え盛る炎の中でも無事出産したのですから…〝安産の神〟〝子授けの神〟家庭円満など女性からの崇拝も厚いそうです」

浅間神社の境内に植えられている桜の木が御神木として大切にされ神話が現代の人々の生活の中にも今も生き続けているような国。

「好きですニッポン」


「日向神話の関連系図を見てください。この系図を見てお分かりのように皇室の皇祖神は誰になっていますか」

「アマテラスオオミカミ」

このような神を人間神といいますが、天照大神は誰か実在した人物を神格化したのです。架空の人物を神として祀ることはできないからなのです。天照大神を卑弥呼女王としたら卑弥呼女王直系の子孫が皇室を起こしたのです。正に卑弥呼女王がニニギノ尊に後事を託した（天壌無窮の神勅）ことが、狭野尊（神武天皇）によって実現したのです。

卑弥呼女王は巫女で子どもはいなかったとする学者もいますが、それは中国側の記録（『魏志倭人伝』）で、『日本書紀』には、そのようなことは何も書かれていません。スサノオノ尊との誓約《うけい》によって、五柱の男神と三柱の女神を生んだことになっています。だからこそ卑弥呼女王（天照大神）を皇祖神として崇めているのです。もし卑弥呼女王に子どもがなく、神武天皇が別の血統の子なら卑弥呼女王（天照大神）は皇祖神には絶対なれないのです。

一、海幸彦と山幸彦の物語

ニニギノ尊とコノハナサクヤヒメとの間に三人の子が生まれましたが、最初に生まれた子がホデリノミコト（海幸彦）、次に生まれた子がホスセリノミコト、最後に生まれた子がホホリノミコト、またの名をヒコホホデミノミコト（山幸彦）と言います。

ホデリノミコトとヒコホホデミノミコトは、それぞれ海幸彦、山幸彦としてその業《なりわい》を営んでいましたが、ある日、山幸彦が海幸彦に「お互いに仕事を換えようではありませんか」と提案しましたが、兄は許しませんでした。しかし再三頼まれて兄も仕事を取り換えることに同意しました。そこで山幸彦は兄から釣り鉤《ばり》を借りて釣りに行ったのですが、一匹も魚が釣れずその上、釣り鉤をなくしてしまったのです。

兄は怒って許してくれず、山幸彦が途方にくれて泣いていると、シオツチノオジがやって来て「どうして泣いているのか」と尋ねました。事情を話すと「ここから舟を出して沖に行くとワタツミの神の宮がある。その宮の井戸のそばの木に登って待てば、ワタツミの神の娘が来て良い知恵を授けてくれるであろう」と教えてくれました。

この助言にしたがって山幸彦はワタツミの神の宮に行き、井戸の木のそばの木に登っていると、やがてやって来たワタツミの神の娘のトヨタマヒメは、井戸水に映った山幸彦の姿を見つけて、もうびっくり。色白の超美男子‼〝まあ〜素敵〟と一目惚れしてしまい、二人はたちまち相思相愛の仲。ワタツミの神も二人の結婚を認めて歓待の限りをつくすのです。

ところが三年過ぎたある日、山幸彦は故郷恋しさにふと溜息をついていると、ワタツミの神がその理由を問いました。山幸彦は自分がここにやって来た事情を詳しく話しました。そこでワタツミの神が大小の魚をことごとく集め、「釣り鉤を取った魚があるか」と問うと、「赤鯛が喉に釣り鉤をひっかけてモノが食えなくなって嘆いている」と言ったので、赤鯛の喉を探ると釣り鉤がありました。その鉤を兄に返す時に、ワタツミの神が知恵を授けて帰すのですが、山幸彦がワタツミの神の教えのごとくすると、兄の海幸彦の田の稲はいつも枯れてしまい、彼はどんどん貧しくなりました。

怒った海幸彦はやがて攻めてきましたが、山幸彦は塩盈珠《しおみつたま》を出して兄を溺れさせ苦しめたため、ついに兄は助けを求めたので、塩乾珠《しおふる》を出して救うと、海幸彦は「これから先、夜昼を問わず、おん身の守護の役目を勤めて、お仕え奉る」と申し入れたというのです。

このような神話からどのようなことが読み取れるかというと、独善との批判は承知の上で、その一、山幸彦は母・コノハナサクヤヒメの生まれ故郷を訪ねたのです。ワタツミ（海神）の神の大歓迎を受けますが、それは同族（親族）か先祖が海外から渡来して来た——渡海《わたつうみ》がワタツミ（海神）に転じたと考えられる海洋系民族だからです。

その二、卑弥呼女王直系の子孫（皇室の先祖）は、お家の再興を目指し九州などに甘んじてはいなくて、明らかに中央志向があったのです。そのためには海洋系民族との結婚は政略的な面もあったと思うのです。船舶の建造や航海技術などに必要不可欠だからです。そればかりではなく、海幸彦との争いに勝ったということは、海の支配権をも得たことになるのです。

その三、水田を枯れさせたり、攻めて来た兄を溺れさせたりしたことの意味は、山の所有者として川にダムを造ったりして、川の流れを自由に操れる立場にあったと考えられるのです。

その四、ハヤト（隼人）族とは、山幸彦の兄、海幸彦を祖として観念的に作られた民族であるということなのです。

系図を見てください。ニニギノ尊と絶世の美女コノハナサクヤヒメとの間に三人の子どもが生まれます。長男のホデリノミコト（海幸彦）がハヤト（隼人）の祖になります。末子・ヒコホホデミノミコト（山幸彦）がワタツミの神の娘・トヨタマヒメと結婚してウガヤフキアエズノミコトを生みますが、ウガヤフキアエズノミコトは尊の叔母に当たるトヨタマヒメの妹・タマヨリヒメと結婚して四人の皇子を生みます。その末子の狭野尊が東征して初代神武天皇となります。

「先生、ややこしいね！」

「はい、このようにややこしい関係を特に六角関係と言います」

「ワー」「アハハ…」「おもしろーい」

男は女親に似ると言います。山幸彦もコノハナサクヤヒメ似の美男子だったのでしょう。トヨタマヒメが一目惚れし、山幸彦が故郷に帰った後、子を生むために山幸彦を追って来て、「私はすでに妊娠していますが、今出産の時になりました。天つ神の御子は海の中で産んではならないと思い参上して来ました」と言うのです。

そこで急いで産屋をつくったのですが、産屋が完成する前に生まれたのでウガヤフキアエズノミコトと名づけたのです。先生は〝面白い名前をつけるものだな〟と思ったのですが、ある学者は〝即物的だ〟と怒っていました（笑）。

しかし、なぜこのような名前にしたのかについては理由があるのです。屋根は普通、茅《かや》（すすきやすすげの総称）で葺《ふ》きますが、そこに鵜の羽根を混ぜて葺くのは、安産のおまじないなのです（谷川健一著『日本の神々』より）。

「皆んなは鵜飼いを知っていますね。鵜の長いのど元をひもで縛って呑み込んだ魚を胃まで行かないようにしておきます。鵜匠が呑み込んだ魚を吐き出させると、鵜は苦もなく、二、三匹ぐらい簡単に吐き出すことが出来ます。…だから安産のおまじないになるんだと…」

「……」

「先生、また顔赤くなってるよ！」

「そんなこと言わないの！　益々赤くなっちゃうしょ！」

「アハハ…」

「皆んなはそのように笑っていますが、古代の女性にとって出産は命懸けのことだったのですよ」

安産に良いと聞くと産屋を暖めて出産したり、おまじないなどにも頼ったりしたのです。医学が発達した現代でも、ご懐妊中だった秋篠宮妃紀子さまの安産を願い、昭和天皇香淳皇后から贈られた紅白の絹の帯で胎児を保護する腹帯を着ける「着帯《ちゃくたい》の儀」が平成十八年八月一日に秋篠宮邸で行われています。「着帯の儀」は犬の出産が軽いのにあやかって、妊娠九カ月の戌《いぬ》の日に行われる皇室の伝統行事なのです。

皇室の安産への願いが国民の祈りにも思えて、日本の皇室にしか見られないこのような伝統行事の何と懐《ゆか》しいことでしょうか。

ヒコホホデミノ尊（山幸彦）とトヨタマヒメの結婚生活にも障害が起きます。それはトヨタマヒメが産屋に入る際に「～どうか私を見ないでください」と言ったのですが、ヒコホホデミノ尊が密かに産屋を覗き見ると、トヨタマヒメは大きなワニになって這いまわっていて、これを見たヒコホホデミノ尊は驚いて逃げ退きました。トヨタマヒメは尊がお産の姿を覗き見たことを知って「大変恥ずかしいことです」と言い故郷に帰ってしまわれました。しかし故郷に帰ったものの、トヨタマヒメは夫恋しの心に耐えず、子どもの養育のために遣わした妹・タマヨリヒメにことづけて歌を奉ったりしています。

この時生まれたウガヤフキアエズノ尊と尊の養育のために遣わされた母の妹のタマヨリヒメとが結婚して、四皇子を生むことになります。このような神話をどのように解釈するかについては、様々な考え方がありますが、一つには、女性にとっては最も見られたくないお産で苦しんでいる姿を見た貴人（ヒコホホデミノ尊）を、直接戒めることはできないため、ワニ（サメ）が口を紐で縛られ白い腹を出してもがき苦しんでいる姿と重ねて、比喩的にワニになっていたと表現しているのであって、〝神話の何たる〟かも知らず〝神武天皇の祖母はワニザメであった〟などと説く学者の見識を疑わざるを得ません。

要するに神話の実際とは交易によって貯えた経済力と航海に必要な船舶の建造とか、航海術などの軍事力を有力な海洋系民族との婚姻によって着々と手中に収めていったと考えられるのです。

いよいよ本論です。ニニギノ尊とコノハナサクヤヒメの結婚から日向三代を経て神武天皇に至る皇室の血統に対して、「最初に民度の低い異人種の隼人族の血が流れたことにもなり、少なくとも天孫の日向国への降臨と神武天皇の日向国からの出発は、後世の脚色だと断言できる」という学者や文化人が多いですが、この考え方は論理的には全く成り立たない、学問を超えた思い込みにしか過ぎないのです。

「もう一度系図を見てください。ホデリノミコト（海幸彦）を隼人の祖としているのですが、もし皇室に隼人族の血が流れたと仮定すると、どのようにしたら隼人族の血が流れたことになるのか、分かる人いますか」

「はい、ホデリノミコトの子孫の女性と神武天皇が結婚しなければならないと思います」

その通りです。素晴らしい。論理的に考えれば当然のことで、それが学問というものなのですが、コノハナサクヤヒメや海神の娘・トヨタマヒメ、タマヨリヒメまでも、隼人族と考えている学者や文人の何と多いことか。

狭野の尊（神武天皇）は、日向でホデリノミコトの子孫ではないと思われる吾平津《あひらつ》姫と結婚して生まれた長男と東征に行きますが、神武天皇が崩御された後、天皇が大和地方の有力な氏族（豪族）の娘と結婚して生まれた次男、三男（第二代綏靖《すいぜい》天皇）との後継者争いで長男は殺されてしまいます。つまり、皇室には隼人族（ホデリノミコトの子孫）の血は一滴も流れていないのです。それではどうして隼人族が観念的に造作されたのかについて考えてみましょう。

壬申《じんしん》の乱（六七二年）に勝利した天武天皇は、天皇中心の強力な律令国家体制づくりを目指しました。国王としての大王《おおきみ》から天皇へ、倭から日本へと、中華帝国を中心とする東アジア世界から自立した国家意識が目標としたのは、大国の唐帝国であり、そこで策定されたのは、日本的中華国家の建設でした。天皇を中国の天子・皇帝に模し、天皇のもとに皇親・中央貴族・地方豪族による支配機構を組織し、その配下に人民を置く。まずこの支配系統を固めて、天皇の教化のおよぶ領域を中華とする。中華は世界の中央に位置する大国であり文化国家である。そして次には周辺に四夷《しい》、すなわち東夷《とうい》・西戎《せいじゅう》・南蛮《なんばん》・北狄《ほくてき》を配置して、朝貢国とすることでした。

この四夷に仮託されたのが、隼人《はやと》・蝦夷《えみし》であり、さらに南島（九州より南の島々）としたのです。また、ときに堕羅《だら》・舎衛《しゃえ》（いずれも東南アジア）がそれに当てられているとしています（中村明蔵氏著『隼人の古代史』より）。

これらのことは清和天皇在位時代（八五九年～八七六年）に令《りょう》の注釈書を編纂した『令集解《りょうのしゅうげ》』に記載されているのですが、図書館で検索してもらい閲覧しました。女性館員から「貸し出しはよろしいのですか？」と聞かれましたが「全部漢文で書かれていて読めないもの！」と言うと「ハハハ…」と笑っていました。それにしても当時の日本人学者に、ただ〝すごいなあ～〟と感嘆しました。

このようにして、天武・持統朝には律令国家成立に向けて支配領域を拡大しようとしていたのですが、未だ天皇の徳化・教化の不十分な化外民《けがいみん》として北の蝦夷《えみし》、南九州の薩摩・大隅《おおすみ》の古代住民・隼人を徳化するために朝貢を強制する方策がとられたのです。

その経緯を簡単に説明すると、唐・新羅《しらぎ》軍に白村江の戦い（六六三年）で敗れた大和朝廷は、防衛態勢を固めるために北部九州での水城《みずき》・大野城などの構築に応じなかった薩摩・大隅二国は、日向に包括されていて、筑紫は七国（州）、すなわち筑前・筑後・豊前・豊後・肥前・

肥後・日向の七国で、当時の薩摩・大隅の化外民は「荒賊」とされていました。

大宝二年（七〇二年）に薩摩国、和銅六年（七一三年）に大隅国が設置されて、中央政権の支配領域に組み込まれていったのです。

朝貢について

天武朝期、被征服民南九州の大隅隼人と薩摩隼人は、大和の飛鳥まで片道四十日の長途を、布・牛皮・鹿皮などの南九州の産物（方物）を貢献するため、着の身着のままのような状態で野宿同然の長旅をしていたのです。貢献した後もすぐに帰してもらえず、七、八年間も雑役に従事させせられていました。南九州の住民（隼人）にとっては、余りにも理不尽な扱いに当然のように反抗しました。大宝二年（七〇二年）の薩摩国、和銅六年（七一三年）の大隅国の設置時には、大規模な戦闘があったことが記録されています。

そして最大の反乱として養老四年（七二〇年）二月、到頭《とうとう》大隅国守を隼人が殺害するという大事件が起きます。狼狽《ろうばい》した朝廷は大伴家持の父・中納言大伴旅人を征隼人持節代将軍として、一万人以上とされる（記録にはないが）兵士を派遣しています。戦闘は翌年七月にやっと終結し、「大隅隼人の斬首、獲虜《かくりょ》合わせて千四百余人」と記しています。ここで一つ質問をします。

「この時、斬首獲虜千四百余人の内、隼人の祖・ホデリノミコト（海幸彦）の子孫は、何人ぐらい居たと思いますか」

「……」

「先生、海幸彦が隼人の祖ということは、全員が海幸彦の子孫ではないのですか」

「そのように考え勝ちなのですが、その考えは論理的には全く成り立ちません」

ニニギノ尊とコノハナサクヤヒメが出会った三世紀中頃には既に薩摩半島や大隅半島には様々な人々が住んでいましたが、それらの人々が民度が低い異人種という学問的な根拠は何もないのです。

養老四年（七二〇年）に起きた最大の反乱の場所は、現在の鹿児島県隼人町ですが、千四百余人の内、海幸彦の子孫は多くて二〜三％、三〜四十人も居たかどうかなのです。それは一つには「はじめに」でも触れていますが、四百年余りで一人の祖から成年男子の子孫はそれほどには増えないことと、海幸彦は明らかに現在の宮崎平野で水田耕作をしていて、隼人町はシラス台地で水田耕作には適さない地なので、海幸彦の子孫が好んでは移住しなかったと思われるからです。

それでは、なぜホデリノミコト（海幸彦）が隼人の祖とされたのか。八世紀の初め朝廷の命令に反抗した大隅国、薩摩国の住民を荒賊とした中に、ホデリノミコトの子孫が居て、名家（皇室と兄弟）の出だったが故にホデリノミコトを隼人の祖として貶めたからです。

「先生の言うことが、時々分からなくなることがあります」

「はい、はい。良いですか、これ以上ない名族である皇室の先祖の一人ニニギノ尊の長男が、なぜ隼人の祖としなければならなかったのかと考察することによって物事の本質を見極めることが出来るなのです」

政治とは時に非情で残酷なことがあるものなのです。言葉を変えれば、天下のために泣いて馬謖《ばしょく》を斬《き》らざるを得なかったのです(『三国志』の蜀の諸葛《しょかつ》孔明が自分の命令に背いて戦いに大敗し、息子のように愛していた馬謖を処刑した故事)。

前述したように天武天皇を初めとする天皇が、大国・唐帝国を目標として強力な中央集権国家を確立しようとして、未だ朝廷の支配力の及ばない東北や南九州の住民を四夷に仮託したのです。つまり、夷狄《いてき》(野蛮な異人種)として支配しようとした正統性が、荒賊の中にホデリノミコトの子孫が居ては大義名分が立たないため、ホデリノミコトを隼人の祖として貶めざるを得なかったのです。

南九州の住民の中で、ホデリノミコトの子孫は誇り高い名家の出だったが故に特別な存在だったのです。地域住民のリーダーとして敬われたり、自衛のための戦い、朝廷側からは反乱軍の盟主として頑強に抵抗したであろうことは、充分に考えられることなのです。だからこそ、皇室と深いつながりのある「宇佐神宮」最大の年中神事とされる「放生会《ほうじょうえ》」(仲秋祭)では、戦いの後、周防灘一帯に蜷貝《にな》が異常発生し疫病が流行ったのは、隼人の霊が蜷貝となり祟ったためとして、応神天皇が「蜷貝を放って隼人の怨霊を鎮め、殺生の報いとしての災いから人々を救うために行いなさい」と託宣《おつげ》したことに始まるとされています。隼人が夷狄なら、これほどまでして隼人の霊を鎮める神事は行わないのです。

それればかりではありません。「宇佐神宮」は卑弥呼女王のお墓、つまり古墳の上に築かれていると確信していますが、宇佐神宮のすぐ近くに何やらいわくありそうな「百体神社」という神社がありますが、何か気づく人いますか。

「はい」「はい」

「何か気づきましたか？　O君」

「はい、先生が言うように卑弥呼女王のお墓の近くにあるとするなら、卑弥呼が死んだ時、大きな墓がつくられ百人余りの奴隷が一緒に埋められたことと関係しているのではないかと思います」

「これはすごい、よくそのことに気づきましたね」

百体とは百人と同じ意味にも取れます。古代史の謎解きの醍醐味、先生もO君と同じ思いで、ドキドキしながら「百体神社」について調べてみましたが、「百体神社」は隼人の霊を祀っている神社だったのですが、本来は傀儡子《くぐっ》師の守り神で、古くは「百太夫殿《ひゃくだゆうでん》」と呼ばれていたそうです。

このようにして神社で隼人の霊を丁重に祀るということは、決して隼人が夷狄ではなく、隼人とされた南九州の住民に皇室の先祖の一人、ヒコホホデミノミコト（山幸彦）と兄弟の子孫が居たからに他ならないのです。

ところで教科書に書かれている卑弥呼が死ぬと大きな墓がつくられ、百人余りの奴隷がまるで生き埋めにでもされたような記述については誤りだと思います。『魏志倭人伝』では〝徇葬者奴婢百餘人〟と書かれています。

確かに中国では漢代以来、奴婢を奴隷とする法律上の名称で賤民《せんみん》の最下位としています。だからといって日本の令制における奴婢を奴隷とする考え方は正しいとは思えません。当時の中国では日本を東夷・倭国として生き埋めなどの蛮行を行うような野蛮な異民族の住む国と蔑視しているからです。

もう一つ重要なことは、〝徇葬者奴婢〟としている点です。徇葬者というのは、徇ずる＝主君に命を捧げて葬られた者という意味です。一つの花にも命が宿ると考える日本民族は、理由なくしてむやみに生き物を殺《あや》めたりはしないのです。まして奴婢といえども、雑仕事で卑弥呼女王に仕えた召使・人間です。一人の人間として自分の意志で卑弥呼女王に徇じたのです。そうでなければ徇ずる＝命を捧げる意味がないからです。それと文明国家で奴隷制度がなかったのは日本ただ一国だからです。

〝神武東征を史実〟と確信した一つの例を紹介しましょう。

壬申の乱（六七二年）のおり、世を捨て吉野に下野していて相手方に追われてきた大海人皇子（後の天武天皇）が吉野川の辺《ほとり》にあった小舟に身を隠していた窮状を見かねた土地の住民が、犬が皇子を嗅ぎつけて発見されるのを恐れて石を投げつけて犬を殺めてしまったのです。住民は立派な犬のお墓（犬塚）を建立して現在も犬の霊を弔っているのです。このことだけでも驚くべきことなのですが、その集落、奈良県吉野町窪垣内《くぼがいと》（現在・個数八十戸、人口～三百五十人前後？）の住民は、壬申の乱以降千三百年以上経った現在も誰一人として犬を飼わないそうなのです。

「先生、どうして犬を飼ったらだめなの？」

壬申の乱後、犬を飼っていた人が重い病気にかかり亡くなったり、火事になったりして不幸が続いたのは、犬の霊の祟りとして犬を飼うと災いを招くと語り継がれてきたからなのです。表向きはそのように言われていますが、その他にも公に出来ない理由があったのではないかと考えています。

吉野町は神武天皇が直接大和に入らず迂回して熊野から辿り着いた地で、天皇と係わりが深く皇室を厚く尊崇する土地柄として知られています。壬申の乱では、たとえ大海人皇子でなくとも弱い立場の人を見殺しには出来ない国民性から、犬を殺めてしまった相手方が、天智天皇の息子・大友皇子の朝廷側の兵と知り驚愕したのではないでしょうか。

皇室を厚く尊崇する土地の住民が双方の板挟みとなって悩まれた悔恨の情が当時から現在も犬を飼わない一つの理由になっているように思われてなりません。

それにしても、日本民族の伝承を大切にする国民性に胸が熱くなる思いがしました。それは神武天皇一行が日向の美々津港を舟出する時も同じような伝承があるからです。

美々津（宮崎県日向市美々津）で軍船を建造して準備も終わり、旧暦の八月二日の舟出を待っていたところ、見張り番の知らせで風向きや潮の流れも良いから「今から舟を出すぞ。みんな起きよ、起きよ」とお布れが出て、にわかに夜明けに舟を出すことになったそうです。今でも旧暦八月一日の祭りでは、町内の子供組が早朝から各家庭を「起きよ、起きよ」と起こして回ります。

男子たちは出港準備の加勢に、女子たちは二日の舟出に準備していた米の粉と小豆を混ぜてこねたものを蒸し、臼で何回もつき早づくりの団子風にして差し上げたところ、尊は大変よろこばれたそうで、今でも祭り等で〃お舟出だんご〃を作り祝っています。

その他にもいろいろな伝承がありますが、美々津港の港外にある二つの岩礁《がんしょう》の間を通って船出した神武天皇一行が二度と戻らなかったので、今でも関西方面に向かう船はもとより、地元の漁師でもこの二つの岩礁の間を航行しないのだそうです。

このような伝承は重要な意味があるのです。それは当時はまだ文字を持たず、記録して残すことが出来ないので、祭りとか神楽《かぐら》などの形として残したり、伝承として語り継がれていくのですが、それは架空の出来事を付会《ふかい》（むりにこじつけること）するようなことではなくて、歴史的事実だからこそ伝承として受け継がれていくものだからなのです。神武東征を史実とする一つの要因になるのです。

少し寄り道をしてしまいましたが、実はO君が考えた百人余りの奴婢と「百体神社」とは関係があるのではないかと思っています。それはなぜ「百体神社」という神社名に改名したのかを考察すると、改名したことの方に真実が隠されているからです。

古くは傀儡子《くぐつ》師の守り神を祀っていたそうなのですが、傀儡とは人形なのですが、殉死者の代用物である明器に起源するとの考えがあります。

明器とは神明の器の意で、墳墓の中に埋めるために特製した非現実的な器物。死者の来世の生活に供したもので人物・動物・家屋・生活用具などを表現（広辞苑）とされていて、やはり奴婢の殉死と関係があるように思えます。

奴婢といえども卑弥呼女王に徇じた霊を決して疎かにしない皇室、或は邪馬台国の時代から皇室の先祖を支えてきた中臣氏（藤原氏）の母方の祖・宇佐氏が「百体神社」と改名して、隼人の祖とされたホデリノ尊（海幸彦）の子孫の霊と合祀されたのではと考えています。小生の憶測にすぎないかも知れませんが。

第十二章　神武東征神話は史実である

第一節　「神武東征はあまりにも神話的なので史実とは思えない」への反証

一、日向（美々津）出発と宇佐訪問

海洋の民の塩土《しおつち》の翁《おじ》に聞くと『東の方に良い土地があり、青い山が取り巻いている。その中へ天の磐舟《いわふね》に乗って、とび降ってきた者があると。思うにその土地は大業をひろめ天下を治めるに良いであろう。きっとこの国の中心地だろう。そのとび降ってきた者は、饒速日《にぎはやひ》という者であろう。そこに行って都をつくるにかぎる』として、諸皇子たちは東征に日向の美々津を出発します。

「先生、〝天の磐舟〟ってどういう舟なの？」

「磐舟というのは、岩のように頑丈な舟という意味なのですが、重要なのは天の磐舟としているのは、饒速日は天孫族で神武天皇と同族なので、土着の民とは区別して天から降って来たとして尊厳化しているのです」

日向から北上して行くと、最初の難所、速吸《はやすい》の門《と》（豊予海峡）に出ます。名称からも分かるように、流れが速い海峡という意味ですが、ここで少し理科の勉強をしましょう。この海

水の流れは潮流といって普通、一日に二回ずつ干潮と満潮が起きます。

「この潮流が起こる原因が分かる人いますか」

「はい」「はい」「はい」

「それではS君」

「はい、太陽や月の引力で起きるのだと思います」

「その通りです」

太陽、地球、月が一直線上に並ぶ新月や満月の時は、大潮といって、干満の差が大きくなります。季節によっても違います。春分や秋分では地軸と太陽や月が真横に並ぶので夏や冬より一年中で最大の大潮となります。

それでは、海峡ではなぜ潮流が速くなるのかを、考えてみましょう。潮流も川の流れと同じで、川幅が広いとゆっくり流れていますが、川幅が狭くなると流れが速くなります。それは単位時間に流れる流水の量は同じだからです。春分や秋分の大潮の時、速吸の門では最速18km／時になります（鳴門海峡では20km／時）。

「マラソンに例えて、42・195kmを時速18kmで走ると、60分で18km、2時間で36km、あと6km何分かかるか分かる人？」

「はい」「はい」「はい」

「お～すごいですね、それではUさん」

「はい、20分です」

「正解です。60分で18kmだから、６kmでは？と考えると、すぐ答えは出ますね」

平均時速18kmの速さは、女子マラソン選手の世界のトップランナーです。42・195kmを2時間20分以内で走った日本人選手は三人しかいません。

季節や日時で速さは変わりますが、普通一日四回流れが逆流します。魚は流れに逆らって泳ぐ習性があります。余談ですが豊予海峡で捕れる関あじ、関さばは筋肉が引き締まってい て絶品で、一匹何千円もするそうです。関アジがどんな味《アジ》か一度食べてみたいです（笑）。

ところで一行が速吸の門に差し掛かった時、一人の漁人《あま》が出迎えます。皇子から道案内を頼まれ『御案内しましょう』と水先案内をされて椎根津彦《しいねつひこ》と名を賜り、東征に貢献して倭《やまとの》直《あたい》らの先祖となります。このことは古代の航海には、土地感があり航海術に秀でた海導者が、いかに重要視されていたかを物語っているのです。

次に宇佐に立ち寄ります。他の滞在地、岡水門《おかのみなと》、安芸《あき》、吉備《きび》では長期間滞在しますが、宇佐だけ数日間の滞在です。数日間で充分なのですが、どの学者も、なぜ宇佐に立ち寄ったかの理由など考えようともしません。古代史の謎が解けないのも無理もないと思います。

「それでは質問しますよ。四皇子には絶対宇佐に行かなければならない理由があるのですが、その理由が分かる人いますか」

「はい」「はい」

「お〜、分かりましたか。それではSi君」

「はい、先生が前に宇佐神宮は卑弥呼女王の古墳（墓）の上に建てられていると言いっていましたので、宇佐には四皇子の先祖の卑弥呼女王が祀られているからだと思います」

「素晴らしい、Si君は学者以上ですね」

これは当然のことで、先祖のお墓にお参りし、御霊を敬い、報告ごとや東征の御加護と戦勝の祈願をするからなのです。もう一つ忘れてならないのは、後期邪馬台国の根拠地と思われる宇佐で戦力を募ったのです。

ところで宇佐津彦と宇佐津姫の兄妹が一柱騰宮《ひとつはしらあがりのみや》という川の中に一本の柱を立て、他の三隅を地上にかけ、壁のない外から丸見えの珍しい構造の宮殿を造り大歓迎（饗応）します。

宇佐氏は卑弥呼女王の時代から皇室の先祖を支えてきて、当時は卑弥呼女王のお墓を守る役割を担っていたと思われ、女王直系の子孫を迎えて喜び大歓迎したのです。なぜ一柱騰宮にしたのかは、次のような理由が考えられるのではないかと思います。

一つには、もしものことを考えて防備に適している。二つには、四皇子に拝顔の栄に浴することを願って押し寄せた民衆から安全で尚且つ見られ易いように工夫した。最大の理由は、先祖の卑弥呼女王が殺されたことから、四皇子に一抹の不安を抱かせないように二心ないことが分かるように密室でなく誰からも見え易い建造物にして、貴賓を迎える最高のもてなし方をしたのではないかと思われます（雲南省の王族の古墳から壁のない二柱の青銅の模型が出土しています)。宇佐で宇佐津姫と侍臣の天種子命を娶あわされて、天種子命は中臣氏の先祖となります。

念願の宇佐訪問を大成功に終えた四皇子一行は、次に西に向い、関門海峡を通って遠賀《おんが》川河口附近の「岡水門《おかのみなと》」に停泊します。

「先生、どうして神武東征なのに、わざわざ関門海峡を通って岡水門に行ったのですか」

それは戦略的にどうしても必要だったからなのです。四皇子一行は岡水門の海辺に新たに造営された岡田宮に泊まられました。現在〝岡湊神社〟が建立されていますが、その由緒に「神武天皇御東征の御時軍船を集め給いし行宮の霊跡にして即ち岡田宮なり」とされています。

つまり日向から来られた四皇子一行には、まだまだ戦力が充分ではなく、邪馬台国連合国の子孫に期待し、兵を募り軍船などの戦力を整える必要があったのです。少し西の博多湾の福岡あたりに、古代大和朝廷を支えた有力な海洋民の安曇《あずみの》氏の根拠地がありました。この安曇氏はワタツミの神の豊玉彦がその祖になっているのです。

「豊玉姫って覚えていますか」

「四皇子の母タマヨリ姫のお姉さんです」

その通りです。四皇子の父のウガヤフキアエズノ尊の母でもあり、ややこしいのですが、安曇氏は四皇子の母方の親戚であることは間違いないようです。四皇子の呼び掛けに応じて、軍船と共に安曇氏や北九州の各地からも多くの人が兵として参加したと思われます（北九州の地名が大和地方にも数多くあります）。

岡田宮に一ヶ月半余り滞在して、安芸国（埃宮《えのみや》）に三ヶ月余り、吉備国（高島宮）で三年の間に船舶を揃え兵器や糧食を蓄えて、一挙に天下を平定しようとして天皇の軍は東に向かった。

「舳艫《じくろ》相つぎ、まさに難波碕《なにはのみさき》に着こうとするとき、速い潮流があって大変速く着いた。よって名づけて浪速国《なみはやのくに》とした。また浪花《なみはな》ともいう。今難波《なにわ》というのはなまったものである」（『日本書紀』宇治谷孟訳より）

四皇子一行が潮流の速い流れに乗った自然現象が地名の由来になるなど〝面白いなあ～〟と思うのですが、ある学者は、その理由を説明もせず「浪速国としたのは間違いである」などと述べ、自然現象を理解できないのは、学者として恥です。

「四皇子一行が最初に出会った潮流の速い難所、覚えていますか」「速吸の門」その通りです。ところが『古事記』では、宇佐、岡田宮、安芸、吉備国を離れた後に「速吸の門」と出会ったことになっているのです。『古事記伝』を著わした本居宣長も『日本書紀』の方が正しいとしています。

『古事記』は一種の暗記のような伝承をまとめたもので、覚える順番を間違えたと思いますが、何と「速吸の門」は「鳴門海峡」であるとして、八世紀初頭の大和の大宮人のさかしら海への無知、海鑑《うみかん》のない文献学者・本居宣長は『古事記』にそむき『日本書紀』に軍配をあげたと決めつけ、『日本書紀』の編纂者や「速吸の門」を「豊予海峡」とする現代の文学者や評論家をさかしら〝海への無知〟などと扱き下ろす古代歴史学者（古田武彦『日本古代新史』）がいます。

その理由は明石海峡を銅鐸圏側が厳重に防衛していて通れるはずはなく、鳴門海峡（速吸の門）を迂回して奇襲的侵入を企図したとしているのですが、この学説は論理的に考えれば誤りであると理解できるはずです。

明石海峡は最短の幅で約四千米あります。飛び道具が弓矢の時代、どのようにして厳重に防衛していたのだろうか。鳴門海峡は最短千三百米余り、銅鐸圏側に挟まれた狭い海峡を通過するのは、はるかに危険です。

渦《うず》潮へ追い込まれたり、渦潮を避けて待機している時も、火矢や『三国志』の〝赤壁の戦い〟時の火計で攻められるとも限りません。万一、無事通過したとして、海上を白日の下にさらして、淡路島の東側を航行して大阪湾の東端に辿り着いたとして、どうして奇襲的侵入になるのだろうか。

当時、航行する動力源は兵が艫《ろ》を漕いでいたのです。はるかに遠回りをして疲労困ぱい、戦術的に考えて明石海峡を一気に突っ切るのは、誰の目から見ても明らかでしょう。

二、孔舎衛《くさえ》坂の戦いと五瀬命《いつせのみこと》の死

四皇子一行が土着の豪族、長髄彦《ながすね》軍との最初の戦いで敗れます。その原因を「日の御子が日に向かって敵を討つのは、天道に逆《さか》らっているから」としていることに対して「言い訳にすぎない」とか、「これでは説明になっていない。陽が西に傾く午後になるのを待って戦えばいい」という学者もいますが、「太陽が西に傾きました、さあ〜攻めていらっしゃい」などと悠長に自軍（長髄彦軍）が不利になるまで皇軍をお待ち申し上げているだろうか。

「アハハ…」

最初の戦い、双方逸《はや》る心を抑えることが出来ずに朝方から戦いは始まっていたのです。なぜ敗れたのかは孔舎衛《くさえ》坂の地形が大きく影響しています。

日下（現・東大阪市日下町。日の下という意味の地名？）は生駒山の西麓で日の出が遅いため戦いの途中で日が出ると、東方を見上げる眩しさと、坂の上方から弓矢を射たれたら圧倒的に不利となり敗れたのです。敗因を考えれば、「太陽を背に日神の威を借りて攻めれば敵はおのずから降服するだろう」これに皆が同意したので陣を退いたとしているのは、理に適っているのです。こうして一行は紀伊半島を迂回して熊野から大和入りを目指します。

軍は茅渟《ちぬ》（和泉の海）から紀国《きのくに》の竈山《かまやま》（和歌山市和田）で孔舎衛坂の戦いで流れ矢に当った五瀬命が亡くなります。更に狭野尊が名付けた狭野（新宮市佐野）から熊野の神邑《かみのむら》（新宮市新宮）に至った時、嵐に遭遇《そうぐう》、船は波に翻弄《ほんろう》されて進まない。二兄の稲飯命《いなひのみこと》が嘆《なげ》いて「ああ、わが先祖は天神、母は海神《わたつみ》であるのに、我を陸に苦しめまた海に苦しめるのか」と、剣を抜いて海に入り鋤持神《さびもちのかみ》となられた。

当時は神に命を捧げることで、東征の大願成就を願う兄の深い愛情の表れでもあり、神聖で尊い行為でもありました。

三兄の三毛入野命《みけいりのみこと》も恨んで「わが母と伯母は海神ではないか。なぜ波を荒立て溺れさせ困らせるのだ」と言って波頭を踏んで常世国《とこよのくに》へ行かれてしまったとしています。三毛入野命も人身御供《ひとみごくう》（生け贄として人間を神に供えること）となられたとのとらえ方は誤りだと思います。

常世国は中国の神仙思想の影響から不老不死の国、との他に〝願望される現実の世界〟という考えがありました。熊野灘では寒くて凪のない日など、黒潮（暖流）の海面上の空気が温められて高温になり、蜃気楼が見られることがありますが、今でも土地の人は浮島と言います。

古代では熊野灘の海の彼方に常世国の島があると信じられていました（補陀落《ふだらく》＝観世音菩薩が住む山＝渡海など）。波頭を踏んで（船で波を乗り切って）常世国へ渡るというのは、決して神に命を捧げることではないのです。

それと高千穂には、四皇子が東征に向かわれた後に、我が物顔に振る舞っていた鬼八《きはち》を帰郷した三毛入野命が懲らしめたという伝承があり、十社大明神として高千穂神社の主祭神の一柱として祀られているからです。

三、八咫烏《やたがらす》の導き

狭野尊は皇子（長男）手研耳命《たぎしみみのみこと》と軍を率いて進み、熊野の荒坂の津に着き女賊を平定するのですが、その時みな熊（古事記）・神（日本書記）の毒気に当たり気を失ってしまいました。

「さて神（熊）の毒気に当たり気を失ってしまったという神話の実際は、どのような状況を示していると思いますか」

「……」

「ヒントを言いますと、兄を失ったり女賊を平定したのに熊野の急峻な山岳地帯を見て一難去ってまた一難、一行はどのような思いをしたでしょうか」

「はい、滅入ったり、落ち込んだりショックを受けたのだと思います」

「その通りです。神武東征神話では狭野尊の軍は皇軍・神の軍としているので、神（熊）の毒気に当たったとしか書けなかったことは分かりますね」

ところで、一行を元気づけた（精気を取り戻した）のが熊野の高倉下《たかくらじ》という人物が夢枕に天神（天照大神）が現われて授けられたという霊剣を狭野尊に献上し、そのおかげで一行がなぜ元気を回復したのか、という神話の実際を誰も解明できないでいるのです。

「皆んなに一つ質問をします。カッターナイフの発明につながった要因は、どのようなことだったか分かる人いますか」

「……」

「それはパリンパリンと割って食べる板チョコからでした。このようなことは難しく考えてもだめなのです。チョコっと考えた方が良いのです」

「アハハ…」

「発明王エジソンも言っています。一パーセントのインスピレーション（ひらめき）と九十九パーセントの努力であると」

いつも資料とにらめっこして難しく考え過ぎる学者諸先生方には、容易に解けないようです。

「そういう先生は分かったのですか」

「先生は神話で何を訴えたいのかと、その当時の人間になったつもりで考えるから〝ははぁ〜なるほど〟とすぐ分かりましたよ」

神武東征は土着の長髄彦軍を夷《えみし》、凶徒として征伐する正義の戦いとして書かれています。天孫族の饒速日命《にぎはやひのみこと》と戦うことになっては、夷、凶徒を征伐するという大義名分が成り立たなくなり、一番の気懸かり懸案事項だったのです。高倉下が献上した霊剣というのは日本最古の神社のひとつとして知られ、物部氏の氏神にして、大和朝廷の国家鎮護の神でもある石上《いそのかみ》神宮の御神体の「韴霊《ふつのみたま》」という神剣なのです。饒速日命は物部氏の祖とされる人物です。

つまりこの神話の実際とは、物部氏の氏神の御神体「韴霊」を献上したということで、天孫族の饒速日命が狭野尊に〝内通した〟とは書けないので〝お味方します〟と告げていることなのです。先生には狭野尊一行が「やった！　やった！　饒速日命殿が我々にお味方して下さることになったぞ！」と喜び勇んでいる姿が手に取るように浮かんできます。

　このようにして元気を回復した狭野尊一行が、熊野の山中で苦難に遭遇した時、八咫烏《やたがらす》が先導役として遣わされ、その八咫烏を日臣命《ひのおみのみこと》が追っていくと菟田下県《うだのしものこおり》（奈良県宇陀《うだ》郡）に辿り着いたとされています。中国では三本足の八咫烏は、太陽神の使いとされ、熊野大社の神の使いともされて、霊鳥という扱いをしています。

「先生、全日本サッカーチームのユニフォームの鳥のマークと八咫烏とは何か関係あるのですか」

「もちろん関係あります。日本サッカー協会の旗章も八咫烏が描かれていますが、それは神武天皇一行が八咫烏の導きによって勝利を得られたことから、八咫烏は勝利を導く霊鳥としてマークに使われているのです」

　神話の実際は、勝利後の論功行賞の席に八咫烏も居て賞を授かり、京都の上鴨、下鴨神社につながる加茂氏の祖とされています。八咫の咫は長さの単位で、親指と中指を拡げた時の長さで約十八センチ、八咫だと一・五メートル近くになります。つまり目立たない黒装束で忍者のように山の尾根筋を身軽にひょいひょいと物見をして、敵の様子を探る姿が八咫烏（大きな烏）のように見えたのだと思います。

四、神武天皇の弓に舞い降りた金色の鵄《とび》

宇陀で井戸の中から光る人間が出てきたということなのですが、これは宇陀で液体の純水銀が産出されていたと思われます。普通は鉱石鉱物の辰砂《しんしゃ》で存在し、朱の顔料として古代から広く用いられていました。水銀は表面張力が大きく、衣服に付着することはありませんが、『大和誕生と水銀（田中八郎著）』によれば、本州最大産地の宇陀でも、一ヶ所（大宇陀町大字本郷）で産出されていたとしています。地下から産出されている金属光沢の水銀を見て驚きこのような表現にしたのでしょう。

『十二月、皇軍はついに長髄彦を討つことになった。戦いを重ねたがなかなか勝つことができなかった。その時急に空が暗くなってきて雹《ひょう》が降ってきた。そこへ金色の不思議な鵄が飛んできて、天皇の弓の先にとまった。その鵄は光り輝いてそのさまは雷光のようであった。このため長髄彦の軍勢は皆目をくらませ力戦できなかった。鵄の出現で神武天皇の軍は勢を得た』

これは神話の実際ですが、寒冷前線が通過したことは明らかで、積乱雲が発達し雹が降り稲妻が走り、落雷に打たれた長髄彦軍の兵士もいたことでしょう。なぜ金色の鵄なのか。以前プロゴルフツアーの池越えのショートホールのグリーン後から観戦していた時、ティーグランドのキャディーバックの真鍮の金具に太陽光が反射して眩しかったのですが、鏡の反射光とは全く違って金色に輝いていたのです。

当時、剣は鉄製の他に、固さを増すため、スズと銅の合金（鉛も少量）の青銅の剣を使用していたのです。青銅の鏡も錆ていないものは、黄金色に輝いていました。鵄はあまり人を恐れません。ある河川敷のゴルフ場ではいつも人から五・六米も離れていない所を悠々と飛んでいたり、餌を投げるとくわえて飛んで行くなど餌付けもできます。弓の先に餌をつけて掲げると簡単に留まることでしょう。

寒冷前線が通過すると天候は回復して晴れてきます。皇軍の太陽を背にした太陽光が眩しくて、長髄彦軍が不利になったり、銅剣や青銅鏡に太陽光が反射して金色に輝いて眩しかったりした人為的なことは、神話では金の鵄が飛んできて弓の先に留まって光り輝いたとして神聖化するのです。

五、戦いの最後の最後に登場する饒速日命《にぎはやひのみこと》

鵄の出現で神武天皇の軍は勢いを得て、兄・五瀬命の仇《あだ》を討とうと更に攻めます。この時、長髄彦は使いを送って天皇に言上します。

「昔、天神の御子が天磐船《あめのいわふね》に乗って天降《あまくだ》られました。櫛玉饒速日命《くしたまにぎはやひのみこと》といいます。この人が我が妹の三炊屋媛《みかしきやひめ》を娶り子ができました。可美真手命《うましまでのみこと》といいます。それで私は饒速日命を君として仕えています。一体天神は二人おられるのですか。あなたは天神の子を名乗り、人の土地をだまし取ろうとされているのではありませんか」と。天皇はこれに対して、

「天神の子は多くいる。お前が君とする人が本当に天神の子ならば必ずそれを証明するものを持っているはずだ。それを示しなさい」と述べました。長髄彦は饒速日命の天羽羽矢《あまのははや》（蛇の呪力を負った矢）と歩靫《かちゆき》（矢を入れて携帯する容器）を天皇に差し出すと、天皇はこれを見て「嘘《うそ》ではないようだ」と言い、今度は自分の天羽羽矢と歩靫を見せると、長髄彦はますます恐れ入れ畏《かしこ》まりました。

「先生、どうして弓の矢や歩靫を見て長髄彦は恐れ入ったりしたのですか」

それは縄文時代の名残で狩猟したのが誰（どの氏族）の獲物かが分かるように、弓の矢や歩靫に一族の物と分かる印をつけていたからなのです。長髄彦は饒速日命の印と神武天皇の印が同じ印、つまり同族の天神の子と知り恐れ入ったのです。

『ところが、すでに戦う用意はできている。中途で止めることは難しいとして改心する様子はなかった。饒速日命は天神が深く心配されるのは、天孫のことだけであることを知っていた。また長髄彦は性質がねじけたところがあり、天神と人とは全く異なるのだということを教えても、分かりそうもないことを見て長髄彦を殺害して帰順された。天皇は饒速日命がいま忠誠の心を尽くしたので、それをほめて寵愛された。これが物部氏の先祖である』

これが『日本書紀』に描かれた神武東征の主な戦いの最後の部分なのです。饒速日命を天孫族、長髄彦軍を凶徒、夷として神武東征を正義の戦いとしているため、神武天皇軍と饒速日命との戦う場面は全くなかったのです。

六、なぜ神武天皇の和風諡号《しごう》が神日本磐余彦《カムヤマトイワレヒコ》なのか

日本風の諡名《おくりな》（死後生前の功績を称えて贈る呼び名）が神日本磐余彦（神々しい日本の磐余の英雄）について。

○神武をなぜイワレヒコと称したのかよく分からない。

○カムヤマトイワレヒコであることでも分かるように、神話的な存在であって実在の人物とは思われない。

○イワレヒコは本来イワアレヒコ、すなわち「岩生《あ》れ彦」だったのではないかとして、王朝の始祖という神武がそれにふさわしい名前として東アジアに伝承としてよく伝わる卵や岩石から生まれたイワレヒコが選ばれた。

○神武天皇もまた藤原京の造営のための政治的必要によって都城が橿原とされているにもかかわらず、その諡号において『磐余』という地名を冠することにより、この聖地のイメージアップに役立たせられたのである。これが神武天皇の伝説の中に磐余の地に関係することがらが全く存在しないことにもかかわらず、あえて「磐余彦尊」と名づけられた理由である。

○神日本磐余彦については、奈良県桜井市から橿原市にひろがる磐余の地名に由来することが想定されます。橿原は当代先進地域の一つであり、奈良盆地周辺には磐余彦にまつわる口碑《こうひ》（昔からの言いつたえ）が多く存在することから、これらがさまざまに集成されて、

大和平定の物語が誕生したことが考えられる。

このような学者の諸説には何の正統性も感じられません。なぜなら『日本書紀』には、なぜ磐余としたかについて、次のように明記されているからです（『日本書紀』宇治谷孟、全現代語訳より）。

『磐余《いわれ》の地の元の名は片居または片立《かたたち》という。皇軍が敵を破り、大軍がその地に溢れたので磐余とした。またある人がいうのに…』

「先生はこれを読んで、うまい表現をするものとすぐある地形を思い出したからです。磐余の余は余《あま》り、沢山《たくさん》という意味があり、〝モグラ叩《たた》き〟のように一斉に身を乗り出したような地形で誰か分かる人いますか」

「……」「山口県や北九州市にある有名な地形」

「はい」「はい」「はい」「それではAo君」

「はい、秋吉台のカルスト地形だと思います」

「その通りです。スロヴェニアのカルスト地方に見られることから付けられた名称で、ヒツジの群れのように無数に散らばる石灰岩の露岩の形状は、磐余地形と表現した方が適しているように思えたからです」

『日本書紀』の編纂者は、特徴的な北九州市にある平尾台や秋吉台の地形を知っていて、皇軍が敵を破り、大軍がその地に溢れた様子を無数の石灰岩の露岩＝磐余と表現したのだと思います。

神武天皇の和風諡号でもう一つ重要なことは『日本書紀』の編纂者が、中国が倭《ヤマト》と蔑視していた国名を日本《ヤマト》としたことです。聖徳太子が六〇七年に小野妹子を隋へ派遣した国書の有名な「日出ずる処《ところ》の天子、書を日没する処の天子に致す。恙無《つつがな》きや…」に始まる文面は、誇り高き日本民族の特徴を如実に表していると思います。〝日出ずる処〟という明らかに我が国を現すのに最もふさわしい国名を日本と決めたことです。この日本という国名は、日出ずる本《もと》という意味と、常に日が昇っているように発展していく国という願望が含まれているのです。

二つには中国からみて倭の国王に相当する称号を天子としていることです。我が国が中国に朝貢して皇帝から倭国の王と認めてもらうのは、中国の属国、皇帝の臣下になることであり、屈辱的なことだと分かって、隋の皇帝と対等な天子という称号を用いたのです。

三つには国書を皇帝にうやうやしく奉るのではなくて致すというように、当時の世界の大国〝中国何するものぞ〟と相手（中国）を見下しているような意気込みが感じられます。このような日本民族の誇りの高さが、その後の日本の歴史に大きな影響を与えたことは明らかでしょう。

この国書に対して万里の長城を修築したり、南北を結ぶ大運河を完成した皇帝・煬帝《ようだい》はカンカンになって怒ったという有名な話が『隋書・倭国伝』に残っています。このように誇らしい新しい日本という国名を、神武天皇の和風諡号に神日本磐余彦と命名したことは、筑紫にあった倭国とは違う、新しい日本の初代天皇にふさわしい諡号となり、それは大和の磐余の地で建国されたことを意味しているのです。

なぜならイザナギノ尊とイザナミノ尊の二柱の神が国生みをした時、まず淡路州《あわじのしま》を生んだ。次に大日本豊秋津州《おおやまととよあきつしま》（本州）。次に伊予州《いよのしま》（四国）。次に筑紫州《つくしのしま》（九州）。次に億岐州《おきのしま》。次に佐度《さど》州《しま》。次に壱岐州《いきのしま》。次に対馬州《つしま》。これによってこれを大八州国《おおやしまのくに》という。『日本書紀』の編纂当時、蝦夷《えぞ》（北海道）は入っていませんが、大八州の国として本州を大日本豊秋津州としていることが重要なのです。

つまり、神武天皇の和風諡号・神日本磐余彦には『日本書紀』の編纂者が中国が属国と考えていた倭国とは違う新しい日本という国を、神武天皇が本州の大和の磐余の地で建国した初代天皇という意味で諡名としているのです。

第二節　日本民族の他を思いやる心の優しさが二人のハツクニシラススメラミコトを生んだ

神武天皇の実在を否定する学説に二人のハツクニシラススメラミコトの和風の称号が同じなのはおかしいとの指摘があります。初《ハツ》めて国《クニ》を統治《シラス》した天皇《スメラミコト》ということで、「この国を初めて統治した」という内容はどう考えても初代天皇に与えられるべき称号として、神武天皇以下九代目の開化天皇までを後から創作された架空の存在と考えている学説です。しかしこの説は『日本書紀』を検証すれば明らかに間違いだと分かります。

『日本書紀』（全現代語訳・宇治谷孟著）巻第五

崇神天皇　御間城入彦五十瓊殖天皇《みまきいりびこいにえのすめらみこと》

御間城入彦五十瓊殖天皇は開化天皇の第二子である……天皇は十九歳で皇太子となられた…六十年夏四月開化天皇が亡くなられた…三年秋九月、都を磯城《しき》に移した。これを瑞籬宮《みずかきのみや》という。四年冬十月二十三日詔をして、『わが皇祖の諸天皇たちがその位に臨まれたのはただ一身のためではない。神や人を整え天下を治めるためである。だから代々良い政治をひろめ徳を布《し》かれた。いま自分は大業を承って、国民をめぐみ養うこととなった。どのようにして皇祖の跡をつぎ、無窮の位を保とうか。群卿百僚たちよ、汝らの忠貞の心をつくして共に天下を安ずることは、また良いことではないか』といわれた。

崇神天皇が即位して詔をした内容を読めば、崇神天皇がどうして初代天皇といえるのだろうか。崇神天皇を初代天皇と唱える学者や文人は「多くの国民は『日本書紀』など検証するはずもないだろう」と見下しているとしか思えません。

「先生、それではなぜ二人の天皇にハツクニシラススメラミコトという同じ称号をつけたのですか」

同じ音読みでも二人の天皇の和風称号の漢字は全く違います。つまりその意味も違うということなのです。『記紀』には崇神天皇の和風の称号がなぜ『御肇国天皇』としたかの理由が書いてあります。簡単に言うと、崇神天皇が神武東征以前から大和地方で祀られていた国《くにつ》神《かみ》の大物主大神を祀ることを許したり（一種の宗教改革）、四道将軍を北陸、東海、西海、丹波地方に派遣して国の統治を広めたり…『教化は行き渡って庶民は生活をたのしんでいる。異俗の人々もやってきて、周囲の人までも帰化している…。

秋九月十六日、始めて人民の戸口を調べ、課役を仰せつけられた。これが男の弭調《ゆずはのみつぎ》・女の手末調《たなすえのみつぎ》である。これによって天神地祇ともに和やかに、風雨も時を得て百穀もよく実り、家々には人や物が充足され、天下は平穏になった。そこで天皇を誉めたたえて御肇国天皇《はつくにしらすすめらみこと》という』。

『日本書紀』は国内だけではなく、中国や朝鮮の学識者等をも読者の対象として書かれている官撰の日本国史であることは前述しました。『日本書紀』の編纂者が諸外国を意識していたからこそハツクニシラススメラミコトの称号は、国家を統一した初代天皇に与えられて然るべきと考えていたことは明らかです。神武天皇は異郷の地・筑紫から東征して大和に、後の日本国の拠点を築いた初代天皇として称えていますが、統治した領域は大和地方に限られていました。統一した国家としては対外的にも不充分と考えてハツクニシラススメラミコトの称号の使い分けをしたのです。

第十代の崇神天皇の時、四道将軍を各地に派遣して東は今の福島県に至る統治地を拡大させました。その証拠となる会津の地名の由来について紹介しましょう。

北陸（道）に派遣された大彦命《オオヒコノミコト》と東海（道）に派遣された大彦命の息子の武渟川別《タムヌナカワワケ》が出会った場所から会津と地名がつけられたそうです。津は港、舟つき場、渡し場という意味があります。きっと会津盆地を流れる阿賀野川の舟着きで親子の劇的な対面があったのでしょう。このようにして統治地を拡大発展させ、これなら諸外国からも納得してもらえるとして御肇国天皇の称号を贈ったのです。

『日本書紀』の編纂者は崇神天皇を初代天皇としてではなく、国家・肇国《ちょうこく》（国をひらきはじめること）として充実、発展させた功労者として顕彰しているのです。確かに御肇国天皇の称号は、初代天皇とも解釈されますが、それは対外的に考えてやむを得ず付けた称号なのです。

それではなぜ神武天皇の称号を始馭天下之天皇《ハツクニシラススメラミコト》としたかについて考察しましょう。

国を統一した最初の天皇という最高の名誉とも思える御肇国天皇の称号を、初代神武天皇を差し置いて第十代崇神天皇に贈ることは憚《はばか》りがあり、畏れ多いことなのです。そこで始馭天下之天皇をハツクニシラススメラミコトと読ませて神武天皇を正真正銘の初代天皇として顕彰しているのです。馭という漢字は「ぎょ」としか読めません。馭は御に通じ馬を操ること、治めること～統御、制御という意味があります。

異郷の地、日向（筑紫）から東征し大和地方を統一し、その後の土着の豪族や人民を治める難しさを、よくぞ立派に馭してくださった天皇と顕彰して始馭を「ハックニ」と読ませたのです。

『日本書紀』の編纂者は神日本磐余彦の諡号といい始馭天下之天皇といい、実に初代天皇にふさわしい称号を考えるものだと感心させられます。

また、第二代天皇から第九代天皇の事績が記されていないので、欠史八代とし、この八代の父子相続は七世紀末の中国の影響を受けて始まった制度で不自然であるとし実在性を否定していますが、万世一系の天皇の継承には最も理に適っているのです。初期の天皇や近世の第百十九代の光格天皇から第百二十五代の今上天皇陛下までの六代の天皇は父子相続なのです。

では、なぜ八人もの天皇を創作したか。その理由としては、編纂者が皇室の系譜を引き延ばし日本という国が古くから存在することを内外に知らしめるためとしていますが、大義名分を重んじ正義感が強い日本民族が歴史を捏造《ねつぞう》する筈がありません。

初期の天皇が百歳を超える不自然さは、天皇の数をそのままにして即位年を引き上げたためであって、創作されたのなら架空の天皇を増やせばこのような不自然さは避けられた筈です（尚、歴史学者の故・坂本太郎氏や鳥越憲三郎氏は数少ない実在説です）。

第三節　神武天皇の即位年を紀元前六六〇年にした理由

一、佐伯三貴ちゃん、原江里菜ちゃん覚えていますか？

二人のハックニシラススメラミコトの天皇について先生の見解は、中学生の皆んなには難し過ぎたと思います。今度はもう少し楽しい話をします。

神武天皇が大和地方を統一して橿原宮《かしはらのみや》に即位した年を縄文時代の紀元前六六〇年とした理由について考えてみましょう。その理由は理屈ではなかなか説明できません。それは、感情・心とか、民族の誇りという感性に関わることだからです。そこで先生を例にして話をします。先生は五十七歳でゴルフを始めその魔力に取り付かれ健康と若さを維持すると理由付けし、日々ゴルフに狂じています。

江別市のゴルフ会員の最終コンペ（納会）が、毎年十月に中・高校時代を過ごした実家のある安平町のゴルフ場で行われます。二〇〇一年、全日本男子アマチュア選手権が行われ、宮里藍ちゃんの兄の優作選手が優勝しました。当時から有名でしたので先生だけのギャラリーでしたが、予選ラウンドの一日を応援して回りました。次の組にその年に全米アマチュア選手権で好成績を残した清田太一郎選手がプレーをしていました。インコースの十六番五五二ヤードのロングホール、フェアウェイの左側と前面に池があり、先生はこのホールだけで四発の池ポチャ（笑）をしましたが、何と清田選手は2オンに成功したのです。先生は清田選手がグリーンに来るまで待っていて、手が痛くなるくらい「ナイスショット」と拍手をしました。清田選手はにっこり笑って帽子のひさしに手をかけ、頭を下げて礼を返してくれました（すごくうれしかったです）。その後二〇〇六年、全日本女子アマチュア選手権が空知の由仁町で開催されました。このコースも毎年会員のコンペが行われていて知り尽くしているコース。華やかな女子選手のプレーに魅せられて、五日間観戦に通いました。

先生は先見の明があるのではと思いました。それは北海道出身の高林（由美）選手を応援して予選ラウンドを回りましたが、同じ組に佐伯三貴選手がいました。全く知らない選手でしたが、そのプレー振りに何かオーラのようなものを感じ、強い印象を受けたからなのです。何と言っても思い切りの良さというのか大胆というのか、上りや下りのロングパットをラインを読み切って強気に攻める、そのパッティングの素晴らしさに目を見張らせました。

マッチプレーの決勝戦、諸見里しのぶ選手がアウトコース九番ホールでドライバーショットのボールが落下する地点近くに行くと、佐伯選手も居ました。大ファンの大場選手に一回だけ話しかけたことはありましたが、衝動的に「佐伯さん、日本女子オープンには出場できますか？」「はい、出場できます」（八位入賞まで出場）「おめでとうございます。応援していますから頑張って下さい」「はい、ありがとうございます」。

このような会話をしていると、原江里菜選手だと思うのですが、小走りに二人の方に近寄って来ました。

「あらっ面白そうなおじさんだわ、まさか、あらっハンサムなおじさんだわと近寄って来るはずはないし（笑）」

「アハハ…」「先生ったら。自分の歳考えて言ってるのですか」

「先生は普段自分の歳など考えたことありませんよ、それは童心に返らないと良い教育は出来ないからです」

「……」

「先生の中学生時代を思い出して、皆んなのように純真で無邪気になれなかったら、皆んなを理解できないし先生と生徒との信頼関係も生まれないからです。高いところから教えるというのではなくて、皆んなと同じ目線の高さで共に学ぶという姿勢が大切なのです。いじめ等の問題とも関わることなので、後でまた具体的に話をします」

「予戦ラウンドのゴルフ素晴らしかったですね」

「……」

「北海道出身の高林さんを応援していたので…」

「あー」と納得した様子。

「ロングパットをビシビシ決めて！」と言うと、二人は「ハハハ……」と笑っていましたが、「あの時のおじさんですよ！　覚えていますか～」その後の二人の活躍は目覚ましいものがあります。

少しわき道にそれてしまいましたが、最終コンペの納会では普段よりも賞品も弾みます。その中で優勝者と最下位から二番目というだけで賞品が良いブービー賞の人は挨拶をしなければなりません。三年前にブービー賞になり挨拶をしたのですが、優勝者は前面の中央で堂々と、ブービー賞の人は端の方で恥ずかしそうに挨拶をします。

「ブービー賞は狙って取れる賞ではありません。一度で良いからブービー賞を取ってみたいものだと思っていました。やっと念願が叶ったので、これからは心置きなく優勝目指して頑張ります」というような挨拶をすると、皆んなは〝六角さん見えを張っている〟とか〝負け惜しみを言ってる〟と思って「アハハ…」と笑っていました。

ところがですよ、何と言うことでしょうか。次の年の最終コンペでもまたブービー賞だったのです。

「アハハ…」

先生がマイクを持って端の方に立つと皆んなはクスクス笑っていました。「何か少し恥ずかしいなあ～去年この会場で念願のブービー賞を取ったので今年は優勝目指して頑張ってきましたが、**またブービー**賞を取るとは思ってもいませんでした」

「ワー」「アハハ…」と大爆笑。先生はやけっぱちになって、「ブービー賞は賞品が良いので、家に帰ったら〝また三位取ったぞー！〟と嘘をつきます」と言うと、「ワー」「アハハ…」とまた大爆笑。

このような挨拶を終えて席に戻ると司会者の方が、

「嘘をつくのは止めた方が良いと思います」

「ワー」「アハハ…」と、またまた大爆笑。

先生は帰りの車に乗りながら〝あ〜あ、言わなければいいことを言ってしまったなぁ〜〟と後悔しても、もう後の祭り。家に近づき、司会者からたしなめられたこともあり、どうしたものかと迷っていましたが、ここからが肝心。最後は先生のプライドが許しませんでした。ブービー賞ののし紙を破り捨て、堂々と、「また三位取ったぞー！」と言うと、家族の者は「お父さん、スゴーイ！」「ワー」「アハハ…」と拍手喝采をして喜んでいました。先生の忸怩たる思いを払拭するには、優勝か準優勝するしかないと頑張っていますが、何時《いっ》になることやら…。


陰で〝ミスターブービー賞〟と言われている先生も、次の年の最終コンペでは何とニアピン賞を取りました。ハンデキャップ1、2、3などのシングルプレーヤーが沢山いる中での快挙。表彰の時アウトコーススタートのニアピン賞〝誰々さん〟と紹介すると皆んな「ワー」と拍手をして称えますが、先生の時だけ誰も拍手をしてくれないのです。司会者が、「インコーススタートのニアピン賞は、誰々さんより内につけた六角さん」と言うと、「オー」という驚きの声しか聞こえてこないのです。「アハハ…」

こんな先生でも優勝したことがあります。もう六年ほど前になりますが、優勝の賞品は一抱えもある発泡スチロール箱の中に、毛ガニ二杯とサーモンの切身。賞品よりも優勝したことがうれしくて、ルンルン気分で鼻歌を歌いながら安全運転で帰宅しました。今にも〝優勝したぞー〟との雄叫びが口から飛び出しそうな勢いで車のトランクを開けると、ない、キャディーバックがないのです。

「アハハ…」

あ～あと思いながらまた五十キロもある苫小牧のゴルフ場へと逆戻り。ゴルフ場につくと若い女性が笑いながら「お客さん、どうしたのですか、今お宅に電話しようと思っていたのですよ」

「たまたま優勝したので、もう舞い上がってしまって…」

「ハハハ…」と笑っていましたが、側にいた係のおじさんが

「長いことこの仕事をしていますが、自分のキャディーバックを忘れて帰られた方は、お客さんが初めてです」

「ハハハ…」

「先生はその時つくづく思いました。先生のこのそそっかしさはアルキメデス以上だなぁ～と」

「アハハ…」「先生のゴルフの話は面白かったけど、古代史の解明と何か関係あるのですか」

「大いに関係ありますよ。前に宣教師が見た日本人の悪いところの一つを、まだ言っていま

せんでしたが、誰か分かる人いますか」
「はい」「はい」「それではEnさん」
「はい、嘘をつくことではないかと思います」
「先生が嘘をついたから（笑）…、今の答えは正解ですが、ただ戦国時代の勝たんがための武将同士の騙し合いのことで、決して陰湿なあくどい嘘でないことを日本人の名誉のために申し添えておきます」

二、日本民族の誇りが神武天皇の即位年を紀元前六六〇年まで繰り上げた

先生はブービー賞が恥ずかしく見栄を張って嘘をついたのですが、見栄を張るとか上辺を飾るような心を虚栄心とも言います。

『虚栄心を軽くみてはいけない、虚栄心がなかったらヴェルサイユ宮殿は建たなかった。虚栄心こそ男の誇り、命をかけても守るものだ』とフランス革命時にフランスの貴族を助ける『紅はこべ』ことイギリス貴族のパーシー卿が、テレビドラマの中で言っていました（笑）。

大切なことは、虚栄心が強いというのはそれだけ誇り高いことであり、自分を高めるエネルギーになるものなのです。日本は地理的状況から、神武天皇の統一が中国や朝鮮に比べて遅れました。朝鮮や中国の江南地方から日本への渡来人によって文明社会が築かれたのは、畿内よりも出雲や九州の各地の方が早かったと考えられます。

そこで神武天皇が東征に出発し、即位した実際の年代について、訳の分からない数式から一世紀などと言う学者もいますが、もっと合理的に考察してみましょう。

当時は平均寿命も短く、男子でも十八歳は立派な成人として結婚も十八歳前後が普通として考えます（武士は十六歳で元服）。神武東征の実際の年代を推論できる唯一の根拠は北九州に皆既日食が起きた年、卑弥呼女王が死亡した西暦二四八年しかないのです。

ニニギノ尊がコノハナサクヤヒメと結婚（二四八年）して、その子・山幸彦とトヨタマヒメが結婚する年を、西暦二六六年（二四八＋十八）前後、更にその子・ウガヤフキアエズノ尊とタマヨリヒメが結婚する年を西暦二八四年前後とします。二人の子の四人兄弟の末子が狭野尊（後の神武天皇）で、尊の長男（手研耳命《たぎしみみのみこと》）も東征に参加しているので、早くとも西暦三一〇年前後に出発し、『日本書紀』では六年かかって統一したことになっているので、大和の地、橿原に宮殿を造営し、翌年橿原の宮に即位した実際の年代は西暦三一〇年代、四世紀初頭とするのが、最も合理的な考え方だと思います。

それでは、なぜ日本の建国の歴史を実際の年代よりも約千年近くも繰り上げたかの理由ですが、皇室の起源を古くしようとの意図が働いたというような単純な考え方ではなく、誇り高い日本民族であるが故のことだと確信します。

中国では紀元前一六〇〇年頃殷《いん》王朝が興る。紀元前一〇五〇年頃殷王朝に代わり周王朝が興る。紀元前七七〇年、周が東遷し、春秋時代に入ります。

一方、朝鮮では紀元前五〜三世紀に朝鮮という王国が成立したとされています（古朝鮮）。紀元前二世紀初め衛満、衛氏朝鮮国を興す。紀元前一〇八年衛氏朝鮮、漢の武帝に滅ぼされ、中国が朝鮮に楽浪郡など四郡をおく。

国名を日本とした理由は前に説明しましたが、国家の君主を国王というのは、中国の皇帝から称号を拝領することになり、中国皇帝の臣下となることでした。そこで皇帝という中国の君主号をも凌駕するような天皇という君主号を考えました。

天皇とは、天の中心の北極星＝天皇大帝《てんこう》のことで、天皇大帝＝天皇が北極星であるということは、すなわち天皇が政治秩序の不動の中心であるということである（『天皇がわかれば日本がわかる』斎川眞著より）。

このように誇り高い日本民族としては、中国の建国の歴史が日本より古いことは、仕方ないとしても、朝鮮が日本より建国の歴史が古いのは、日本民族の誇りが許さなかったのです。それには西暦六六三年の白村江の戦いで、唐と新羅の連合軍に百済を応援して敗れた悔しさもあるのです。

「誇り高きミスター・ブービー賞の先生には、その心理がよ〜く分りますよ」

「アハハ…」

朝鮮の建国の歴史より、ただ古くするのでは芸がありません。そこで考えた理由づけが辛《しん》酉《ゆう》革命説なのです。古代中国には讖緯《しんい》思想というものがあって、辛酉の年に革命が起こるとされています。辛酉というのは、六〇年に一回やってきます。六〇年は干支が一回りする年数で一元《げん》といいます。中でも二一元（一二六〇年）の辛酉の年ごとに天の命が改まるという思想です。

『日本書紀』の編纂者は日本史上の大変革ともいうべき神武天皇の即位を推古天皇九年（辛酉・西暦六〇一年）から数えて一二六〇年前の辛酉の年におきました。このようにして神武天皇が紀元前六六〇年辛酉の年春一月一日（元旦）、橿原宮に即位されたとしています（明治の歴史家・那珂通世《なかみちよ》氏による）。ちなみに明治政府は、この元旦を太陰暦から太陽暦に換算して二月十一日を割り出し、現在の建国記念の日としています。推古朝の年を起点としたのは、この時代が聖徳太子の摂政により初めて暦を用い、冠位を定め、憲法を制定し、日本の古代史上画期的な変革の時代だったとしているからなのです。

神武天皇の建国の年を紀元前六六〇年としたため、新たな問題が生じました。古代日本で『記紀』に書かれている中で、ほぼ正確に実際の年代と合うのは、第三十三代の推古天皇（五五四年～六二八年）以降とされています。そのため、歴代の天皇を実際の年代より繰上げ、百歳以上長寿の天皇を十人以上にして辻褄《つじつま》を合わせています。

「先生、どうしてそのような不自然なことをしたのですか」

そこが日本民族らしいところなのです。確かに架空の天皇を増やせば、このような不自然さは避けられますが、それでは歴史を改竄《かいざん》したことになります。日本民族にはそのような姑《こ》息《そく》なことはできません。平然と百歳以上の天皇を何人もつくり、堂々として何ら恥じることはしないのです。なぜかというと歴史的事実を、神話つまり神様の話として作っているから、百歳以上の天皇が何人いても不思議ではないのですが、『日本書紀』では第十五代応神天皇の百十歳を最後として配慮しています。

『日本書紀』の編纂者は、このような民族の誇りに関わることが理解できないような人は〝日本民族じゃない〟と思っていたことでしょう（笑）。

「そこで皆んなに聞きますよ、神武天皇の即位年を紀元前六六〇年としたのは、日本民族の誇りに係わることであり、やむを得なかったと思う人は手を挙げてください」

「はい」「はい」「はい」「は〜い」……

「やったぁ！　全員がうれしい！　それでこそ皆んなは立派な日本民族です」

第四節　滑稽《こっけい》な神功皇后・卑弥呼比定説

はじめに（その二）にも書きましたが、『日本書紀』の編纂者が、神功皇后が『魏志倭人伝』に見える女王卑弥呼を指し、畿内のヤマトを邪馬台国と考えていたなどという信じ難い誤りを犯している点です。

「第四章　卑弥呼女王は皇室の先祖である（55頁）の中で説明しましたが、誇り高き日本民族が魏が卑弥呼と蔑視した呼称に甘んじているはずもなく、どのように呼んでいましたか」

「天照大神！」

その通りですが、それは神話の中で神としているからなので、卑弥呼女王を大日孁貴《おおひるめのむち》としていることは確かなのです。つまり卑弥呼女王を神功皇后とは比定していないということなのです。

なぜ、このような簡単な誤りに気づかないのか不思議なのですが、歴史学者や古代史を解明しようとしている作家などの方は歴史を点でしか捉えていないからなのです。『日本書紀』は、神功皇后の時代に『魏志倭人伝』の邪馬台国の記事を載せているとして神功皇后を卑弥呼としていますが、『日本書紀』の編纂者は、邪馬台国の記事や卑弥呼と断定できる人物など何も記載していません。記載していると思い込んでいるだけなのです。

それははっきりと邪馬台国と言える国や、卑弥呼とは記載できないからです。もっとも邪馬台国らしき国、卑弥呼らしき人物は登場させていますが…。そこで『日本書紀』巻第九、神功皇后・気長足姫尊《おきながたらしひめのみこと》紀より該当する部分を抜き出し検証します。カッコ内は『魏志倭人伝』に記載されている内容です。


皇后による摂政三十九年のこと。

『魏志』に、次のように見える。「明帝の景初三年（景初二年・二三八年）の六月に、倭の女王が大夫の難斗米（難升米）らを遣わし帯方郡にやって来て、皇帝への拝謁を願って貢ぎ物を献上した。帯方郡の長官である鄧夏（劉夏《りゅうか》）は、下僚にかれらを引率させ、洛陽の都まで送らせることにした。」

皇后摂政の四十年。

『魏志』には、「正治元年（西暦二四〇年）に、建忠（建中）校尉の梯携《ていけい》（梯儁《ていしゅん》）らが皇帝の詔書と印綬とを奉じて倭国まで遣わされた」と見える。

皇后摂政四十三年。

『魏志』がいうには、「正治四年（西暦二四三年）、倭王は再び大夫の伊声君（伊声耆）と掖耶約（掖邪狗）ら八人を遣わして貢ぎ物を献上して来た」ということである。

皇后六十六年のこと。

この年は、中国の晋の泰初二年（西暦二六六年）にあたる。「晋の起居注」という書物には、「晋の武帝の泰初二年十月、倭の女王が何人もの通訳を用意して貢ぎ物を献上して来た」ということが記されている。

「『日本書紀』巻第九、神功皇后紀に書かれている神功皇后は何世紀の人ですか」

「三世紀です」

神功皇后は第十四代仲哀天皇の皇后で、第十五代応神天皇の母ですが、実際の年代は神武天皇より百年以上は経っていて、五世紀初頭の人物と考えられます。

「日本書紀の神功皇后紀では、実際の年代より繰り上がった理由は分かりますね」

「神武天皇の即位年が繰り上がったからです」

「さて、ここからが重要なのですが、多くの歴史学者は卑弥呼女王のことが日本書紀には何一つ書かれていないとしていますが、その理由が分かる人いますか」

「はい」「はい」「はい」

「こんなに沢山。それではFu君」

「はい、紀元前六六〇年即位の神武天皇より以前の人物なので、歴史時代には卑弥呼女王として書けなかったのだと思います」

その通りで『日本書紀』の年表には載せることはできないので、編纂者は、卑弥呼女王を神話の中で天照大神として載せているのです。これから歴史学者も気づかない誤りについて正していきます。

日本の正史である『日本書紀』に『魏志倭人伝』に記載されている卑弥呼女王や台与の朝貢の記録を載せない訳にはいきません。ところが卑弥呼女王や台与は、紀元前六六〇年より以前に繰り上がってしまって『日本書紀年表・皇紀年表』（西暦紀元前六六七年、神武天皇東征に出立する～以降の年表）には記載できなくなったのです。

そこで中国から見て三世紀に卑弥呼女王や台与が朝貢した歴史的事実を疑われないよう

に、卑弥呼女王や台与らしい人物を、『日本書紀』の三世紀に載せざるを得なかったのです。『魏志倭人伝』の朝貢した役人などの人物と、神功皇后紀の人物の名前は全て一字だけ変えてあります。その理由が分かりますか」

「同じ名前にしたら、卑弥呼女王や台与だと断定することになるからだと思います」

「その通りです。最初に朝貢した年を『魏志』では、景初二年（西暦二三八年）としているのを、多くの学者が間違いであるとしていますが、皆んなはどう思いますか」

「『魏志倭人伝』の景初二年の方が正しいと思います」

「その理由は分かりますね、景初二年としたらやはり卑弥呼女王と断定することになるからです。景初二年は間違いで、景初三年が正しいとするのは、ペリーが軍艦四隻を率いて、嘉永六年（一八五三年）に浦賀に初来航したとする日本側の記録を、米国側が〝その記録は間違いで安政元年（一八五四年）が正しく艦長もパリーだった〟と言っているのに等しいのです」

「先生、それなら他に朝貢した年が同じなのはどうしてなのですか」

「鋭い質問ですね、そこが編纂者の頭脳明晰なところで、全部年数を変えたら却って歴史を改竄しているのではないかと疑われ兼ねないからです。歴史学者の多くは、編纂者が朝貢した最初の年を一年後の景初三年としたり、朝貢した人物の名を一字変えて、〝神功皇后紀の倭の女王は、卑弥呼女王ではありませんよ〟と暗示している、その深慮遠謀が全く理解できないのです。神功皇后を卑弥呼女王と比定している学者は『日本書紀』編纂者の意図を見抜き、正しい歴史認識を示して欲しい。『日本書紀』の編纂者が、もし神功皇后を卑弥呼女王と比定しているのなら、神功皇后紀で〝倭国の女王としないでなぜ邪馬台国の女王・卑弥呼が朝貢したと明記しないのだろう？〟と考えないのでしょうか」

　神功皇后を卑弥呼女王と比定している学者は、皇后の摂政六十六年（西暦二六六年）に朝貢した倭の女王は明らかに台与ですが、なぜ神功皇后を台与ではなくて卑弥呼女王と比定できるのだろうか。このため神功皇后を卑弥呼女王、あるいは台与に比定していることになるとか、神功皇后を卑弥呼女王と台与の二人説などというのは、果たして学問と言えるのだろうか。『日本書紀』の編纂者は、中国側で日本書紀年表の三世紀の倭の女王が、卑弥呼女王と台与と誤認してもらえるようにと計《はか》った深慮遠謀の薬が効き過ぎて、日本の学者までもが、卑弥呼女王と比定したことに驚いたと思います（笑）が、このような間違いをするかも知れないと懸念して、卑弥呼女王と神功皇后を次のように対比しているようにも思えるからです。

	『魏志倭人伝』	『日本書紀』神功皇后紀
名、諡号	卑弥呼（卑しい一字）	神功（神のような功績）
称号	女王（皇帝から拝命）	皇后（天皇の后）
国名	邪馬台国（邪と蔑視）	日本（日出ずる国）
外交	中国に朝貢	三韓征伐など朝鮮が日本に朝貢

この神功皇后紀でもう一つ重要なことは、『日本書紀』の編纂者が卑弥呼女王と台与が統治していた国を倭国とし、神功皇后（第十四代仲哀天皇と）が統治していた国を日本として区別していることです。

なぜかというと、伊弉諾尊《いざなぎのみこと》・伊弉冉尊《いざなみのみこと》が大八洲国《おおやしまのくに》（日本国）の国生みをした時、本州を大《おお》日本豊秋津洲《やまととよあきつしま》としていることなのです。つまり神功皇后が統治している都は本州の大和にあり、卑弥呼女王や台与が統治していた倭国は、本州にはなかったということを証明しているに等しいからです。

このように対比して考えてみると、卑弥呼女王と神功皇后が同一人物とは思えない筈です。これまでの検証から、『日本書紀』の編纂者が神功皇后を卑弥呼女王と比定していたとする説など明らかに誤りなのです。

この誤りを正さない限り日本古代史の解明などできないのです。なぜなら卑弥呼女王が神功皇后として邪馬台国が畿内にあったとする説が有力視されているからです。

第五節　短絡的な神武天皇・崇神天皇同一人物説

「ハックニシラススメラミコト」と発音が同じだけで、最初の天皇・始祖王が二人いるのはおかしいとして、神武天皇と崇神天皇が同一人物だったのではないかという説があります。

第二節で詳しく説明しましたが、『日本書紀』をしっかり検証すれば、このような短絡的な考え方はできない筈です。同一人物なのになぜ神武天皇と崇神天皇にそれぞれ一巻を割いて、時代も事績も全く違う内容を克明に記載しなければならないのかの理由を述べ、その中から同一人物とする根拠となる部分を指摘してこそ、はじめて学問的な検証といえるのではないでしょうか。

神武紀の記載は、橿原宮で即位して四年を経ると、いきなり三十一年に飛んで秋津洲のいわれを述べ、その後七十六年の崩御に触れており、後半は明らかにつけ足したように記されています。これに対して崇神紀は具体的な記事は即位四年から始まっていて、前半が欠落しているとしています。

つまり、この二人のハツクニシラススメラミコトの記述は、もともと崇神天皇の業績であったものを、大和東征と建国までの前半部を神武天皇とし、後半の具体的な功績を崇神天皇にと分けて書いてあるとの考え方です。これが神武天皇・崇神天皇同一人物とする説得力のある説明になるのだろうか。

神武天皇の最大の業績は、東征して大和を統一して初代天皇になられたことです。即位後、特に際立った事績がなかったので記載されなかっただけなのです。秋津洲《あきつしま》の謂われというのは、天皇の御巡幸の折り腋上《わきかみ》の丘に登られて国のかたちを望見して言われるのに「なんと素晴らしい国を得たことだ。狭い国ではあるけれども、蜻蛉《あつき》（とんぼ）がトナメして（交尾して）

いるように、山々が連なり囲んでいる国だなあ」と。これによって始めて秋津洲の名ができた（全現代語訳『日本書紀』宇治谷孟著より）。

一方、崇神天皇は第九代開化天皇の第二子で、十九歳で皇太子となり、開化天皇が崩御して即位した三年後に、都を磯城《しき》に移して、翌年から具体的な治政が始まっているのです。『日本書紀』を検証すれば、これらの記載内容は極めて常識的なことであり、決して神武天皇紀の後半をつけ足したり、崇神天皇紀の前半が欠落しているとは言えないのです。

「先生、どうして同一人物なのに前半を同じ時代ではなく、ずっと以前の時代にしたのですか」

「同一人物なのに前半を神武天皇の即位年が紀元前六六〇年、崇神天皇の即位年が紀元前九九年なので、五百五十年以上前にしても余り不自然だとは感じていないようで、皇室の由緒と出自を神聖化するために、神武天皇をデッチ上げたとしているのです。

デッチ上げなどという虚構は、いずれその真偽が明らかになるものです。頭脳明晰で学者としての誇り高き先達がデッチ上げという虚構で皇室の由緒や出自を神聖化できるなどと考える筈もないでしょう。歴史的事実を神話として、尊厳化・神聖化しているからです」

第六節　論理的に成り立たない天武天皇モデル説

「皆んなは有名な壬申の乱（西暦六七二年）を知っていますね」

「天智天皇の息子の大友皇子と叔父の大海人《おおあま》皇子との皇位継承の争いです」

　その通りですが大海人皇子の長女十市皇女が大友皇子の妃という、もっと込み入っていて、単なる皇位継承の争いでなく、当時の国際情勢をめぐる外交政策の対立もあったようです。神武天皇が天武天皇のモデルであるという説のより所となる一つは、乱が起きる七ヶ月前（六七一年）、身の危険を感じたとされ出家して吉野に隠棲した大海人皇子が、吉野が挙兵の出発地となったことと、もう一つは、大海人皇子が吉野を脱出して、東国の伊勢（三重県）や美濃（岐阜県）を迂回して、日を背にして不破から大津へ攻めのぼったという近江・大和攻略の作戦経過をモチーフとして、神武東征神話は作られたという説なのですが、こじつけとしか思えません。神武東征と壬申の乱の内容も経過も全く違うからです。

　戦いの最中、高市県主許梅《たけちのあがたぬしのこめ》が神がかりの状態になり、「神日本磐余彦天皇の陵《みささぎ》に、馬と種々の兵器を奉れ」と語り、大海人皇子は馬と兵器を奉《ささ》げ、神は大海人皇子を吉野から不破まで守護し、乱を勝利に導いたと伝えられています。

「皆んなに質問しますが、神武天皇が天武天皇のモデルということは、神武天皇は実在した天皇ですか、それとも実在しなかった架空の天皇のことですか」

「実在しなかった架空の天皇です」

「その通りですね。大海人皇子、後の天武天皇が神武天皇の陵という天皇の墓所に馬や兵器を奉げ、戦勝祈願をしたということなのですが、このことから神武天皇が天武天皇のモデル説は論理的に成り立たないことを説明できる人いますか」

「はい」「はい」「はい」

「お～すごいですね、それではTさん」

「はい、神武天皇のお墓に戦勝祈願をしたということは、神武天皇を実在した天皇と信じていたからだと思います。つまり、実在の神武天皇が天武天皇のモデル、実在しない架空の天皇にはなれないからだと思います」

「その通りです。神武天皇を大和統一の初代天皇と信じ崇拝しているからこそ、戦いに向けての戦勝祈願は当然のことなのです。実在した神武天皇の斯《か》く斯《か》くたる事績は、何人といえどもとって代わることはできないのです。『日本書紀』は天武天皇の勅命によって編纂された官撰の日本国史です。実在しない架空の初代神武天皇を日本の歴史上に登場させる筈もないし、編纂者が実在した神武天皇を実在しない架空の人物という（天武天皇や継体天皇の）モデルになれないことは、中学生にも分かることなのに、このような矛盾した考え方に、歴史学者がなぜ気づかないのか不思議です」

「先生、大海人皇子が戦勝祈願した神武天皇のお墓が今でもどこに在るのか分かるのですか」

「良い質問ですね、はっきりした神武天皇の陵墓が比定されていれば、神武天皇は実在したという一つの証拠になるのですが、何箇所かの候補地はありますが、歴史学界からは未だに比定されていないというのが現状なのです。何しろ歴史学界は神武天皇を歴史から抹殺してしまっているのだから当然ですよね（笑）」

「そういう先生はどのように考えているのですか」

「もちろん神武天皇の陵墓は〝ここに違いない〟と考えている古墳がありますが、その前になぜ比定されていなかったかについて振り返ってみましょう」

神武天皇が歴史上で回顧されるのは、『壬申の乱』の折とその後、江戸時代に国学が盛んになった時、神武天皇の陵墓の探索、整備されたことはありましたが、幕末に到るまで千年以上も神武天皇は、歴史の表舞台に登場することはほとんどありませんでした。それは中世から近世にかけて、武家政治が長く続いたからです。

幕末、尊皇思想が高まり、勤王の志士が『神武創業のむかしに帰れ』という声が高揚して回想され、神武天皇の陵墓を比定しようとしたのです。『日本書紀』に神武天皇は崩御の翌年、畝傍山《うねびやま》の東北《うしとら》の陵に葬ったと記されています。

神武天皇の陵墓としては、畝傍山の山麓から東北に約三百メートル離れた地点にあったジブデン（神武田）と呼ばれる塚（東西約十・一メートル、南北十二・四メートル、高さ約一メートル）が文久三年（一八六三年）神武陵と定められました。多分にジブデンから推測されたと思うのですが、田は殿の間違いで、恐らく神武天皇が儀式に利用した祭壇だったのではと思われるのですが、神武天皇の陵墓としては小さ過ぎます（明治以降、直径三十五メートル、高さ約六メートルの円墳に修正されています）。元禄時代の陵墓探索、整備時には、畝傍山山麓から東北に約七百メートル離れた四条村の塚山が、神武陵に定められましたが、現在は第二代綏靖天皇の陵墓とされています。その他、畝傍山の山麓にある洞村の丸山ですが、山の一部に過ぎず、現在は陵墓ではないとされています。

これらの候補地は、『日本書紀』の「東北の陵に葬られた」との記述から神武陵を比定しようとしているのですが、神武陵にふさわしい大きな前方後円墳は、畝傍山の北から東北の方角一帯には発見されませんでした。多くの学者による神武天皇実在説を否定する一つの根拠となっているのですが、このような形式的な考え方では神武陵は特定できないのです。

「そこで畏れ多いことなのですが、先生が神武天皇になったつもりで考えてみますと（笑）…」

前述した秋津洲の謂われについて神武天皇が巡幸した折、見晴らしのいい丘に登って、「山々が連なり囲んでいる素晴らしい国を得たものだ」と感嘆した眺望が、『古代幻視紀行』というテレビ番組の中で、大和三山（耳成山・畝傍山・天香久山）の東北から東方にかけての磐余の地から臨む、大和三山の南方の橿原宮方面を俯瞰した時の映像と、全く同じように重なってしまい本当に感動しました。

当時、古代中国の風水思想（日本の陰陽道）が伝わっていたかは分かりませんが、陰陽道は古代国家成立期から知られていたそうです（『三角縁神獣鏡と邪馬台』古代国家成立と陰陽道・碓井洸著より）。

東北の方角は鬼門になります。神武天皇は即位した橿原宮から東北の方角で、子々孫々無窮に自分が築いた素晴らしい国家鎮護の守護神として、或いはたとえそのような風水思想が知られていなかったとしても、磐余地方を望見できる地に、遺骸を手厚く葬らせたに違いないのです。

「果たして初代神武天皇にふさわしいそのような陵墓がどこかに存在するのだろうか」

ここに『巨大埴輪とイワレの王墓―桜井茶臼山・メスリ山古墳の全容―』（奈良県立橿原考古学研究所）という立派な刊行物があります。タイトルの「イワレの王墓」に「神武天皇の古墳では」と胸をときめかせて拝見しました。天子や王しか持つことのできなかった碧玉《へきぎょく》製の四本の玉杖《ぎょくじょう》（碧玉とは緑色の玉で不純物を含む石英。出雲の玉造石《たまつくりいし》などがあり、古くより曲玉《まがたま》、管《くが》玉《たま》などに造り、珍重されていました）。

碧玉製の椅子、儀式用の鉄製の弓矢など期待に違わぬ数々の古墳の出土品を見て、磐余の地で鳥見山の麓にある「メスリ山古墳」こそ、神武天皇の陵墓に違いないと確信したのですが、書中の次の文を読んで唖然としました。

はじめに―古代の磐余―

記紀によれば、磐余の地をいとなんだ伝承をもつのは、神功皇后（第十四代・仲哀天皇の皇后）から履中《りちゅう》（第十七代）・清寧《せいねい》（第二十二代）・継体《けいたい》（第二十六代）・敏達《びたつ》（第三十代）・用明《ようめい》（第三十一代）

の各天皇であり、宮室が磯城から磐余を経て飛鳥へ移った過程をたどることができる。


「先生がこの文を読んで驚きあきれ返った理由が分かる人いますか」

「はい」「はい」「はい」

「それではIn君」

「はい、神武東征の最後の戦いで勝利した地を磐余とし、橿原に宮を築いた当の神武天皇の名がないからだと思います」

「In君の考えを正しいと思う人は手を挙げてください」

「はい」「はい」「はい」「はい」

「おーこんなに沢山。今までの学習から皆んなも神武東征神話は史実であると信じたからだと思います」


日本の歴史学界からは神武天皇の実在は否定されていますが、『メスリ山古墳』こそ神武天皇の陵墓に違いないという学者も数少ないのですが居ます。考古学者で古墳研究の第一人者と言われる白石太一郎氏で、その著書『古墳とヤマト政権』の中で、「メスリ山古墳は磐余の地にあり、イワレヒコ（神武天皇の和風諡号もイワレヒコである）の墓にほかならないのである」としています。

もう一人、考古学者で、京都の橘女子大学教授猪熊兼勝氏は『天皇陵になれなかった古墳』

の中で、昭和三十五年、「東出塚（後のメスリ山古墳）」を発掘調査した際イワレヒコ（神武天皇）に最もふさわしい古墳であると紹介しています。

他に医学博士で『神武は呉からやって来た』の著者・竹田昌暉氏は書の中で、猪熊兼勝氏の考えを紹介しながら、「メスリ山古墳」こそ神武天皇の陵墓とする見識の高さには敬服させられます。

「現在、先生が知る限り、以上の三名しかいません。歴史学界から神武天皇が歴史上抹殺されているので、当然のことなのですが、もう一人大事な人物を忘れていました。その人物こそ先生自身のことで計四名しかいません（笑）」

「アハハハ…」

古墳の全長二百十メートル、後円部の直径百十メートル柄鏡《えかがみ》型の初期の前方後円墳であること、報告書の「墳頂部石室上辺の円筒墳輪列は従来の墳輪出土例中の圧巻で、見事な配列に樹立され、その墳輪の内容は他に例をみないものがある」と記されています。古墳の出土品や石室と墳輪の配列の復元イラストの「華麗にして荘厳な配置」と記されているように、この古墳は有力な王の陵墓に違いないのです。

もう一つ注目したいのは、弓矢の先につける石製の鏃《やじり》が総数五十本出土していて、銅製の鏃二百三十六本を数えていますが、鉄製の鏃が一本もないことです。このことは『日本書紀』にも書かれていますが、筑紫や吉備国で兵器を蓄えたとされた時、貴重な鉄は強力な兵器として、多数出土している刀や鏃先に作られ、鏃は旧式の石製や銅製の弓矢を集められたり、作られて間に合わせたのではないかと思われます。つまり、この「メスリ山古墳」こそ、初期の強大な王・神武天皇の陵墓に最もふさわしいのです。

もし神武天皇の東征が史実と認められれば、多くの学者が「メスリ山古墳」を神武天皇の陵墓と比定するのではないでしょうか。

神武東征神話を史実とは認めようとしない多くの学者は、当時どのような時代背景のもとで、国史・『日本書紀』が編纂されたのかを理解しているのだろうかと疑ってしまいます。

中国が東夷の野蛮な国・倭国と蔑視していた時代、誇り高き日本民族が律令の制定と国史の編纂は文明国家の根幹を為すものとして、心血を注いで制定した律令を〝大いなる宝〟として「大宝律令」と命名したことと同じように、倭国を〝日出ずる処〟の国、常に日が昇っているように発展していく誇らしい国として、国名を「日本」と決めたであろうことも前述しました。

ところが、〝日出ずる処〟を仏教では〝東の果て〟、〝日没する処〟を〝西の果て〟を意味していて、特定の国を表していないとか、日本を〝ひのもと〟と読んで河内の「日下」を「日本」発祥の地とする考え方があります。その根拠は孔舎衛《くさえ》坂の戦いの当時、草香（日下）は河内潟の最も東の奥まった所にある入江であったため、日下を日の出る所とする考え方。

また日下は天孫族の饒速日命《にぎはやひのみこと》（物部氏の祖）が、神武東征より早く最初の根拠地とし、やがては大和に在地豪族の長髄彦と協力しながら、河内・大和に一つの王朝を築いたのではないかとする考え方です。

論理的に考えてこのような説は成り立ちません。倭国と称することは、自虐的と考え、当時まだ国名が決まっていなかったため、中国から見て〝日出ずる処の天子〟の〝日出ずる処〟は明らかに日本を指し、日本から見て、〝日没する処の天子〟の〝日没する処〟は中国を指しているからです。また草香は生駒山の西麓で、日が昇って太陽を見上げた時、日（太陽）の下に位置していたので、日下としたのです。日下の位置から日の出を眺めると東方に生駒山が聳えているので、日下が日出ずる所とはならないからです。第一、日本民族の気風として、このような理屈っぽいことや、〝日出ずる処〟が一地方の地点に矮小化するような考え方を特に嫌うからです。それは日本という国名や国旗を見れば、よく分かることなのです。

先生は、日本の国旗・日の丸の旗ほどシンプルで国名と国旗が一体化し、国家・国民が抱く理想や誇りを見事に象徴している国旗はないと思っています。どこの国でも、世界に一つしかない自国の国旗の由来を知れば、国旗に対して敬意や愛着、誇りを抱き神聖視するものでしょう。国旗には必ず、その国旗ができた由来とか、デザインの理由があり、国旗の色はどこの国でも神聖な色として崇めています。

しかし世界中で日本の国旗だけと思うのですが、「なぜ白地に日の丸なのか」という理由が示されていないのです。例えば、緑一色で世界一シンプルなデザインのリビアの国旗は、イスラムを象徴する神聖な緑色で、それはイスラム教の開祖・マホメットのターバンの色が緑色だったとされているからです（尚、二〇一一年カダフィ政権は崩壊し、この国旗は現在は使用されていません）。

紅白二色のシンプルなインドネシア共和国の国旗は「高貴な紅白旗」と呼ばれ、赤が勇気、白が正義を意味し、オランダの植民地から解放した日本の国旗にあやかって作成されたとも言われています。

またオーストリア共和国の赤・白・赤の横三分割旗は、第三回十字軍に参加したオーストリア公レオポルト五世が、敵のイスラム戦士の返り血を浴び、ベルトの部分を残して真っ赤に染まった白い軍服を旗代わりにしたことに由来しているそうです。

このように、どこの国でも国旗のデザインについて、その由来や理由があるのですが、日本の国旗のデザインについてだけその由来や理由づけが示されていないのです。

「先生、それはどうしてなのですか」

「先生は、なぜ国旗のデザインの由来についての説明がないのかを考えたのですが、それは特に説明しなくても日本民族なら分かることだからなのです」

「……」「先生の言っていることがよく分かりません」

日本を除いて最も国名を反映している国旗は、アメリカ合衆国の星条旗だと思いますが、それでも縞模様が十三条なのは独立宣言時の十三州を、星の数は州の数を表すという説明がなければ、国旗の由来は分かりません。

「ところが国のシンボルを表す日本の国旗ほど、日本という国名と一体化している国旗は他の国にはありません。だからなぜ白地に日の丸なのかの説明をする必要がないのです」

「先生、それではどうして白地ではなくて、青色とか緑色など他の色ではだめなのですか」

その説明は理屈ではなく、感性に係わることなので難しいのですが、一口で言えば、白地でなければ日の丸が輝いて見えないからなのです。日本という国名には、〝常に日が昇っているように発展している誇らしい国〟という願望が込められているという話を前述しましたが、そのためには国のシンボルを表す日の丸（日本）が輝いていなければなりません。白以外の色では、日の丸がくすんでしまい明るく輝かないからです。

その他に白いという色の持つ意味には、明るい、輝いている、潔白である、正しい、平和、純潔、公正など国によってさまざまですが、日本人は心のありようや行動規範にまで、いつも清らかさとか純潔できれいでありたいと願い、そこに美しさを感じる気質の民族なのです。

感性の優れている日本民族は、そのように言われて初めて「なるほど、そうなのか」と気づくことが多いのですが、感覚的に白地でなければならないと感じているのです。

このように考えてみると我が国の日本という国名と日の丸の国旗の由来は、聖徳太子が中国に差し出した国書の〝日出ずる処の天子〟にあるとするのが、歴史的にも、我が国に最もふさわしいと思うのですが……。

もう一つ忘れてならないことは、国王に相当する称号・皇帝をも凌駕する天皇として、中国の国史にも劣らない立派な公式文書の漢文体で、国史・『日本書紀』を編纂し、中国に対して「これでも我が国を野蛮な国と蔑視するのか、さあ〜どうだ！」と言わんばかりの気迫すら感じます。

中国が蛮夷の国と蔑視していた周辺地域の日本以外の国は、中国を宗主国として奉じ、文明国・中国を模倣し、名前（姓名）を中国式に変えた国すらあります。日本民族の誇りと文化を守り、大国・中国とも対等以上に渡り合った『日本書紀』編纂者を我が国民は、尊敬し誇りに思うべきではないでしょうか。『日本書紀』という日本民族が誇るべき古典を編纂した先達に対して、なぜもっと敬意を払うことができないのでしょうか。

「先生は、皆んなの先輩や後輩、同じ仲間を理由は何であれ誹謗《ひぼう》中傷するような人間を信用しません！」

「先生、なんか今度は顔色が青白くなっているよ」

「先生は憤っているのです」

日本の歴史学界が学問的な根拠よりも、戦前・戦中時に「天壌無窮の神勅」や「八紘一宇」の誤った解釈をして、歴史を戦争推進に利用した反動や、イデオロギーに左右されて神武天皇を歴史から抹殺しておきながら「神武天皇が実在の人物でないことは、今日の学界の常識というより国民の常識といってよいだろう」などと言うのは、歴史の真実を国民の目から隠そうとしているのに等しいからです。たとえ神武天皇が間違った定説のように非情な覇権者であったとしても、良くも悪くも日本民族が歩んだ歴史なのです。なぜもっと真摯に正面から向き合おうとはしないのだろうか。そうでなければ私達は過去の歴史から何の教訓も学びとることができないからです。

第七節　歴史の改ざんに等しい神武東遷説

「神武東征」伝承については、現在、二つの見解があります。一つは全く架空の物語で史実ではないとする説。もう一つは古代の日本国家を統一する九州勢力が大和に遷《うつ》ったという何らかの史実を反映しているとする説です。

それは邪馬台国の東遷、また後の五世紀時代に九州勢力の東遷もあったとする考え方ですが、「神武東征」を史実と信ずる者にとってこのような考え方は論外なことなのです。なぜなら、『日本書紀』は外国をも意識して編纂された官撰の日本国史であり、「いつ」「どこで」「誰が」「何を」「どうした」という歴史的な具体的事項の明示が必須《ひっす》の条件だからです。「神武東征伝承」は邪馬台国の東遷や五世紀の九州勢力の東遷の反映などという曖昧模糊としたものでは歴史の検証には値しないからです。

また津田左右吉氏は、神武東征は天孫降臨神話に関連づけて創作された架空の物語で、史実でないとしながら、神武東征ではなく神武東遷にすぎないとしています。「神武東征」ではなく、「神武東遷」とする歴史学者もいますが、『日本書紀』編纂者が「神武東征」としているのは、それなりの根拠に基づいているのに、理由も明らかにせず「神武東遷」などと変えてしまうのは、歴史の改竄にも等しいことなのです。

なぜなら神武軍が九州から大和に遠征し、戦いの勝利によって大和に、我が国初の統一国家の拠点を築いたことは紛れもない歴史的事実だからです。確かに戦いの記述には過激な表現があり、天皇に憚って東征を東遷としたのならば、それは正しい歴史の検証のあり方ではないのです。

『日本書紀』の編纂者は、国内を統一しようとした戦いで土着の民を、凶徒・夷として征伐する正義の戦という観点で書かれていることを認識していなければ、公平で公正な歴史の検証はできないからです。

古田武彦氏は、著書『日本古代新史』の中で、「神武軍の虐殺と建国の意味」と題して次のように述べています。

古事記の神武説話をひもといてみたまえ。

（神武の部下、道臣命・大久米命）即ち横刀《たち》の手上《たがみ》を握り、矛ゆけ、矢刺《さ》して、追ひ入るる時、……（兄宇迦斯《えうかし》）爾《ここ》に即ち控《ひ》き出して斬り散らしき。故、其の地を宇陀の血原と謂《い》ふ。

神武は、旧来の聖なる神殿を壊し、その司祭者を殺し、それでもあきたらず、その屍を切りきざんであたりに投げ散らした。この地を聖なるところとして尊崇してきた大和の人々がいかに恐れおののき、新しい支配者の前で沈黙したか、その死の静寂が聞こえてこないか。

天つ神の御子（神武）の命《みこと》もちて、饗《あへ》（宴）を（忍坂《おさか》の）八十建《やそたける》に賜ひき。……（神武）「歌を聞かば、一時共《もろとも》に斬れ」といひき。……如此《かく》歌ひて、刀を抜きて、一時《もろとも》に打ち殺しき。

のみならず、神武は〝卑怯な〟だまし打ちで、大和の名のある人々を殺しつくしていった。平和の名において手をさしのべ、返してきた握手に応ずるかわりに、首を刺したのである。

このような無法の殺戮《さつりく》は、いかに速く、いかに悲しく、大和盆地のすみずみへと伝えられたことであろう。……このような無法の殺戮戦の大量徹底遂行のあと、神武は橿原で新しい統治の宣言を行なった。

読んでいて唖然としました。なぜ、これほどまでして事実を歪曲し、『記紀』の編纂者を冒瀆し、意図的な偏向で神武天皇を故意に貶めなければならないのだろうか。

神武天皇や『記紀』編纂者の名誉を守るためにも、このまま看過できません。そこで少し長くなりますが、『日本書紀』をひもといて検証します。

兄猾《えうかし》・弟猾《おとうかし》

秋八月二日、兄猾と弟猾を呼ばれた。この二人の人は宇陀の県の人々のかしらである。ところが、兄猾はやってこなかったが、弟猾はやってきた。そして軍門《みかど》を拝んで申し上げるには、「兄、兄猾の悪い計画は、天孫がおいでになると聞いて、兵を率いて襲わんとしています。皇軍の軍勢を眺めると敵し難いことを恐れて、こっそり兵を隠して、仮に新宮《にいみや》を造り、御殿の中に仕掛けを設けて、おもてなしするように見せかけて、事を起こそうとしています。どうかこの計りごとを知って、よく備えて下さい」と。

天皇は道臣命《みちのおみのみこと》を遣わして、その悪計を調べさせられた。道臣命は仔細に調べて、彼に殺害の心があったことを知り、大いに怒って叱責して、「卑怯者奴《め》が、お前が造った部屋に、自分ではいるがよい」といって剣を構え、弓をつがえて中へ追いつめた。兄猾は天をあざむいたので、言いのがれすることもできない。自ら仕掛けに落ちて圧死した。その屍を引き出して斬ると、流れる血はくるぶしを埋める程に溢《あふ》れた。それでそこを名づけて宇陀《うだ》の血原という。

〔全現代語訳　日本書紀　宇治谷孟〕

このように真実は、兄猾《えうかし》（兄宇迦斯）を悪計でだまし討ちをしようとした卑怯者として、道臣命によって処断されているのです。

血はくるぶしを埋める程に溢れたと、まるで殺戮でもしたかのように大げさに表現していますが、神話ではごく普通のことなのです。

孔舎衛《くさえ》の戦いで五瀬命が矢傷を受けた手を洗い清めた所（大阪和泉の海）を、血で真っ赤に染まったので血沼《ちぬ》の海と言うように…。

次に神武天皇は道臣命に「盛んに酒宴を催し、敵をだまして討ち取れ」と命じています。小国分立の状態から国家統一を目指す戦い。〝勝つか負けるか〟、〝生きるか死ぬか〟、負ければ命を奪われても文句の言えない戦いに、正義も不正義もなく、善でも悪でもないのです。条件的には五分と五分の戦い。味方に紛れていた兵に酒を飲まされて討ち取られた方が愚かなのです。

その後の戦いで、「のみならず、神武は〝卑怯な〟だまし討ちで…」云々は、事実とは全く違います。『日本書紀』を読めば一目瞭然ですが『記紀』の編纂者が、凶徒・夷を征伐する正義の戦いという観点で書かれている古代の戦いに、なぜ現代の道徳・倫理観で、神武天皇を無法な殺戮者や虐殺者のように事実を歪曲し故意に貶めるのだろうか。公平で公正でなければならない歴史の検証に、悪意すら感じます。

「八紘一宇」を〝世界を一つの家のように支配して統一する〟という誤った解釈と、酒宴の最中での「討ちてし止まん」という合図が、先の大戦中に戦意高揚のスローガンにされたため、イメージだけが一人歩きをして、神武天皇をあたかも極悪非道な覇権者のようにされてしまっています。「八紘一宇」の正しい解釈は、〝それまで争ってきた国々や各氏族を、一つの大きな家族のように仲良くまとめていく〟ということです。

それは戦勝後の論功行賞で、土着の民でも味方をした人物を次のように取り立てていることでも分かります。

道臣命は土地を賜わり大伴氏の祖となります。弟猾《おとかし》は、猛田邑《たけだのむら》を与えられ県主《あがたのぬし》となります。弟磯城《おとしき》は磯城の県主、剣根《つるぎね》という者は葛城国造に、八咫烏にも賞を与えられ、その子孫は葛《かず》野主殿県主《ののとのもりあがたぬし》となっています。

『古事記』に書かれている神武天皇のお妃選びのエピソードを読んでみても、天皇は健気で人間味溢れる人柄であることがよく分かります。

日本古代の歴史は、歴史家だけのものではなく、国民全体のものです。日本古代史の真実を国民の手に取り戻さなければならないと強く思います。

なぜなら神武天皇が宣言した「八紘一宇」の正しい趣旨〝お互いを尊敬し仲良く共存する和の精神〟こそ日本民族のあるべき方向性を示していると信じるからです。

第八節　根拠のない建国当時の九州の土器が吉備や畿内へ動いた証しはほとんど見られないことから、「神武東征」はまったくの虚構とする説

イデオロギーに係わるところなので、また一人授業になってしまいましたが、「神武東征神話は史実である」という命題の解明も残り少なくなりました。今まで検証してきたことか

らも、学者諸先生や作家諸氏は論理的な証明のし方がよくお分かりになっていないようです。

例えば初代天皇は神武天皇ではないとしながら、神武天皇に代わる初代天皇が、未だに特定できないのはどうしたことでしょう。真実は一つしかないのに、「初代天皇は第十代の崇神天皇とするのが穏当」という学者の説には驚くばかりです。

建国当時の九州の土器が吉備や畿内へ動いた証しがほとんど見られないから、「神武東征」は全くの虚構とする説が成立するためには、神武東征時に九州の土器が絶対の携行必需品であるという前提が証明されなければなりません。

「神武天皇一行は筑紫の岡水門《おかのみなと》から東征に出発して、徳山湾の徳山市でしばらく滞在、次に安芸国の広島湾に入り、埃宮《えのみや》で三ヶ月以上滞在。最後に吉備国の児島湾に入り高島宮で三年の間に船舶を揃え、兵器や糧食を蓄えて一挙に天下を平定しようと思われた」と『日本書紀』に記されています。

わざわざ九州から土器を携行しなくても滞在地で調達できます。吉備を出発する時に九州の土器ではなく、吉備の土器を携行したとも限りません。当時の船舶が風力を利用することはあったかも知れませんが、人間が櫓を漕いで航行していたのです。重い土器は必要最小限携行していたとしても、熊野の峻険な山々を、武器でもあるまいし土器など携行するはずがありません。

「まさか土器を背負ったり、腰にでもぶら下げて運んだのだろうか」「アハハ…」現地で簡単に調達可能だし、土器はなくても魚や肉は串に刺して焼いて食べる、いまでも素晴らしい調理法があります。建国当時の九州の土器が畿内へ動いた証しはほとんど見られないことから、神武東征はまったくの虚構とどうして断定できるのだろうか。

さて、これで神武東征を虚構とする理由の反証を全て論じたことになります。中学生の皆んなには難し過ぎる点も多々あったと思いますが、充分理解できなかったところは、もっと成長してから先生が皆んなとの授業の内容をまとめて書く著書を読んで考えてみてください（笑）。

「え～っ！」「ほんとに？」「パチ」「パチ」「パチ」……

「先生、期待していますよ！」

「どうも有り難う。先生も頑張りますから期待してください」

「さて、長い時間をかけて〝神武東征神話は史実である〟という命題を解明したのですが、何か気が晴れません」

「先生、どうしてですか」

それは戦前戦中に、記紀神話を史実と絶対視した歴史教育の反動で、何か神武天皇を悪者のようにして責任を負わせ、神武東征など全く認めようとしない歴史学者を始めとする人々と、神武東征は史実とする人々とが互いにいがみ合っているように思えてならないからです。また、建国の歴史を自信と誇りを持って語ることのできない日本のような国は不幸と思うからです。

それでは、どうすればこのような不幸な状況を打開できるかと言えば、「神武東征は史実である」と認める以外に方法はないのです。なぜならそれは真実で正しいことだからです。

次に、どうしたら難題を解決できるかについて考えてみます。

その一、神武天皇が国内を統一した時に宣言した八紘一宇の誤った解釈があります。

正しい意味は、「それまで争ってきた国々や各氏族を一つ屋根の下に大きな家族の一員と同じように仲良くまとめていく」ことを国づくりの理想としたのです。八紘一宇の趣旨、「お互いを尊敬し、仲良く共存する和の精神」こそ初代神武天皇から皇室家訓のようにして、現在まで脈々として受け継がれていて、それはまた日本民族のあるべき指針をも示されていると思うのです。歴史の必然性として、小国分立の日本を統一したその後の神武天皇は、真の平和主義者で、家族と同じように国民一人ひとりの幸せを願う治世を施したのです。今で言う福祉と平和が一体の関係にあることを示された先駆者として、私達はもっと自信を誇りを持って、我が国・日本の建国の歴史を語るべきではないでしょうか。

その二、民主主義の下、大多数の国民から受け入れられている象徴天皇と、万世一系の天皇が〝現人神《あらひとがみ》として、万邦無比《ばんぽうむひ》の神国を永遠に君臨するという〟皇国史観に基づく天皇と同一視してはならないということです。なぜなら神武東征を史実と認めようとしない多くの学者や作家諸氏は、象徴としての天皇をも皇国史観の天皇と同じように重ね合わせていて、論理的な学問というより、単なるイデオロギーで情緒的に神武東征を虚構としているに過ぎないからです。

その三、戦前戦中、記紀神話を史実と絶対視した歴史教育を推し進めた歴史学者や教師を、現在に生きる私達は、当時〝そのようにせざるを得なかった〟事情を斟酌せずに批判などしてはならないということです。多くの歴史学者が、戦前戦中の歴史教育が戦争を推進したと責任を感じて、戦後になって記紀神話を全て否定していては、歴史の真実をも否定することになり、このような状況が続く限り正しい歴史観はいつまで経っても確立できないのです。

「先生、難しくてよく分かりません。もう少し分かり易く説明してください」

「はい、はい。当時は直接戦争と係わっていない一般人といえども、国民の誰しもが、お国のために成すべきことを精一杯努力していました」

例えば私事になりますが、先生の母方の祖父母は男の子を沢山生もうと頑張りに頑張って何と、九人もの子を生み、その内の七人が男子でした（笑）。四人が召集され〝お国のためによくぞでかした〟と表彰されたそうです。

父親は製材工場で働いていたのですが、ウサギを何羽も飼っていました。それは寒冷地で戦っている兵隊さんの冬の防寒具に役立ててもらうために飼っていたのです。母は母で先生が小学一、二年生の頃だったと思いますが、国が個人に募っていた額以上の献金をして、やっと手に入れた「平取（村名）号」と台紙に銘の入った一枚の戦闘機（零戦）の写真を誇らしげに見せながら、「貧しくても辛抱するんだよ」と言い聞かせていました。母はいとおしむようにして、その写真を神棚に飾り日夜祈っていました。

その時母は、四人の弟の無事も祈っていたのだと後で分かりました。奇跡的なことかも知れませんが、最後の一人の弟が『無事復員した』との電報用紙をうれし涙でまた神棚に飾り拝んでいました。

繰り返しますが、当時、国内の政治家や軍人であれ一般人であれ、国家のため〝良かれ〟と思うことを国民の誰しもが必死に取り組んでいたのです。もちろん歴史学者も学校の教師も記紀神話を史実とする教育が、国の政策でもあり、それを実践するのは当然のことと受け入れざるを得なかったのです。たとえ誤っている部分があったとしても、何ら恥じることはなく、まして地位や名誉を損なうものではないのです。戦地では食糧はもとより、武器弾薬が乏しい過酷な状況の中、恨みがましいことなど口にしようとせず一兵卒であれ軍のリーダーであれ、民族の誇りを掛けて祖国に殉じました。その志は高潔で気高く、万人から敬意を受けるに余りある私達の同胞なのです。

しかるに作家や評論家、学者等の論客と言われる方々が、「彼ら（陸軍の指導者）はなぜ国家を破滅の淵に追いやったのか？」とか、「過去の歴史（敗戦）から何を学ぶか」というテーマで昭和史を検証していますが、心ない物言いをして自国の歴史や多くの軍の指導者を貶めているようにしか思えません。「過去の歴史から学ぶ」ことには前提となる二つの条件があります。

一つは当時の時代背景を考察することは言うまでもありませんが、もう一つはほとんど無視されているのですが、大切な条件があります。それは、その時代に生きた当事者の立場で考えるということなのです。

歴史小説の分野で活躍した作家の海音寺潮五郎氏は、いみじくも次のように言い表しています。「歴史は文学でしか理解できない」と。

もうお分かりでしょう。その時代に生きた当事者に成り切らなければその当時の歴史は理解できないし、歴史小説を書くことはできないからです。その当時の歴史を理解することによって初めて歴史から学ぶことができるということなのです。

ところが論客と言われる方々は結果論で歴史を捉えがちです。果たして軍の指導者は「国家を破滅の淵に追いやろう」として戦ったのでしょうか？　否、断じてそのようなことはないはずです。

軍の指導者といえども、神でもなく未来を予知できるはずもありません。確かに軍の指導者が大局を見通すことに欠けていたとされる部分もあったかも知れません。しかし祖国の名誉と栄光のため、その当時成し得る最善の方策と考えて戦い、祖国に殉じたのではないのですか。たとえその結果が後世批判されるようなことであったとしても……。このような批判をされる方々にお聞きしたい。「あなた方がその当時の当事者であったと仮定して、後世誰からも批判されないような誤りのない指揮ができたと断言できますか」と。

先の大戦は良くも悪くも私たち日本民族が歩んだ歴史なのです。家族のことを思い、祖国の繁栄と平和を願って尊い命を捧げた先人の立場になって考えることが、過去の歴史と真摯に向き合うことでもあり、私達が決して失ってはならない同胞を思いやる心なのではないでしょうか。

中学生の皆んなには、先の大戦の難しい話をして少し長くなりましたが許してください。一見、古代史の謎の解明と先の大戦の話とは、何の関係もないようですが、「神武東征神話は史実である」という命題の解明の長かった道のりの最後を飾るに相応《ふさわ》しい次のエピソードを紹介して終えたいと思ったからなのです。

『文藝春秋』（二〇〇七年六月号）で「大研究・昭和の陸軍・なぜ国家を破滅させたのか」のテーマで昭和の歴史を検証しているのですが、その中で、新発田中学から陸軍士官学校に入学。その後、陸軍大学校へ進み、首席で卒業した今村均大将は、大東亜戦争開始直後に第十六軍第二師団を率いてオランダ領東インド（現在のインドネシア）を攻略し、ジャワ島に上陸してわずか九日間でオランダ軍を降伏させせましたとあります。

ここからが驚嘆し感激したことなのですが、今村大将は「八紘一宇とは同一家族同胞主義であるのに、何か侵略主義のように思われている」として、神武天皇が国を治める理想としたお互いを尊敬し仲良く共存する和の治世を何と現地で実現させたのです。

即ちまず二年間、税金の免除を約束し、オランダ軍から没収した金で各所に学校を作らせたのです。こうした政策によってジャワの人たちがとても親日的になり、統治がうまくいきました。また敵のオランダ人も、兵隊ではない一般の人は、住宅地に住まわせ、外出も自由に認めていたそうです。

戦後、オランダ軍の裁判を受けるためにジャワ島のバタビアへ移送され、そこで無罪となり巣鴨プリズンへ移送されますが、「部下が条件の悪い孤島の収容所で服役している。司令官の私もそこで服役すべきである」と、日本占領連合軍最高司令官のマッカーサー元帥に訴えて、マヌス島の収容所へ戻り、マッカーサー元帥は「日本にはまだ真の武士道が生きている」という声明を出しています。

当時、戦争推進のスローガン「地の果てまでを一つの家のように統一して支配する」という八紘一宇の解釈を誤りとして、相対するような正しい意味の和の治世（軍政）を身をもって示された、その慧眼《けいがん》の士ともいうべき今村均大将に、唯々敬服し深い感銘を受けました。それに比べて現在の歴史学者や識者と言われている方々が、このような貴重な実践に何も学ぼうとせず、いつまでも因循な固定観念に捉われている頑迷さから脱却して、日本古代史の真実を一日も早く解明して欲しいものです。日本の国家国民のために。

第十三章　卑弥呼女王の古墳の上に建つ宇佐神宮を訪ねて

さて、いよいよ古代史に関する謎解きの最終章ですが、もう少し分かり易く興味深い古代史の謎解きに挑戦してみましょう。

第一節　卑弥呼の墓の径百余歩の歩は魏の長さの単位ではない

「神武東征のときに、天皇一行が宇佐に立ち寄った理由から、宇佐神宮は卑弥呼の古墳の上に建立されていると説明しましたが、他に卑弥呼の墓ではないかと言われている有名な墓の名を知っている人いますか」

「はい」「はい」「はい」

「それではAoさん」

「はい、大和の地にある箸墓《はしはか》古墳だと思います」

「素晴らしい、その通りです」

なぜ箸墓古墳が卑弥呼の墓とされるのか。それは邪馬台国畿内説に立つ考え方で、古代大和の中心地に堂々たる風格を備えている箸墓古墳を比定しようとしたからです。前述しましたが、神功皇后が卑弥呼と同一人物ではないかと考えたことも影響していると思われるのですが、この説は『日本書紀』をしっかり検証すれば全く成立しません。

箸墓古墳が卑弥呼の墓と有力視されるもう一つの理由が、『魏志倭人伝』の卑弥呼の墓の規模を表す「径百余歩」が箸墓古墳の後円墳部分の直径百五十メートルに近いとしているからなのです。しかし、この説は卑弥呼の墓が箸墓古墳であるとせんがためのこじつけに過ぎません。

「径百余歩」の「歩」について、次の五通りの考え方があります。

一、「歩」を大人の歩幅として「百余歩」は、七十メートルから八十メートルくらいとする説。

二、当時、一里は三百歩で一里は七十五メートルから九十メートル程度。したがって一歩は二十五〜三十センチメートル、百歩は二十五メートルから三十メートルになるという説。

三、一歩は六尺であり、魏の一尺は約七寸九分だから一歩は約一・五メートル、百余歩は百五十メートル前後とする説。

（以上、中江克己著『邪馬台国と卑弥呼の謎』より）

四、「径百余歩」は魏の尺度なら百四十四メートル余りとする説。

（都出比呂志著『王陵の考古学』より）

五、中国の一里は、古今を通じて四百五十メートル前後である。三百歩が一里で、漢尺の六尺。唐尺の五尺で、時代によって多少伸び縮みがある。左右の足を一回ずつ前に出して進む距離、即ち一複歩が一歩であり、三百複歩が一里なのであって、一複歩は百五十センチメートル前後に決まっているという説。

（岡田英弘著『倭国の時代』より）

二～五の単位の基準がはっきりしなかったり、それぞれ違っていて、どれが正しいのか特定できません。それは魏の時代の長さの単位の証拠となるものが、何一つ提示されていないからです。

「ここで皆んなに一つ質問します。卑弥呼の墓の大きさを表す五つの説の内、最も自然で分かり易いと思うものを考えてみてください。一と思う人は手を挙げてください」

「はい」「はい」「はい」

「お～圧倒的多数ですね。皆んなの考え方はいつも素晴らしい！　学者以上ですね（笑）」

『魏志倭人伝』の卑弥呼の墓についての記述は、魏の役人が大和に来て箸墓古墳を直接目で見て大きさを確かめたのではありません。倭の使者が「径二百余歩」と言ったのを魏の長さの単位に換算して、「径百余歩」などと記述するはずはないからです。

なぜなら中国人も倭人も大人の歩幅はほぼ同じです。わざわざ単位の違う長さで示さなくても、百余歩は両国に共通で大よその大きさが分かり、合理的だからです。故に卑弥呼の墓の直径の長さは、八十メートル前後とするのが正しいのです。

この歩幅の長さは古代から現代でも立派に通用していて、万国共通の長さを表していると言っても良いのです。それはゴルファーなら常識的なことなのですが、プロゴルフのＴＶ中継でゴルファーがゴルフボールの位置から一歩、二歩と歩数を数えて距離を測っているのを見たことがあるでしょう。何をしているのかというと、フェアウェイに必ず水を撒くためのスプリンクラーが埋め込まれていて、その蓋の上にスプリンクラーからグリーンエッジ手前までと、グリーン中央までの距離が白色や青・黄等の二色に分けてヤード数が書かれているからなのです。一ヤード（三フィート・九十一・四四センチメートル）の歩幅を自分で覚えていて、スプリンクラーからボールまでのヤード数をプラスしたり、マイナスしたりして、グリーンまでの距離を測っているのです。

『魏志倭人伝』には、「卑弥呼死す。大いに冢《つか》をつくる。径は百余歩…」と記されています。この記述は明らかに卑弥呼の墓の大きさを表しています。箸墓古墳は最古級の前方後円墳と考えられています。

「また皆んなに質問します。この箸墓古墳の大きさ、規模を表すためには、どのようなことを調べたら良いですか」

「はい」「はい」「はい」

「それではEn君」

「はい、後円墳の直径や前方部の縦や横の長さを測ります」

「素晴らしい！　他にRさん」

「はい、前方部から後円部までの全長の長さを調べます」

「ベリーグッド。先生はこの調べ方を引き出したかったのです。全長の長さが分からなければ、古墳の大きさが分からないからです」

「他にまだありますか、Fu君」

「はい、前方部や後円部の高さを測定します。そうでなければ、古墳の容積、規模が分からないと思います」

「お見事。証明には科学的な考え方が重要なのです。大山《だいせん》（仙）古墳とも呼ばれている仁徳天皇陵は、周囲四キロメートル、古墳の全長四百八十六メートル、前方部と後円部の高さは同じで三十四メートル、後円部の直径二百四十五メートルという大古墳で、基底面積だけでいうと断然世界一です。秦の始皇帝の陵より大きいのです」

「先生が何を言いたいのか分かる人、いますか」

「はい」「はい」「はい」「それではKoさん」

「はい、径百余歩の大きさは卑弥呼の冢《つか》（墓）の大きさを表していて、箸墓古墳の全長の長さを表してはいないということだと思います」

「皆んなはKoさんの考えをどう思いますか」

「良いと思います」「パチ」「パチ」「パチ」

素晴らしい。全くその通りで径百余歩の径は、明らかに円墳の直径を表していて、前方後円墳の全長（二百七十六メートル）の長さ、つまり箸墓古墳の大きさを表していないので、論理的に考えて箸墓古墳は卑弥呼の墓ではないのです。

ところが箸墓古墳が卑弥呼の墓と信じている、というより信じたい学者は、この径百余歩の径は、箸墓古墳の大きさを表していない（卑弥呼の墓ではない）ことなど意に介さないで、後円墳の大きさのみに固執して考えているだけなのです。しかも径百余歩が百五十メートル前後の長さであるという何の証拠もなく、むしろ八十メートル前後の方が正しいと思われるのに……。

もっとも最初は円墳で造られ、後で前方部が追加して造営されたとか、前方後円墳の前方部は祭壇であり、埋葬部こそが墓だという認識かも知れないなどという苦し紛れの考えの学者もいるにはいますが。

また一九九八年の発掘調査で大量に出土した「布留《ふる》0式」という型式の土器は、桜井市教委の発表で三世紀第4四半期（二七六年〜三〇〇年）頃のものとされました。卑弥呼女王は西暦二四八年頃に死亡しているので、箸墓古墳は卑弥呼女王の墓とは成り得ませんが、後年「炭素14年代法」による年代測定で二四〇〜二六〇年頃の築造が出され、「箸墓古墳＝卑弥呼の墓」が唱えられていますが……。

発掘調査時に墳丘の裾に幅十メートルの周壕と、さらにその外側に幅十五メートル以上の外堤が取り巻くことが分かりました。卑弥呼が死亡したとき、『魏志倭人伝』には、大きな冢（墓）をつくったとされています。

塚（冢）とは、蟻塚、貝塚のように土や貝を積み上げたものや、土を盛り上げて築かれた墓のことを言います。箸墓古墳のように周壕や外堤が取り巻いているような巨大な前方後円墳を単に塚とは言わないし、当時はまだこのような優れた技術力は備わっていませんでした。何よりも『日本書紀』の崇神記に箸墓古墳は、第七代孝霊《こうれい》天皇の皇女で、崇神天皇の叔母になる倭迹迹日百襲姫命《やまとととびももそひめのみこと》の墓と伝え、箸墓の名称の起源とともに、「昼は人が作り、夜は神が作った」こと、さらに大和と河内の境の大坂山の石を「人民相踵《あいつ》ぎて、手逓《たご》伝《し》にして運んだ」ことを伝えています。

『日本書紀』は官撰の歴史書で、考古学の遺跡の発掘調査等から、近年『日本書紀』の記述内容が史実であることが次々と証明されています。歴史学者が『日本書紀』の記述内容など全く無視して、箸墓古墳が卑弥呼の墓などと唱えるのは『日本書紀』編纂者を冒瀆《ぼうとく》しているとしか思えません。

第二節　卑弥呼女王の古墳は宇佐の小椋山（亀山）である

次に視点を変えて卑弥呼女王の墓の場所について考察してみましょう。

日本の神話には八百万《やおよろず》の神として多くの神々がいます。神社には人間を神格化した人間神といわれる神様が祀られています。このような古代の神々が実際に実在した人物かどうかが、古代史解明の鍵をにぎっています。一般に、「天照大神は、単に神話の中の伝説上の人物にすぎない」と考えられているのですが、日本古代史の真実を解明できない理由の一つです。

神話の世界では、最初、天地創造の「神代七代《かみよななよ》」時代から天業を継承した神は、伊弉諾尊《いざなぎのみこと》が日向国の橘之小向《たちばなのおど》の流れに身を清めたとき生まれた天照大神につづいて、天之忍穂耳命《あめのおしほみみのみこと》、瓊瓊杵尊《ににぎのみこと》、日子穂穂手見命《ひこほほでみのみこと》（山幸彦）、鵜葺草葺不合命《うがやふきあえずのみこと》までの五人を「地祇五代《くにつかみごだい》」と称しこの間を天位継承時代といいます。この後、第一代神武天皇と続き、神武天皇以降を「人代」と呼んで現代まで続いているのです。

ここで重要なのは、天照大神以降の人間神といわれる神は、歴史上、必ず実在した人物であるということなのです。なぜなら実体のない架空の人物は、神として祀る対象には絶対なれないからです。

「既に学習しているので、もう皆んなは分かっていると思いますが、天照大神という女神は実在した人物、誰を神格化した神様ですか。皆んな一緒に、はいっ！」

「卑弥呼！」「卑弥呼女王！」

「その通り！　いままで皆んなと一緒に検証してきた甲斐《かい》がありました」

「ところで天照大神はどこの神社に祀られていますか」

「伊勢神宮！」

「良く知っていますね。天照大神は伊勢神宮の内宮《ないくう》に、皇室の皇祖神として祀られています。つまり、卑弥呼女王は皇室の先祖なのです。また外宮《げくう》には豊受大神《とようけおおみかみ》が祀られています。当然、豊受大神も人間の姿をした女神で歴史上実在した人物を神格化した神様としたらその人物が誰か分かる人いますか」

「はい」「はい」「はい」「それではNo君」

「はい、台与《とよ》ではないかと思います」

素晴らしい。先生も皇統断絶のピンチを救った台与が、豊受大神として祀られていると信じています。豊受（宇気）の宇気は食物を意味することから由来するとされていて、豊は台与と同一と思えるからです。なぜかというとこれから訪ねようとしている宇佐を含めた豊前豊後（いまの大分県）の地域を、古代「豊の国《とよ》」と呼んでいました。

理由はその地域が実り豊かであるとのことなのですが、日本で最も早く稲作が行われていたとされる福岡平野や筑紫平野と比べて、特に「豊の国」とも思えません。何より中津平野より南の山岳地帯や大分に至る地域を「豊の国」と呼ぶのには無理があると思います。また豊かな国というなら文法的にも「豊国《とよくに》」と言うべきでしょう。

もう皆んなは先生が何を言いたいのかお分かりでしょう。「豊の国」とは、実り豊かな国というのではなく、卑弥呼女王の後を継いで、台与が統治した地域を「台与の国」と呼んだのが「豊の国」と転化していったのではないかと思うのです。

もっとも伊勢神宮外宮では、豊受、即ち台与を祀っているというのは、少数意見でしかありません。まして、「豊の国」は「台与の国」であったなどと考えているのは、先生ぐらいで、学界からは全く認められていませんが、先生は自分の考えを信じています（笑）……。これまで古代史を検証してきて、学者の説など余り信じることができないからです。

「先生、台与を壱与《い》と書いてある本もありますが、どちらが正しいのですか」

良い質問ですね。台与《たいよ》などと言う学者もいますが、台与《とよ》が正しいのに決まっています。歴史は点ではないのです。卑弥呼女王の直系の子孫が統治した「大和」を、なぜヤマトと呼ぶかを考えれば自明なことなのです。卑弥呼女王が統治した邪馬台（国）を、当時、ヤマトと呼んでいて、絶対にヤマイ国とか、ヤマタイ国とは呼んでいなかったからです。

古代史解明の鍵をにぎる宇佐神宮の大鳥居を過ぎて社殿へと続く、まるで古の奈良・京の都大路を思わせるような、一面に敷き詰められた玉砂利を踏み締めながら、勅使和気清麻呂が、最澄や空海も訪ねたという宇佐神宮の神威や悠久な歴史の流れの中に身を置くことの感動に、胸の高鳴りを抑えることができませんでした。さて前置きが長くなりましたが、宇佐神宮が卑弥呼女王の古墳の上に建立されていることを、多角的に考察してみましょう。

その一、小椋山（亀山）は径百余歩の冢《つか》（墓）である

皆んなと一緒に『魏志倭人伝』に記されている卑弥呼の墓径百余歩の冢は、円墳で前方後円墳の大きさを表していないことを検証してきました。宇佐の小椋山（亀山）は正に径百余歩の直径八十メートル強の冢（墓）にふさわしい円墳なのです。その物的証拠ともいうべき石棺が、小椋山に埋められていることが明らかにされています。推理作家の高木彬光氏は『邪馬台国の秘密』の中で詳しく紹介しています。

それによれば明治、大正、昭和の大修理、わけても明治と昭和の修理時の二度、神主が具体的に石棺のおよその大きさを数値で表し、月刊誌『九州往来』に写真入り署名入りで発表されているとのことです。

また小椋山の地層の変化らしいものはどこにも認められず、土の中からは性質の違った角石や丸石が無数に出てきたそうです。これらのことは信頼のおける情報であり、小椋山は土を盛り上げて造られた冢（墓）であることが確認できると思います。

ただ御多分にもれず卑弥呼の墓は前方後円墳と思い込んでいるのか、小椋山の古墳（円墳）が前方後円の古墳の形態を残しているとの考証には驚きを禁じ得ません。前方部に相当する人工の墳丘など何一つ特定されていないからです。駅館《やっかん》川東岸の宇佐風土記の丘にある「赤

塚古墳」は、九州最古の前方後円墳といわれているにも拘わらず…。

「ここで一度確認しておきましょう。宇佐神宮が建立している小椋山は、径百余歩の冢（墓）であるということは分かりましたか」

「はい、分かりました」

高木氏が小説の中で発表した小椋山が卑弥呼の墓であるということから、邪馬台国・宇佐説が一躍注目を集めました。

「先生は邪馬台国・宇佐説ではないのですか」

学者の他にも井沢元彦氏（現在は畿内説）などの作家も邪馬台国・宇佐説を唱える識者が何人かいます。卑弥呼女王が小椋山に祀られていることは疑う余地はありませんが、先生は邪馬台国の根拠地は必ずしも宇佐ではなかったと考えています。

「先生、それは具体的にどういうことなのですか」

先ほど説明した「豊の国」は、本来「台与の国」と呼ばれていたということと深く関わっています。卑弥呼女王の死後、その骸をすぐ埋葬したりはしません。それは殯《もがり》といって貴人の葬儀の準備などが整うまで遺体を棺に納めて特別に設けられた建物に安置して、死者を弔い石棺をつくったり、古墳を造営するための期間も必要だからです。

殯の期間は普通数ヶ月から一年以上、中には敏達天皇や斉明天皇のように五年を超えるものもあったそうです。卑弥呼の死後、一時、男の王が立ったが国が乱れて争い、その犠牲者は千人以上にものぼったと『魏志倭人伝』に記されています。元連合国であった者同士が、お互いに殺し合う愚かさに気づき、卑弥呼の一族の娘である十三歳の台与を女王に擁立して平和な世を取り戻したのだと思われます。

その後の倭国＝邪馬台国に関する記述は『晋書』に泰初二年（西暦二六六年）に倭の女王（台与と思われる）が貢ぎ物を献じたということ以外、何一つありません。なぜかというと卑弥呼女王の死によって邪馬台国は消滅してしまったからなのです。

「へ〜、どうしてそのようなことが分かるのですか」

正直に言いますと、これから話す先生の考えが受け入れてもらえるか自信はありませんが、邪馬台国は卑弥呼女王が一世一代で築き上げた国で他の誰のものでもないからです。まして卑弥呼女王の直系の子孫でもない台与が邪馬台国という国を継承して統治するなどということは、卑弥呼女王に対して憚られ畏れ多いことなのです。それと台与は卑弥呼女王が殺された不浄の地に住もうとせず、それまでの三十ヶ国連合の北九州の中心地域から宇佐に根拠地を移し、卑弥呼女王を埋葬し、後世「豊の国」という地域を「台与の国」として統治したのです。

「先生、それではそれまで卑弥呼女王が統治してきた邪馬台国はどうなったのですか」

「良い質問ですね。この時代の記録は中国側にも日本にもないので〝謎の四世紀〟とも言われているのですが、特に歴史上取り上げるような出来事もなかったからだと思います」

前述しましたが、互いに争い合う愚さを悟った邪馬台国連合国の人々は、台与に治世を委ね平和な生活をし、神武東征時への呼び掛けに応じるまで、じっと雌伏していたのです。

なぜかというと畿内には邪馬台連合国の地域だったと思われる北九州にある地名や川や山の名が多数あることからも、地名の一致は人間の移動の証拠とされ明らかなのです。このようなことから、「邪馬台国東遷説」という邪馬台国東遷の史的史実を、神武東征伝承という神話にしたのではないかという説なのですが、この学説は本末転倒の議論に過ぎないのです。

分かり易く言いますと、神武東征時に呼び掛けに応じたのは、元邪馬台連合国に係わっていたり、その子孫の兵士です。先遣隊として東征し、大和を統一して安住の地を確保した後、故郷に残してきた女、子ども、年寄等を畿内地方に呼び寄せ、北九州の地から移住して来たのです。「邪馬台国東遷説」は、卑弥呼女王の死後、三世紀半ば以降、戦いもなく平和裡に北九州の地から異郷の地の大和地方に、女、子ども等も大挙して移住して来ることですが、論理的に考えてこれは成立しません。

「ここで皆んなに聞きますよ。神武東征という歴史的な事実があったからこそ元邪馬台連合国の子孫の女、子ども等が安心して大和地方に移住できたという先生の考え方と、神武東征は虚構で北九州の地から女､子ども等も平和裡に大挙して大和地方に移住できたという説と、どちらの考え方が正しいと思いますか」

「先生！」「先生！」「先生の方！」

「お～圧倒的ですね。うれしい！」

「先生の考え方はよく分かりましたが、〝豊の国〟が台与の根拠地であったという具体的な証拠はないのですか」

「さすが皆んなの質問は核心を突いていて鋭いですね」台与の古墳が特定されていれば一番良いのですが、先生は直感的に国の史跡に指定されている「宇佐風土記の丘」にある九州最古の前方後円墳といわれる「赤塚古墳」が台与の古墳に最もふさわしいと考えてます。

通説では古墳時代に宇佐地方を支配した豪族たちの墓で四世紀中ごろの築造とされていますす。既に西都原の最古の前方後円墳は三世紀半ばから後半の古墳であることが推定されています。このことから「赤塚古墳」は時代考証の上からも、台与の古墳の可能性が充分あるのです。何よりもここから出土した三角縁神獣鏡五面は、中国の三国時代の魏鏡といわれ、邪馬台国の女王卑弥呼が魏王から贈られたものと同種の鏡とされています（『郷土資料事典』人文社より）。この三角縁神獣鏡五面の出土から、「赤塚古墳」が卑弥呼女王の古墳ではないかという考え方が当然あります。

もう皆んなにはお分かりのことと思いますが、卑弥呼女王の古墳は小椋山であると確信している先生は、「赤塚古墳」こそ台与の古墳に最もふさわしいと考えている所以なのです。もっともこの考えがどこまで支持されるかは別問題ですが。

もう一つは台与を祀っている神社が「豊の国」に存在しているとかなり有力になると思い調べましたが大変興味深いことが分かりました。それは伊勢神宮の外宮に「豊受大神」が祀られたのには次のような経緯があります。

内宮が遷座されてから四百八十一年後、雄略天皇（第二十一代）は夢枕に立った天照大神より「何かと不都合なので御饌《みけ》（食事）の神として丹波の国から豊受大御神を迎えてほしい」とのご神示を受け取られ、内宮の東北に四キロメートル程離れた地に、豊受大神をお祀りした。

このような外宮の鎮座伝承は、どのようなことを表しているのかと言うと、この伝承を書かせた人物や勢力の意図が隠されているのですが、この伝承は『記紀』には何も記されていません。神様のことで神聖視されていることでもあり、未だに明らかにされていないとも思われます。先生の考えですが、「豊受大神」が外宮に鎮座するようになったのは、天武天皇の頃だったとも言われています。大海人皇子、後の天武天皇が壬申の乱時の旗揚げの折り、天照大神を祀っている伊勢神宮を遥拝し戦勝祈願しています。

戦勝後、伊勢神宮への寄進等も当然考えられますが、同時に天照大神つまり卑弥呼女王の身になって考えた時、立派な人物でもあり、思いやりのある心優しい卑弥呼女王なら、「私はこのように丁重に祀られているのに、皇統断絶の危機を救った台与をもっときちんと祀って欲しい」と願うであろうと推量して、このような伝承を書かせたのではないかと思うのです。何の根拠もないただの想像に過ぎないとのお叱りを受けそうですが……。

豊受大神は台与のことで、なぜ丹波に豊受大神が祀られていたのかについて考察してみましょう。丹波で豊受大神を祭神として祀っていたのは、日本三景の天の橋立が参道とされている丹後一之宮の籠《この》神社です。

籠神社には海部《あまべ》氏先祖の家系図が伝えられていますが、それは千年以上前のもので日本最古の家系図であり国宝です。その家系図によれば、『魏志倭人伝』の台与と思われる人物が日女命《ひめのみこと》（小止与命）、別名を小止与命《おとよのみこと》として載っています。社伝では豊受大神が伊勢神宮の外宮へ遷座した後は何とコノハナサクヤヒメが燃え盛る炎の中で生んだ次男の彦火《ひこほ》明命《あかりのみこと》を海部氏の先祖神として祀っているとのことです。末子の彦火火出見尊《ひこほほでみのみこと》（山幸彦）が神武天皇の祖父です。このように海部氏は皇室とも係わりが深く、神武東征時には海洋系氏族として多大の貢献をしていたようです。現在も豊後（大分県）に海部郡が佐賀関町から臼杵市、佐伯市、浦江町から東海岸部内陸部に至る地域に存在しています。海部氏が丹波へ移住し、先祖の一人の台与を豊受大神として祀っていたと思われます。

また豊前の福岡県田川郡香春町の香原神社には台与と思われる豊比咩命《とよひめのみこと》が祭神として祭られています。奈良大仏を造った銅の大半を産出し、現在も宇佐八幡宮の放生会に納める鏡を造る香春採銅所の古宮八幡神社の祭神は、豊比咩命、神功皇后、応神天皇、の三柱の神様が祀られています。このようなことから台与は宇佐を根拠地として豊前・豊後にまたがる地域を、「豊（台与）の国」の女王として統治していたという仮説が充分成り立つと思います。

その二、宇佐神宮、上宮本殿の二之御殿に祀られている比売大神《ひめおおかみ》とは卑弥呼女王のことである

さて古代史の最大の謎ともいえる卑弥呼女王はどこに葬られているかについて、いよいよ解明するときがきました。先生は自信満々ですよ（笑）。歴史は点ではなく線でつながっているものなのです。卑弥呼女王の古墳についての解明も、多角的に考察することが大切なのです。

まず宇佐神宮上宮本殿に祀られている三柱の神様と祀られ方について考えてみましょう。三棟からなる本殿とも前方の外院と後方の内院を持ち、外院には椅子が置かれ、昼は外院で夜は内院で休まれるという古い神社建築の一つとされ、国宝に指定されています。

一之御殿には、八幡大神《はちまんおおかみ》として誉田別尊《ほんだわけのみこと》（応神天皇）
二之御殿には、比売大神として多岐津姫命《たぎつひめのみこと》、市杵嶋姫命《いちきしまひめのみこと》、多紀理姫命《たきりひめのみこと》（三女神）
三之御殿には、神功皇后《じんぐうこうごう》として息長帯姫命《おきながたらしひめのみこと》

という神名で祀られています。

この三柱の神様の内で一番偉い神様は、一之御殿に祀られている応神天皇で、宇佐神宮側でも認めており、歴史的にも証明されていることなのですが、一番偉いというか主祭神として祀られているのは、中央の二之御殿の比売大神なのです。宇佐神宮の行幸会《ぎょうこうえ》における終着地であった杵築市の奈多宮に伝わる重文に指定されている八幡三神座像から、比売大神は一柱の女神なのですが、三女神としていて具体的に誰なのかはっきりしていないのです。

「先生、先生はどうして比売大神を卑弥呼女王だと考えているのですか。また比売大神と一緒に応神天皇と神功皇后が祀られている理由を教えてください」

「Ma君ですか。素晴らしい質問ですね。この質問に正しく答えられたら先生は学者以上ですね（笑）」

神様にも位（品位《ほんい》）があり、最初に最高の一品《いっぽん》の神階を受けたのが、応神天皇の八幡大神です（後に比売大神も一品に叙せられる）。祀られ方から主祭神としての比売大神は応神天皇より位の高い神は皇祖神しかいないからです。天皇のように位の高い貴人には姓がありません。古代、卑弥呼女王がどのように呼ばれていたのかも分かりません。

神社を創建したとき、卑弥呼女王の神名をどのようにして良いのか分からず、女神の比売大神とし三女神の神名をつけたのです。なぜかというと、『日本書紀』の神代記に卑弥呼女王を神格化した天照大神と素戔烏尊の誓約によって生まれたのが、同じ神名の三女神だからです。つまり卑弥呼女王の三人の娘なら分身として祀ることもできるからであり、比売大神とは卑弥呼女王であると宣言しているのに等しいのです。

また比売には蚕の意味があるそうです。『播磨風土記』という古代の地誌に、大汝《おおなむち》の神の船が転覆して載せていた蚕《ひめ》が落ちて道一杯に溢《あふ》れてしまいました。そこでその場所をヒメ道の岡と言うようになり、今の姫路市とのことです。『日本書紀』に書かれている人物像でも紹介しましたが、卑弥呼女王は日本で最初に養蚕を始めた人物でもあり、比売大神という神名は卑弥呼女王に最もふさわしい神名とも思えるのです。

ここからが難しいことなのですが、卑弥呼女王は西暦二四八年に起きた皆既日食で霊力を失って殺されたという不幸な死に方をしたため、特別な祀られ方をしているという考え方が理解できるかどうかなのです。

その理由は神社を参拝する時は普通、二礼二拍手一拝という拝礼作法で行われますが、全国で宇佐神宮と出雲大社、弥彦神社（後述）だけは、二礼四拍手一拝です。当然この神社は神への拝礼作法が共通しているのだから、祀られている神にも何らかの共通点があると考えられます。

その共通点とは、卑弥呼女王も大国主命も殺害された神であり、祟る神・怨霊《おんりょう》神として祟るのを四（死）拍手で「封じ込める」という考え方があります。このような独創的な考え方を発表したのは井沢元彦氏です。大きな反響がありましたが、その割には余り受け入れられなかったようです。

それは四拍手の「四を死」と結びつけるのは強引な論理ではないか、「恨みを持って神となる」という発想は、日本の原始神道には馴染まないなどという考えからです。

第三節　出雲大社は日本民族の心の優しさを示す神道の精神によって建立されている神社である

この出雲大社の写真を見てください。この巨大な注連縄《しめなわ》には皆んなも驚くと思いますが、このような巨大な注連縄は、誇り高い日本民族でなければ絶対造りません。

「先生、それではそのような注連縄に何か特別な意味でもあるのですか」

もちろんあります。まず注連縄にはどのような意味があるのかについて簡単に説明しますと、日本神話の中で天照大神が、天の岩戸から出て来たところを布刀玉命《ふとだまのみこと》が素早く入口に〆縄《しめなわ》を張りめぐらせ「ここから内には入れません」と言いました。この天照大神の岩戸隠れの神話が注連縄の起源なのです。注連縄は神聖な場所を結界し、特に神前または神事の場や門戸に張って、不浄なものや悪霊が内に入らぬようにとの意味を示しています。ところが出雲大社の注連縄は、ただ大きいだけではなくて、普通の神社とは全く反対の張り方をしているのだそうです。普通、注連縄の綯《よ》り始《はじめ》（綯始《ないはじめ》）を上位の左、向かって右にし、末の方（綯《ない》終《おわり》）を右、向かって左にしています。確かに写真を見ると、縒り始（綯始）は下位の右、向かって左になっています。

つまりこれは死者の着物を生前とは反対の「左前」とするのと同じことであるとし、不幸な死に方をした大国主命の霊が祟るのを恐れて、死の宮殿のようにして封じ込めようとしているとの考え方で、井沢元彦氏が初めて明らかにしたのです。この考え方に日本中で一番感動したのは先生かも知れません（笑）。普通の神社とは違う注連縄の張り方とは、四拍手には必ず何らかの宗教的な意味があり、〝なるほど〟と納得できたからです。

もう少し詳しく話しますと、井沢氏は触れていませんが、向かって左側の拝殿の間口の柱が三本で、真ん中に柱が立ち、中央が封鎖される構造になっていて、大国主命の怨霊を封じ込めているとしています。この考えは梅原猛氏がその著書『隠された十字架』の中で、法隆寺の中門の柱も五本で中央に柱があり、開《あ》かずの門となっていて、聖徳太子の怨霊を封じ込める寺となっていることと共通していると指摘していることにつながります。

「先生、どうして聖徳太子が祟るような人物なのですか」

難しい質問ですね。聖徳太子自身が自殺したとか、太子妃の膳部《かしわで》夫人と心中したとかの説があるからです。聖徳太子の皇子・山背大兄王《やましろのおおえのおう》が太子の叔母推古天皇の崩御後、田村皇子（後の舒明《じょめい》天皇）との皇位を争ったが志を得ず、六四三年蘇我入鹿に襲われ、斑鳩宮《いかるがのみや》で妃や子女ら十数人と共に自害したことで、聖徳太子一族が非業の死を遂げたことへの怨みが、祟るのではないかと考えられたのです。梅原猛氏は、法隆寺を聖徳太子鎮魂の寺としています。中門の柱の他に、東院の八角堂の夢殿は供養堂を意味していて、太子等身像とされる救世観音像を、丸木舟のように中をくり抜き（霊魂を取り除く？）、五百ヤード（約四百五十メートル、『新法隆寺物語』太田信隆著より）もあったという白木綿布でぐるぐる巻きにして、厨子に閉じ込めて秘仏としていたことを主な理由としています。

行信僧都が天平時代に、この上宮王院（夢殿）を創建して以来、平安、鎌倉時代の関係者の記録（『新・法隆寺物語』太田信隆著より）にも、この救世観音像は秘仏とされていました。千百年以上も人々の前に姿を見せなかったこの秘仏を公開に導いたのは、薬師寺東塔の美しさを〝凍れる音楽〟と讃えたフェノロサなのです。

明治維新後の欧化政策もあり、当時の日本人が自国の伝統文化、芸術を大切にしないことを残念に思い、保存保護を図るように建言して、古社寺の宝物調査に法隆寺を岡倉天心等と訪ねたのです。その時、僧侶は「厨子を開ければ神罰が下る」と恐れおののいたそうです。

聖徳太子の子孫の非業な死に対して、太子が祟るのを恐れて太子の怨霊を封じ込めているという梅原猛氏の説に当然反論する識者がいます。古代史学者の人たちですが、「日本で怨霊思想が台頭するのは平安初期で、奈良時代以前に怨霊思想があったとは考えられない」と反論しています。

「先生はどのように考えているのですか」

先生の考えは次の大国主命や卑弥呼女王の祀られ方についてのところで詳しく話しますが、この歴史学者の反論は、何の説得力もないと思います。なぜなら中門の柱が五本で「開かずの門」になっていることや、太子等身像の救世観音像を白木綿布でぐるぐる巻きにして厨子に閉じ込めて秘仏にしていた宗教的理由について、何一つ答えていないからです。

この写真を見てください。フェノロサが「モナ・リザの微笑に並ぶ傑作」と絶賛した秘仏とされていた救世観音像です。現在は春と秋に各一定期間公開されています。百済観音立像《くだらかんのんりゅうぞう》等の仏像を拝観して、心の安らぎを感じることが多いのですが、この救世観音像だけは畏怖というか、二人の叔父・穴穂部皇子の殺害や崇俊天皇の暗殺を目の当たりにした苦悩、一族の悲劇への悲しみを一身に受け止めて、ひたすら冥福を祈っている姿にも思えて涙が出そうになりました。

何かいたたまれないような気持ちで救世観音像に手を合わせてお祈りし、梅原猛氏が夢殿を建立した行信僧都像を「僧侶というより何か魂胆を持っている政治家の顔つきをしている」という行信僧都座像を夢殿の裏側から見て確かめ、氏の常人ではとても考えつかないような観察力の鋭さに驚きながら、公開日に巡り合えた幸せを感じながら夢殿を後にしたことを思い出しました。

これから話すことを理解してもらうためには、どうしても必要なことなので少し長くなりました。なぜ日本民族は、大国主命や比売大神（卑弥呼女王）を、出雲大社や宇佐神宮で神として丁重に祀ろうとしたのかについて考察してみましょう。

多くの国家や民族は、言葉を表現するため文字を持っています。アルファベットやアラビア文字、漢字やハングルにしろ、一種類の文字で表しますが、日本の文字はカタカナ（片仮名）、ひらがな（平仮名）、漢字と三種類の文字で使い分けして表現します。このような国は世界中で日本しかありません。カタカナは漢字の一部分（片）から作っています。例えばア、イ、ウ、エ、オは阿、伊、宇、江、於の漢字のどの部分から作り出されたのかはすぐ分かりますね。ひらがなは漢字の草書をさらにくずして作り出しました。例えば、あ、い、う、え、おは、安、以、宇、衣、於の漢字をくずして、作っています。

カタカナは平安初期に漢文訓点に使われ、現在は主に外来語や擬音語などの表記に使っています。漢字では女性の繊細な感情の機微を表現するのに適していないと、女性的で優しく美しい「ひらがな」を作り出したのも、日本民族の優れた美的感性の賜なのでしょう。

このひらがなの創成と怨霊を鎮魂するために、十一世紀初頭という時期に世界で最初の大長編小説『源氏物語』が書かれたのは、奇蹟という井沢元彦氏の説は、傾聴に値すると思います。なぜなら大国主命も比売大神（卑弥呼女王）も、怨霊を鎮魂するためとして祀られているからです。

皆んなは将棋を知っていると思いますが、同じようなゲームには、チェスや中国将棋がありますす。王様を守っている兵を倒して、最後に王様を討ち取ると勝ちになるゲームですが、日本の将棋だけは一度討ち取られた兵を生き返らせることができるのです。外国人は、このようなことがどうしても理解できないのだそうです。「どうして一度死んだ兵が二回も三回も生き返ることができるのか（笑）」と。怨霊を鎮魂しようとするのも日本の将棋も、その根底に日本民族の他を思いやる心の優しさがあるからなのです。

前置きはこのくらいにして本論に入りましょう。大国主命が出雲大社に丁重に祀られている理由ですが、『記紀』などに伝えられた日本神話では、大国主命は皇室の祖先に敗れて国譲りをした神とされています。朝廷はなぜそのような神を重んじたのだろうか。この点について明確な説明をした研究はまだないとされているのが歴史学界の現況です。

先生は井沢元彦氏によって「ほぼ解明された」と考えているのですが、閉鎖的な歴史学界では歴史学者でもない者の説など認めようとしないのです。大国主命の国譲り神話の概略を簡単に話しますと、ある時、大国主命の国が繁栄している様子を眺めた天照大神は、葦原中つ国は自分の御子が治めるべき地であると宣言し、我が子・天忍穂耳命へ国を譲らせようと派遣します。しかし天忍穂耳命は下界を見下ろして、神々が暴れているのを見て引き返してしまいます。

次に天穂比命を遣わしたが、大国主命の人柄にすっかり感服し三年経っても報告に帰って来ませんでした。高天原側は次に、三回目の特使として天若日子を派遣したのですが、彼は葦原中つ国に赴いたものの、大国主命の娘、下照比売《したてるひめ》を妻にし、八年間も戻りませんでした。

国譲りが計画通りに進まず天照大神は遂に武力に秀でた神の派遣を決意します。そこで白羽の矢が立ったのが建御雷神《たけみかずちのかみ》と経津主神《ふつぬしのかみ》（『古事記』では天鳥船神）でした。二柱の神は出雲の伊那佐の浜にたどり着くと、建御雷神は長剣を海の上に突き立てると、その切っ先の上にあぐらをかきながら大国主命に「この葦原中つ国は、天照大神のご子孫が治めるべき国である。お譲りするか否か」と問われた。穏健な大国主命はたちまち畏れいって、息子たちの意見を聞いてみましょうと事代主神《ことしろぬしのかみ》と相談します。事代主神は承諾したものの、もう一人の息子である建御名方神は反対し抵抗しました。しかし、結局は負けて信濃の諏訪へ追い詰められて降参します（御柱祭で有名な諏訪大社の祭神）。そこで大国主命は国譲りの条件に「私の住まいを天つ神の御子の立派な御殿のように、壮大に造って欲しい」と要求し、「それが適うなら幽界の奥深くに退隠する」と言いました。

これが大国主命の「国譲り神話」の簡単なあらましです。歴史学界では、この「国譲り神話」は、あくまでも神話であって、史実を述べたものではないとします。大和の大王政権が政治的統一を進める過程で、「出雲王国」を征服したということを暗示しているとするのが定説とされています。このような歴史学界の見解に対して「神話とは史実を基にして書かれている」という先生の考えを、皆んなはもうお分かりと思います。「国譲り神話」は史実だからこそ、この壮大な出雲大社が建立されたのです。その理由を説明する前に、この「国譲り」をした年代が、史実とされていないためか未だに特定されていない点に触れます。

邪馬台国畿内説のある歴史学者は、大和朝廷は三世紀半ばに三輪山のふもとの纏向につくられ、古代出雲王国は二世紀半ばに出雲全体のまとまりを完成させ、全盛期をむかえていたとしています。また、ある作家は、大和の大王政権が大きな勢力をもち、「出雲王国」の征服を企てるのは、三世紀末から四世紀初めの頃としています。しかし、この二つの説は論理的に考えて成り立ちません。なぜなら大和朝廷は神武東征（四世紀初め）後、神武天皇の子孫によって継承されていくからです。

もう一つは、出雲王国が国譲りをした相手の国とは、大和政権ではなく北九州にある邪馬台国だからです。

「へ〜、どうしてそのようなことが分るのですか」

「先生、高天原側って具体的にどのようなことなのか、分かりやすく説明してください」

先生が邪馬台国と考える一つの根拠は、国譲りを命令した高天原の神は、天照大神、つまり邪馬台国の卑弥呼女王だからです。高天原とは、実在した人物を神格化して天に送り上げ、神様が住んでいるという観念的な場所を表しています。

ここで間違い易いのが、天上にある高天原は一つに連なっているので、高天原側の政権を大和地方を支配している大和朝廷とか、大和大王政権と思いがちなのですが、この考え方は、論理的に考えて誤りなのです。「出雲王国」に国譲りを談判したのは、現在の稲佐《いなさ》の海岸に船団で押し掛け、示威行動で「否《いな》」「然《さ》」、つまり国譲りを「イエス」か「ノー」かと迫ったことで明らかなのです。

時代はいつ頃かと言いますと、天照大神、つまり卑弥呼女王（西暦二四八年死亡）が命令したのは、三世紀初めの頃と考えられます。当時、大和地方に未だ大和朝廷が築かれているはずもなく、出雲地方に船団を組んで遠征できるような強大な王国など存在していません。邪馬台国や出雲王国が勢力拡大を図れば、すぐ近くに接している両王国が衝突するのは、必然的な結果です。また、高天原側と権威づけた邪馬台国・卑弥呼女王の子孫が大和朝廷を築いたのであり、邪馬台国《ヤマト》に国譲りをしたとしても何ら矛盾しないのです。

次になぜこのような壮大な出雲大社が建立されたのか考察してみましょう。

創建当時の出雲大社の高さは、古い言い伝えによると、最初は三十二丈（九十六メートル）あり、その後、十六丈（四十八メートル）になったとされています。

平安時代に源為憲という人物が書いた『口遊《くちずさみ》』という書物の中に、日本の三大建築物の大きさの順位を「雲太《うんた》、和二《わに》、京三《きょうさん》」と言い表していました。雲太とは出雲《いずも》太郎の略で、出雲大社のこと。和二とは大和二郎で大和にある東大寺大仏殿。京三とは京三郎で京都の天皇のお住まいの御所・大極殿のことなのです。三十二丈の九十六メートルは、技術的に不可能だとしても巨大な柱の遺構が発見され、十六丈の四十八メートルもあったのは事実とされています。

当時、東大寺大仏殿の高さ十五丈四十五メートルよりも高く、壮大な出雲大社を敗者の大国主命のために勝者側がなぜ建立したかについて、先生が初めて皆んなの前に明らかにしてあげましょう。

「へ〜、先生は本当に明らかにできるのですか？」

もうバッチリですよ。ただ信じてもらえるかどうかは分かりませんが…。この出雲大社の注連縄を見てください。太さは三メートル、長さは八メートル、重さは一・五トンもあります。このようなとてつもなく大きな断然世界一の注連縄は、日本民族でなければ絶対造りません。

「先生、それはどうしてなのですか？」

理数科の証明とは違って、理屈ではなかなか説明できない日本民族の心情に係わることなのですが、一言で言えば日本民族は誇り高い民族だからなのです。

「？……」

この注連縄を目の当りにした多くの日本人は「ワースゴイ！」と注連縄をバックにして「にこにこ」と、時にはVサインをして誇らしげに写真を撮ろうとします。悲しくて今にも泣き出そうな顔をしている人は一人もいません。なぜかと言いますと、自分では気づいていないのですが、この世の中、世界中で唯一つしかないものに出会えたことに感動し、このような物を造った日本民族を誇らしく思っているからなのです。

この古代の出雲大社を復元した模型写真を見てください。現在の出雲大社の高さの二倍もの四十八メートルの木造建築物など、当時、断然の世界一です。古代で第二位の高さだった現在の東大寺大仏殿は、江戸時代（一七〇九年落慶）に再建されたのですが、高さは十五丈六尺・四十六・四メートルあり、現存する木造建築物で、規模の大きさでは世界一なのですよ。

先生が初めて東大寺大仏殿を訪ねた時、一番興味があったのは、この巨大建造物を支えている柱は「一木の柱なのだろか？」という点でした。大仏殿で真っ先に柱を見ると、何ヶ所を金輪で巻いた寄せ木作りの巨大な柱で、「なるほど」と納得しました。

柱の地面すれすれの所に穴がくり抜いてあり、そこをくぐり抜けると厄払いになるとのことでしたが、その穴の大きさは奈良の大仏・金銅製の盧舎那仏像の鼻の穴の大きさと同じなのだそうです。

日本民族にはユーモアのセンスもあり、大仏の大きさを肌で感じてもらえるようにと、柱の一部をくり抜いたのでしょう。現在の金銅座像は、天平時代に創建されたものとは違いますが、高さは約十四・七メートルあります。聖武天皇の発願により、国ごとの国分寺の頂点に立つ「総国分寺」の東大寺の本尊として、七五二年に開眼供養した奈良の大仏は、十六・二メートルもあり、鋳型を作り五～六センチの隙間に、溶かした銅を流し込んで造った鋳造の金銅仏は、高度な技術がなければ造れず、創建当時は断然世界最大の金銅仏でした。

「先生、そのように世界に一つしかないようなものを作るって、何か目的とか理由があるのですか」

「良い質問ですね。勿論何か理由があるから造っていることなのです」

まず世界に一つしかないようなものを造ろうとするのは、日本民族が誇り高い民族だからということを言いました。誇り高いというのは、裏返して言えば虚栄心が強いということでもあるのですが、世界一の物を造り出す高度な技術力がなければ出来ないことなのです。

皆んなはパリのエッフェル塔を知っていると思いますが、一八八九年にフランス革命百周年を記念して開催された万国博覧会のときに、その会場のモニュメントとして建設された鉄塔ですが、地上三百メートルという当時の建造物では考えられなかった世界最高の鋼鉄の塔です。東京タワーは、テレビ塔の林立を防ぐため一九五八年（昭和三十三年）に完成した同じ鋼鉄のテレビ塔ですが、日本人なら聞かなくても分かると思いますが、高さは三百三十三メートルで鋼鉄の塔では世界一なのです（エッフェル塔はテレビ送信用アンテナを設置して高さは三百二十メートル）。

東京スカイツリーも新しい電波塔として二〇一二年に開業を目指していますが、現在カナダ・トロントのCNタワーが高さ五百五十三メートルで世界一ですが、新東京タワーは必ずCNタワーを抜いて世界一になると、先生は確信していますよ（笑）（平成十八年十一月の設計で、高さは六百十メートル。最終的に六百三十四メートルと世界一を守っています）。

さて、出雲大社はどのようなことを目的として造られたかについて、もう少し具体的に検証しましょう。結論を先に言いますと、出雲大社は、大国主命が祟らないようにするために建立されているのです。日本民族は、恨んだり恨まれたりすることを極端に嫌います。それは、いつも一点の曇りもないようなさわやかで、清らかな心でいたい、という日本民族の気質の所為なのです。

生きている時は話し合いをして恨みがましいことは、お互いすぐ水に流してすっきりしたいと思います。そのためか日本民族は反省が足りなくて、また同じ誤りを繰り返すとも言われる所以なのです。生きているときは、話し合いによって解決もできますが、死んだ後も恨まれ祟られるのは「もう耐えられない」と考えて、大国主命の霊魂（怨霊）を必死に閉じ込めようとして、出雲大社は建立されているのです。

「先生、どうして古代の人は、そのように祟りを恐れたのですか」

良い質問ですね。現代のように医学や科学が進歩していなかった古代では、疫病や飢饉、その他の天災もその原因は非業の死を遂げた者の怨霊が祟りを為すと信じられていて、日本民族の宗教とも言われていたからなのです。非業の死を遂げた大国主神の怨霊を閉じ込めるための宗教的な方法は、出雲大社では四通り施されています。

その一、拝殿の問口の柱が三本で、真ん中に柱が立ち中央が封鎖される構造になっている。

その二、注連縄の張り方が通常とは反対になっていて、大国主神の怨霊を外に出ないように閉じ込めている。このように巨大な注連縄にしたのは、それだけ祟りを恐れて、怨霊を閉じ込めようとする思いが強いからなのです。

その三、外から見ただけでは分かりませんが、本殿内部の大国主神の御神座が拝殿の正面から見て左の方向を向いていて、参拝者ときちんと向き合っていないのです。大国主神の御神座の前に、天之御中主神、高御産巣日神、神産巣日神の造化三神と他の二神の御客座五神の神々と参拝者が向き合っているので、参拝者はこの御客座五神の神々を拝んでいることになります。

「先生、そのような神様とか、祀られ方に何か特別な意味でもあるのですか」

勿論、宗教的にも皇室の尊厳にも係わる重要な意味があるのです。天と地が初めて二つに分かれたとき、天に在る高天原にまず最初に出現したのが天之御中主神で、天の中心的な存在を意味するもので日本神話に一番初めに登場する祖先神であるとしています。

大国主神の前に祀られている五柱の神は、高天原でも特別に貴い神であるとしてこのあとに続く神々と区別して、別天神《ことあまつかみ》と呼んでいます。次に続く神代七代目が天照大神（卑弥呼女王）を生んだ伊弉諾尊、伊弉冉尊で、神話の中で最初に出てくる夫婦の神なのです。

天之御中主神を祖先神とし、十三代目天照大神に至る神様の系図は、何を意味しているのかというと、皇室の先祖の系図そのものなのです。歴史的な事蹟が明らかになるのは、卑弥呼女王、天照大神の時代からです。それ故に天照大神から続く時代を国土（日本）経営時代と神話の中でも呼んでいるのです。

本題に戻ると、大国主神の御神座の前に皇室の先祖の特別に貴い強力な五柱の神を置いているのは、大国主神の霊魂（怨霊）を外に出ないように見張っているからなのです。

その四、全国でも珍しい出雲大社や宇佐神宮の四拍手の拝礼が非業の死を遂げた大国主神の祟りを恐れて「死拍手」で封じ込めようとしています。その他に新潟県にある越後一宮の弥彦神社（天照大神の曽孫・天香山命が御祭神）があります。この考えは、日本民族の言霊信仰が背景にあるのです。病院の病室には四（死）とか九（苦）の番号は付けません。結婚式のスピーチでは、別れ、去るとか切るという言葉を使いません。そのことと同じことなのですが、井沢氏のこの考え方を認めている学者は『箸墓の歌』の著者・小椋一葉氏ぐらいしかいません。

認めようとしない理由は前述しましたが、その他に四拍手は、古代の参拝がもっと拍手をしていたことの名残りであるとか、明治になって宮主導で統一されたもので、それまでは各社それぞれの由緒にしたがって行われていたと反論していますが、それだけではなぜ、三拍手や五拍手ではなくて四拍手なのかという説明にはなっていません（神の名称等は『日本の神様を知る事典』監修阿部正路氏より）。

次に敗者の大国主神を壮大な空中神殿を造り、丁重に祀った理由について考えてみましょう。祟りを恐れて霊魂（怨霊）を閉じ込めようとして、宗教的な四つの方法については説明しましたが、それだけでは安心できずに「世の中に二つとないような立派な神殿（神の住まい）をお造りしましたので、どうかこの世に現われて祟りなど為さらないように幽界（あの世）で善い神様になってください。お願い申し上げます」という、敗者を手厚く祀る祈りの対象として出雲大社は建立されているのです。

思うに秀でた技術力がなければ創建できないこのような壮大な出雲大社は、日本民族の誇り高さと、他を思いやる心優しさや、和の心を大切にする民族の気質と知恵が、このような宗教施設を建立させたのだと先生は考えています。

「先生、具体的にどういうことか、もっと分かりやすく説明してください」

唯一絶対の神しか信じない民族と違って日本民族は戦った相手の敗者にも思いを寄せ、神として祀る寛容さは卑弥呼女王が倭国大乱の後、三十ヶ国連合国の盟手として共立され、連合国を統治していくためには、何よりもお互いを尊敬し仲良く共存する和の精神こそ大切であることを学んだ教訓が生かされているのでは、と思われるのです。なぜなら、出雲大社は縁結びの神様というのが一般的ですが、〝大黒様〟としても親しまれている出雲の祭神は、ただ単に男女の縁を結ぶのではなく、人がありとあらゆる縁を結んでくださる福の神としても崇拝されているからです。祟りを為すと恐れられた怨霊を祀って、その魂を鎮めて福の神（善神）として人々から崇められています。日本古来の宗教〝神道〟の素晴らしい一面なのではないでしょうか。

「先生、荒神谷遺跡で発見された多数の銅剣と国譲り神話とか、出雲大社とは何か関係あるのですか」

「素晴らしい質問ですね、関係があるというよりも〝国譲り神話〟は史実であるという証拠にもなる貴重な遺跡だと断言して良いと思います」

昭和五十九年（一九八四）、島根県斐川町神庭字西谷の小さな谷で、農道の拡張が行われていた時に発見されました。それまで日本列島各地から出土した銅剣の総数は約三百本。これを上回る銅剣が一ヶ所からまとまって三百五十八本もの大量の銅剣が出土したのです。この大量の銅剣が四列に整然と並べて埋められていた理由について、議論百出しましたが、次の三つに大別することができます。

その一、銅剣を祭器として祭祀を行っていた。

その二、大和王権に降伏した証として埋納儀式を行って破棄した。

その三、大和王権に降伏した出雲王国が復活の日のために隠匿した。

主な理由は以上の三つなのですが、どれが正しいのか未だに特定されていないので、検証してみましょう。最も有力視されているのが、銅剣・祭器説ですがこの説は誤りだと思います。

銅剣は武器として製作されたことは明らかです。銅器には他に有名な銅鐸や銅矛等があります。銅矛は最初は武器だったのが、銅剣に比べて幅が広く下部は筒状で柄を挿入するようになって大型化し、武器としての実用性を欠き、祭祀用にされたとしています。銅剣に代る祭祀用として、大型の銅矛が製作されたと思われるのですが、当時武器として貴重な銅剣を、もし祭祀用に使用したと仮定して、なぜ、その祭器を土中に埋めたのかの確たる説明が何もありません。

出雲連合国が数年に一度の大祭祀のために保管していたのだろうとか、出雲王国の再起のために土中に埋めて隠していたという説があります。銅鐸など、鋳造したばかりの青銅器は、黄金色に輝いています。青銅は金とは違って、土中に埋めて保管していたとしても、土中の微生物や水分などで、すぐ緑青が吹き錆びてしまいます。祭器や武器にしても錆びてしまっては、何の価値もないと思います。

また銅剣を祭祀用として使用し埋めたのなら、当時、文明社会が築かれていた畿内、筑紫、吉備、出雲の他の地域からも、これほど多数の銅剣ではなくても同じような遺跡が当然、何ヶ所かで発見されているはずです。この三百五十八本の銅剣は、大和政権ではなく邪馬台国との勢力争いに敗れて降伏した証として、返上した武器・銅剣を粗略に扱わないで、丁重に土中に埋めた遺跡なのだと確信しています。

日本民族は剣を唯の武器とは考えません。刀工が剣(刀)を作るそのことが神事なのであり、武器としての剣が敵の命を奪うことは、自分の命（魂）を護ることでもあり、剣には魂が宿り守護の力と破邪の力を持つ神聖な媒体・呪具と捉えています。出雲王国が邪馬台国に降伏し、武器・神聖な銅剣を返上したのは、敵意のないことを示し、恭順の意を表した証なのです。同じようなことが、先の大戦時にも行われています。日本が連合国に降伏した後、太平洋の島々で日本軍の将校が連合国の司令官に軍刀を返上し、恭順の意を表したことはよく知られていることです。

日露戦争時、旅順陥落後、水師営で乃木将軍とステッセル将軍との歴史的会見が行われましたが、乃木将軍はステッセル将軍に帯剣のまま降伏調印を許しました。その武士道精神は世界中から称賛されました。このことは、明治天皇の「武士の名誉を保たしめよ」との思し召しがあったとされていることなのですが、その根底に剣（刀）に武器を超越した神聖で尊いものと、特別な思いを寄せる日本人の心に世界が感動したのではないでしょうか。

剣は武器の他に祭祀、つまり信仰の対象になることは誰しもが理解できますが、武器は何時の時代でも普段から手入れが必要です。三百五十八本の銅剣は、五十センチから五十三センチ、幅は約六センチの細身の剣です。隠すにしても例えば、茅葺きの部分に剣を差し込んだり、天井裏に隠すなど、身近な所にないといざという時に用を為さないでしょう。土中に埋めて隠しておくと錆びたりして論外です。魂が宿り神聖な呪具として、祭祀の対象の剣故に、皇室の三種の神器の一つとなり、熱田神宮の御神体として崇められています。

また、戦勝や国家鎮護を祈願して新しく剣を造らせたり、名刀や由緒ある剣が神社に数多く奉納されています。このように祭祀の対象として神に捧げる神聖で尊い剣を、どうして祭祀のため土中に埋めることが出来るだろうか。三つの説の中で、出雲王国が邪馬台国に降伏して国譲りをした証に返上した剣を、土中に丁重に埋めたという考えは、現在の歴史学界では最も少数意見で、まして国譲りをした相手の国が邪馬台国などというのは皆無です。ある作家の一人が、あの大量の銅剣は服従のしるしに、もとからいた人々が自分からの銅剣を埋めたものとして、邪馬台国連合国の一つではなかったかとしていますが…。

国譲り神話が実際に行われたと考える理由を更に挙げると、この三百五十八本の銅剣は、兵士が戦いに備えて、各自が所持していた剣だと直感しました。なぜなら、祭祀の対象として個々人が、戦勝や国家鎮護を祈願し神社に奉納する剣は、実戦ではとても使用できないような大刀や、幅広の直刀など、どれも由緒ある立派な剣で、一兵士が所持できるような剣などないと思うからです。

何よりも忘れてならないのは、『日本書紀』は官撰の日本の歴史を記した史書です。神話は史実を基に、実在した人物を神格化して書かれていることを考慮すれば、どうして国譲り神話を、一概に虚構であると言えるだろうか。国譲りをした相手の国が邪馬台国などという説は、歴史学界から一笑に付されそうですが、皇室に脈々と流れている神武東征時の八紘一宇に込められている〝お互いを尊敬し仲良く共存する和の精神〟の原点は、卑弥呼女王の他を思いやる心の優しさが、出雲王国の国譲り神話に具現されていると思えるのです。卑弥呼女王から皇室に伝わる〝和の精神〟が広く人民に伝播し、日本民族の美徳になっているのに違いないと信じています。

「先生は、益々卑弥呼女王のファンになりそうです（笑）」

第四節　宇佐神宮は卑弥呼女王の霊魂を鎮め国家鎮護の神として祀られている神社である

非業の死を遂げた卑弥呼女王の霊魂を祟らないようにと、閉じ込めるための宗教的方法。

その一、比売大神（卑弥呼女王）を祀っている中央の二之御殿の拝殿の扉だけ常に閉ざされている。この写真を見てください。一つの神社に三柱の神が祀られ、拝殿も三ヶ所ある珍しい神社です。

左側の応神天皇を祀る、一之御殿からお参りするようになっています。中央の圧倒する門構えは、南中楼門（勅使門）といい、皇族や天皇の使い（勅使）しか通れないので、〝開かずの門〟と言われているのですが、この門が比売大神を祀る二之御殿の拝殿も兼ねていて、拝殿の扉が閉じられているのです。

このことを指摘している識者は殆どいませんが、先生は〝あー、やはり卑弥呼女王の霊魂を閉じ込めようとしているのだなぁ～〟と、卑弥呼女王が可哀そうになり、一之御殿より二倍のお賽銭を賽銭箱に供えてお参りしました。

「先生、いくら入れてあげたの？」「二百円（笑）！」「少な～い！」「これは金額ではなくて心の問題なのです」

このように二之御殿の拝殿の扉だけ閉じているのは、比売大神、つまり卑弥呼女王の霊魂を閉じ込めようとしていることは分かると思います。


その二、二之御殿に祀られている比売大神（卑弥呼女王）の霊魂が、外に出て来て祟らないように両側を応神天皇とその母、神功皇后の強力な天皇、皇后神が見張るように建立されている。神功皇后と応神天皇という親子を神として祀るには、合祀して拝殿も一つにするのが普通なのですが、日本で一つしかないこのような祀り方の神社は、右のような宗教的な意味があるのに違いないのです。

その三、拝礼の仕方が出雲大社と同じ四拍手である。


その四、宇佐鳥居という独特の鳥居に、その秘密が隠されている。

「この写真を見てください。宇佐神宮の大鳥居（第一鳥居）です。このような朱色が鮮やかな大鳥居は、有明な厳島神社、平安神宮、鎌倉の鶴岡八幡宮、コノハナサクヤヒメを祀っている富士山本宮浅間大社、霧島神宮など数多くありますが、これらの鳥居と決定的な違いが、宇佐鳥居に一つだけありますが分かりますか」

「……」「先生、柱の上の方に黒い輪がついているの？」「良く気づきましたね、その通りです」

このように他の神社の鳥居と比較して見ると分かるのですが、普通はなかなか気づきません。現にこの輪のことを台輪と言うのですが、この黒い台輪を喪章と重ね合わせて捉えた識者は、四拍手のところで前述した小椋一葉氏ぐらいです。今、例に挙げた神社の鳥居の柱に台輪を取り付けているのは、厳島神社と平安神宮等数少ないのですが、それぞれ朱色と白ぽく明るい色です。宇佐神宮の鳥居の台輪だけ黒いのですが、そこには宗教的な理由が必ずあるのです。

神社境内の出入り口には、必ず鳥居があり、神域と俗域を分ける結界を示し、邪悪なものや悪霊などの侵入を防ぐ門という意味があります。宇佐神宮の境内には、十以上の宇佐鳥居がありますが、その全ての鳥居の柱に黒い台輪が付けてあるそうです。この黒い台輪の宗教的意味は、出雲大社の注連縄の張り方が、通常のとは反対になっていて、大国主神の霊魂（怨霊）が、外に出て祟らないように閉じ込めようとしているのに相当しているのではないかと考えていました。

先生の考えが正しいことを裏付けることができないかと、宇佐鳥居と同じ朱色の鳥居に黒い台輪が付いている神社が他にないかと調べてみました。宇佐鳥居と言われるように、独特な鳥居なので他にはないものと思っていたのですが、それが〝まさか〟と思ったのですが、存在したのです。それは、若狭湾に面した敦賀市にある「気比神宮」なのです。

この見事な気比神宮（『神社紀行』学習研究社より）の鳥居を見てください。それもそのはず、厳島神社、春日大社の鳥居とともに、日本三大鳥居の一つだったのです。宇佐鳥居の黒い台輪に秘められた謎を解く鍵が気比神宮に必ずあるに違いないと、胸をときめかせて検証しました。

『延喜式』神名帳に気比神社七座と記される気比神宮には、現在も、伊奢沙別命《いざさわけのみこと》・仲哀天皇・神功皇后・日本武尊・応神天皇・玉妃命・武内宿禰命の七柱の神々が祀られています。

主祭神は伊奢沙別命で、今から二千年以上前に境内の土公とよばれる岩境《いわさか》に降臨したと伝えられています。一方、他の六柱の神々は、気比神宮への参拝が伝えられる神話的人物とその関係者で、日本武尊・仲哀天皇・応神天皇は親子、仲哀天皇と神功皇后は夫婦、神功皇后と玉妃命は姉妹、武内宿禰命は、仲哀天皇・神功皇后に仕えた人物です。

社伝によれば、朝鮮半島への進軍に先立って、仲哀天皇の命を受けた神功皇后が、妹の玉妃命と竹内宿禰命を伴って気比神宮に参拝し、戦勝を約束する託宣を得たと伝えられています。また、『記紀』には、神功皇后の命で武内宿禰命とともに気比神宮に参拝した皇太子（応神天皇）が、祭神の伊奢沙別命と名前を交換したことが記されています。

このように古来、北陸道総鎮守と尊崇されてきた由緒ある神社なのですが、宇佐神宮と共通する応神天皇と神功皇后の二柱の祭神が祀られているだけで、気比神宮の鳥居に黒い台輪が取り付けている理由にはなりません。

鎌倉鶴岡八幡宮・上宮の祭神は、宇佐神宮と同じ応神天皇・神功皇后・比咩《ひめ》大神ですが、鳥居に黒い台輪は取り付けていないからです。では、気比神宮に黒い台輪が、なぜ取り付けてあるのかの理由が何も分からないのかというと、否、決定的ともいえる理由があったのです。気比神宮の土公について、『神社紀行（40）』に次のように記されています。

気比神宮の「土公《どこう》」

気比神宮の境内東北にある。真新しい石の鳥居をくぐった遥拝所の先、北小学校校庭（旧境内地）に土公が望まれる。土公（土公神）とは土地神のことで、中国の陰陽道での呼称といわれる。気比神宮の土公は、周囲に卵形の石を八角形にめぐらした盛地で、社殿や家屋を建てるとき、「この土砂をその地にまけば、悪しき神の祟りなし」という言い伝えがある。また、社家文書には、「触るべからず、畏み尊ぶべし」と記されている。その由来については諸説があり、気比大神（伊奢沙別命）が、背後の手筒山《てづつやま》からここに降臨した聖地といい、平安初期に最澄・空海が祭壇を設け、祈祷したともいわれる。

また、青柳和枝著『日本の神社（中経文庫）』気比神宮の中で、
土公神とは、字のとおり土を司る神様のことで、季節によって場所を変えるといわれています（春は竈、夏は門、秋は井戸、冬は庭）。地元ではこの神様がいないときに土を侵すと祟りがあるとされています。この土公神が封じ込められているのが土公塚です。

これらの文面からも、気比神宮の主祭神・伊奢沙別命は、祟りを為すおそれがある神として、その霊魂を封じ込めようとしていることは明らかです。しかし、日本民族は一方的に怨霊神と決め付けて、排除しようとはしません。伊奢沙別命を畏み、深く敬い崇めれば、神の威を増し、その御神徳により、人々に恩恵をもたらす神となるようにと願って祀るのです。

伊奢沙別命が陰陽道で鬼門とされる艮《うしとら》（北東）の方角の土公塚に祀られているのは、北陸道の総鎮守つまり、国を守護して下さる神様として、古来より北陸の人々から崇敬されてきた所以なのではないでしょうか。宇佐神宮と気比神宮に参拝する人々は、朱色の鳥居に取り付けられた、一見不釣り合いな黒い台輪を拝見して、どのような印象を受けるのでしょう。

この台輪について言及しているのは、喪章と重ね合わせて、不吉な印象を受け

るとする唯一人の学者しか居ませんが、このような表面的なものの見方では推し量ることのできない、もっと深く、厳粛な意味があるように思えてなりません。

二つの神社に共通しているのは、祀られている主祭神が祟る神になるおそれがあり、その霊魂を封じ込めようとしていることです。その一方で、粗略な祀り方では、祟るおそれがある神だからこそ、気比神宮の社家文書にある「触るべからず、畏み、尊ふべし」という家訓ともいえる戒めが、黒い台輪に込められている宗教的意味だと確信しています。このような視点から、黒い台輪が取り付けられた朱色の荘厳な鳥居を拝すれば、むしろ神聖なイメージで「敬虔な祈りを捧げなさい」と諭されているように思うのは私一人だけだろうか。

このような宗教的な意味には、古代史を解明する鍵が隠されているのですが、余り理解されていないのが現状です。出雲大社では壮大な空中神殿を造り丁重に祀り崇めたので、大国主神は福の神として崇敬されています。宇佐神宮では、どのように丁重に祀られているのかと言いますと、国宝に指定されている八幡造りの荘厳な上宮本殿はもとより、その祭礼（神事）の多さです。

室町時代初期の祭会式《さいえしき》は、年間八十余度の祭礼があり、現在でも十年に一度の勅使祭をはじめとして、大・中・小の祭礼は三十近くあります。旧暦二月と十一月の春祭・冬祭りでは、前後十二日間も古式を伝える神事が厳かに取り行われています。それでは、宇佐神宮の御神徳（御利益）はどのようなものかは、神として祀られている人物の生前の事績や特性によって決まります。

「例えば、絶世の美女のコノハナサクヤヒメを祀っている浅間神社を参拝すれば、美人になれるとか（笑）…」

「アハハ…」

　宇佐神宮の主な御神徳は、次の三つです。一つは安産の神様として、二つには武の神様として、三つには国家鎮護の神様として篤い信仰を集めています。意外と思うかも知れませんが、なぜ安産の神様として信仰されているのかは、三之御殿に祀られている神功皇后が新羅出征の折、臨月で赤ちゃんが生まれそうになったので、石を拾って腰に巻き付けて筑紫の国まで、無事帰って来たという伝承がありました。腰に石を巻き付けておくと、出産を遅らせることが出来ると信じられていたからです。

　このように身重の身でありながら、軍功をあげ無事出産したことに由来しているのです。ちなみに朝鮮から帰国して無事、御子（誉田別尊）をお生みになったその地が、福岡市東方の今の宇美町として地名が残されているのです。

　宇佐神宮は、全国の三分の一以上を占めるといわれる八幡宮の総本宮です。八幡神とは、第十五代応神天皇で清和天皇の末裔・源頼朝が応神天皇である八幡神を氏神として祀ったとされ、武家の統領である源氏の氏神であることから、武運長久の神様としての信仰が高まったのです。

このように考えてみると、三つめの御神徳・国家鎮護の神様とは、最も壮麗な中央の二之御殿に、実質的な主祭神として祀られている比売大神でしかないのです。

安産や武運長久を祈るような個々人を対象とした御神徳ではなく、国家鎮護の神様として祀られているのは、日本建国の創業を成し遂げた初代神武天皇の先祖、即ち邪馬台国の卑弥呼女王が西暦二四八年非業の最期を遂げ、手厚く葬られたとき、邪馬台国の行く末を案じて国家鎮護の守り神・比売大神として祀られたのに違いないと考えるのです。

第五節　卑弥呼女王が宇佐神宮に祀られている決定的な理由

日本古代史の謎解きもいよいよ最終節になりました。卑弥呼女王が宇佐神宮に祀られていることを明らかにするためにも、これから話す宇佐八幡神託事件（弓削道鏡事件）を避けて通ることはできません。中学生の皆んなには、大人の色恋沙汰で言いづらいのですが、通説とされている事件のあらましを簡単に話しますと、女帝の第四十八代称徳天皇と法王まで上り詰めた僧侶の弓削道鏡が愛人関係にあり、天皇の位を道教に譲ろうとしたという事件なのです。

「先生、ヤらしい！」

「先生、そのようなヤらしい関係が事実だったという確かな証拠でもあるのですか！」

何か皆んなに怒られているみたいですが、先生の思いも皆んなと同じで、証拠となるようなものは何一つありませんし、このような一面的な見方は偏見としか言いようがないのです。奈良の唐招提寺の高僧が、「鑑真和上が招かれて戒律への関心・理解も深まってきたときに、仏教的な立場から、女帝と弓削道鏡との愛人関係など有り得ない」と明言されています。

天壌無窮の神勅（万世一系）は、天皇として必ず守り伝えていかなければならない家憲。称徳天皇が天皇の位を道鏡に譲位して、皇統を断絶させることなど考える筈もありません。政治の実権を一時、高徳の立派な人物として信頼できる弓削道鏡に委譲しようとしたに過ぎないのです。

それは淳仁天皇に治政を任せることはできないと、再び天皇の位につき重祚した女帝は、生前自ら孝謙皇帝と称していたとも伝えられ、諡号が徳を称える称徳天皇と贈り名されていることからも明らかでしょう。

本題に進みましょう。ことは七六九年、大宰主神《だざいのかんづかさ》（神祇長官）の阿曽麻呂なる者から称徳天皇のもとに、ある報告が届けられたことに起因します。

「宇佐の八幡神が道鏡を天皇にすれば、天下大平になると託宣した」という内容です（道鏡は太政大臣から皇族扱いの法王に昇進、弟を大宰府の長官に任命したという背景があります）。称徳天皇はこの託宣を確認すべく、和気清麻呂を宇佐に勅使として派遣します。

それではなぜ宇佐に勅使を派遣したのかの理由について考えてみましょう。万世一系の皇統断絶の危機に、皇室の先祖の霊にその是非を聞かなければならないと考えて、宇佐に天皇の使い、勅使を派遣をしたのは理解できると思います。

「少し難しい質問ですが、皇室の先祖と思われる人物を挙げてみてください」

「神武天皇」「ニニギノ尊」「卑弥呼女王」「応神天皇」「天照大神」……。

天照大神は実在したある人物を神格化した神様なので、一旦皇室の先祖からは除いて考えましょう。皇室の礎を築いた初代神武天皇を基点にして考えると、ニニギノ尊も立派な先祖の一人ですが、邪馬台国《ヤマト》の卑弥呼女王の子孫が大和朝廷を創立した天皇との前提に立てば、皇室の先祖として最も相応しい人物は、卑弥呼女王を措いて他に居ないのです。卑弥呼女王が皇室の先祖であるということが認識されない限り、日本古代史の謎は解明できないと言っても過言ではないのです。

「ところで天照大神は古代で実在したある人物を神格化した神様ですが、これまで検証してきたことから、その人物はもう誰だか分かりますね、皆んな一緒に、はいっ！」

「卑弥呼女王！」

「パチ、パチ、パチ！　とすると神託の真偽を確かめるために、勅使がなぜ伊勢神宮へ行かないで宇佐神宮へ行ったのかという疑問が湧くはずです」

ここで神宮号について簡単に説明しますと、特に格式の高い神社の称号のことで、皇祖神・天皇を祀る。また古来特別な由緒があり、香取神宮・鹿島神宮などのように神宮号を称する神社もあるが、正式に神宮とされるのは伊勢だけで、ほかはすべて神社として伊勢神宮は別格とされる（『日本国語大辞典』『広辞苑』より）。

つまり、伊勢神宮には天皇は祀られてはいないことから、皇祖神を祀っているということになります。余談ですが、伊勢神宮は別格として神宮という称号がつかない神社だから格式が低いということではなく、要は神社の由緒等により参拝する人、各自が敬うことなのだと思います。

第十一代垂仁天皇の勅命によって、伊勢神宮とともに創建されたと伝えられる高千穂神社を訪ねられた多くの人は、由緒ある神社にしては、特に拝殿門など随分と鄙《ひな》びた佇まいの神社のように思われるのではないでしょうか。『古事記』にニニギノ尊が天孫降臨された後「高天の原にも届くほどに高々と氷木《ひぎ》（千木と同じ）を聳《そび》やかした宮を作っての、そこに住まわれることになったのじゃ」という一文と、その三代後の鵜萱草不合尊の四皇子、五瀬尊、稲飯尊、三毛入野《みけぬの》尊、狭野《さのの》尊（後の神武天皇）が住まわれ、高千穂宮址とも称される高千穂神社こそ、ニニギノ尊や神武天皇が住まわれた宮であることを、この目で確かめたいという強い思いがあったのですが、きらびやかさがなく、むしろ鄙びた感じがするのは、ニニギノ尊や四皇子の方々が住居とされていたという形態をいまだに残されているのではとの感慨に震えるような感動を覚えました。

これまで学んだことで、伊勢神宮は皇祖神を祀っている特別な神社であることまでは確認できたと思います。次に、勅使・和気清麻呂が宇佐神宮に参拝し受けた神託は、「わが国は開闢《かいびゃく》このかた、臣下が天子となったためしはない。天子には必ず皇統に連なる人物を立てよ。無道の者はすみやかに除くべし」

このようにして、皇統の存続が守られたのですが、この神託が宇佐神宮に祀られている三柱の神の八幡神とされているのが定説のようですが、論理的に考えてこの説は誤りです。まず、最初の神託は、宇佐の八幡神と明言しています。神託とは、真実で唯一無二の正しい神のお告《つ》げ（託宣）のはずです。二度目の神託が、最初の内容と相対することなど、同じ神・八幡神の神託の名に値しないのです。たとえ最初の神託が偽りであったとしても、どちらの神託を信じて良いのか、判断できないからです。

次に宇佐八幡神の神託を受けるために、皇祖神を祀っている伊勢神宮を差し置いて、なぜわざわざ遠い宇佐まで行かなければならなかったのか、何の説明もありません。神託とは、神様として祀られている生前、実在していた人物の霊（神霊）が神懸《かみがか》りとなっている巫女《みこ》に乗り移って（神の）お告げをすることです。

勅使が先祖の霊に、皇統が断絶するかどうかの一大事にその是非を聞きに伊勢神宮ではなく、宇佐神宮へ行ったのは、偏《ひとえ》に宇佐には皇室の先祖の実体（霊）が眠っているお墓（古墳）があるに他ならないからです。

第十五代応神天皇陵（誉田山古墳）は、大阪府羽曳野市誉田に、神功皇后陵は奈良市山陵町《みささぎ》にあります。神武東征の折、神武天皇一行が、なぜ宇佐に立寄ったのかは、先祖のお墓参りをし、その御霊を敬い、報告ごとや東征の御加護と戦勝の祈願をされたということは前述しました。もうお分かりのことと思いますが、宇佐神宮には、皇室の先祖・卑弥呼女王の実体（霊）が祀られていて、宇佐神宮は卑弥呼女王の古墳（墓）の上に建立されているからなのです。

道鏡事件で和気清麻呂への神託が、八幡神の神託と思われ勝《が》ちなのは、欽明天皇の三十二年（五七一年）応神天皇が三歳の童子の姿となって菱形池に御示顕し、「護国霊験の大菩薩」と御託宣され、聖武天皇の勅願で現在の社殿を建立し、八幡神をお祀りしたのが、宇佐神宮の始まりとされ、大仏建立は聖武天皇により国家の総力を集めた巨大事業として始められたが、当初から多くの困難と不安を伴っていました。

その時、宇佐神宮は、八幡神が国中の神々を率いて大仏建立を必ず成功させるとの神託をもたらし、この大事業を無事成功に導いたといわれていて、八幡神は国を護る神として崇拝されていたためです。

この写真は伊勢神宮の二十年に一度の式年遷宮の度に作り替えられる御神宝の玉纏の御太

刀（第一の御太刀）です（日本発見『神々の里』より）。黄金をちりばめたような美事な美術工芸品ともいえる御神宝を普段、一般人が目にすることが出来る筈がないと思っていたのですが、宇佐神宮・宝物殿の国宝の孔雀文磬や懐良親王奉納剣（重文）等とは別の展示室で展示されていたのです。

「え〜っ、まさか！」と驚愕しながらも、思わぬ僥倖に恵まれた感激に、呆然と立ちつくしていました。この一事を以《も》ってしても、如何に伊勢神宮と宇佐神宮との結びつきが強いのかがお分かりでしょう。それは、皇室が伊勢神宮は第一の宗廟で卑弥呼女王の神霊を皇祖神として祀り、宇佐神宮は伊勢神宮につぐ第二の宗廟として卑弥呼女王の実体（霊）を祀っているからなのです。

現在でも十年に一度の勅使祭や、宇佐祭とも呼ばれ毎年三月十八日に行われる例大祭では、皇室より幣帛《へいはく》（御供物）が下賜《かし》されます。勅使祭には勅使を派遣され、祭文が奏上され神饌や幣帛が奉奠《ほうてん》されます。このような神社は伊勢神宮、宇佐神宮の他に、橿原神宮（神武天皇が祭神）、熱田神宮、明治神宮、春日大社等数社しかありません。

その理由はもう説明するまでもないでしょう。和気清麻呂がもたらした宇佐神宮（比売大神）の神託により、皇統は護持されたのですが、その一方で称徳天皇は、愛人に皇位を譲ろうとした暗愚な天皇、道鏡は女帝の寵愛をいいことに、皇位を狙った大悪人とされてしまいました。とても公正な歴史の検証とは思えぬこの低俗さは、恥ずかしい限りです。孝謙上皇が淳仁天皇の後を重祚した時に発した詔勅を冷静に検証すれば、このような二人への見方は、如《い》何《か》に偏見に満ちているかが明らかだからです。

称徳天皇は篤く仏教に帰依し、東大寺に匹敵する西大寺を建立。聖武天皇の皇統が絶える以上、せめて天武系の淳仁天皇に譲位し、この国の行く末を託したのに、太政大臣・藤原仲麻呂と結託し、新羅征討を企てるなど国を危うくしました。天武系の皇子に天皇の位を譲位できる皇子が現存しない以上、徳が有れば皇帝に為れるという中国に倣い、生前から自ら孝謙皇帝と名乗り、高徳の弓削道鏡に皇帝位を禅譲することで後事を託したのだと思います。もし、皇位を道鏡に譲位したとしても、厳密には天皇位を譲位したことにはならないと思います。道鏡は独身で皇統はそこで断絶するからです。

〝天壌無窮の神勅〟によって皇位を皇族以外に譲位できる筈もないことなど、百も承知の称徳天皇の一際強かった国を案じる言動が、なかなか理解してもらえないようですが、聖武天皇と光明皇后の娘としての誇りと、この国を一身に背負ってきたという自負の為せる業なのではないでしょうか。

要するに、宇佐八幡神託事件というのは、政争の結果、皇統が天武天皇系から、再び天智天皇系（第四十九代光仁天皇は天智天皇の孫に当たります）に戻ったという捉え方が重要なのです。

これで古代史の謎の解明は一応終わりますが、学者でさえ解明できていない内容を中学生の皆んなが理解するのは難し過ぎたと思います。理解できなかったところは、いつかまた先生の考えを参考に検証し直してみてください。最後は様々な考え方、学説を吟味して、どれが正しいのかを自分で判断するしかないからです。

古代史の研究を終えていま最も感じることは、〝天壌無窮の神勅〟と万世一系も「和を以て貴しと為す」という皇室の家訓ともいうべきものを、その本を正せば結局、卑弥呼女王が西暦二四八年に非業の最期を遂げたことに起因するように思えてなりません。

日御子《ひのみこ》、太陽の女神として崇められてきた卑弥呼女王は、二四八年の皆既日食により日の御子としての霊力を失い、その責めを一身に受けて、従容として死に赴いたと思うのです。死に臨んでその挙措が余りにも立派だったが故に、生前、三十ヶ国連合国の盟主としての治世と合わせて、卑弥呼女王を称賛する名声が、国中に響き渡り伝承されてきたのです。何故かと言いますと、『日本書紀』神代上に書かれている次の部分と、どうしても重なってしまうからです（再掲します）。

そして伊弉諾尊《いざなぎのみこと》・伊弉冉尊が共に相談していわれる。「私はもう大八洲国や山川草木を生んだ。どうして天下の主者《きみたるもの》を生まないでよかろうか」と。そこで一緒に日の神を生み申し上げた。大日孁貴《おおひるめのむち》という。――一書に天照大神という――この御子は、はなやかに光りうるわしくして、国中に照りわたった。それで二柱の神は喜んでいわれるのに「わが子たちは沢山いるが、まだこんなにあやしくふしぎな子はない。長くこの国に留めておくのはよくない。早く天に送り高天原の仕事をしてもらおう」と。このとき、天と地はまだそんなに離れていなかった。だから天の御柱をたどって天上に送り上げた。

皇室の先祖として誇るべき立派な女王の天寿を全うさせてあげることができなかったことの、直接的な責任は何もないのですが、卑弥呼女王の子孫、つまり皇室自らが重荷を背負われるようにしているのではないでしょうか。だからこそ、そのことを償うような思いが、卑弥呼女王の子孫・皇統を天壌無窮の神勅で、永遠に継承する万世一系を至上の使命とされているように思うのです。

もう一つは皇室に脈々として流れている「和を以て貴しと為す」の和の心も、神武東征時の八紘一宇に込められている国を治める理想も、実は卑弥呼女王が倭国大乱の後、三十ヶ国連合国の盟主として共立され、連合国を統治していくためには、何よりもお互いを尊敬し、仲良く共存する和の精神こそが大切であることを、教訓として学んだ卑弥呼女王の志を、無にしてはならないという思いが、具現化されたものに違いないと思えてなりません。

以上のことは卑弥呼女王の二四八年の非業の死と現世に関わることですが、卑弥呼女王の祀られ方にも少なからず影響を与えています。宇佐神宮は卑弥呼女王の霊魂が祟らないようにと、宗教的な施しがされている神社であることは既に述べました。しかし、ここで大切なことは、死に臨んで怨みに思って祟るかどうかは、卑弥呼女王自身が決めることなのです。

邪馬台国の卑弥呼女王が死に臨んで何ら怨んで取り乱すことなどなく、邪馬台国《ヤマト》の行く末を案じて、自ら国家鎮護の守り神になろうとしたことは、もう明らかでしょう。このように皇室の先祖として最も相応しく人民の尊崇を集めた卑弥呼女王の神霊を、現世に対して霊界で皇祖神・天照大神として丁重にお祀りするのは、子孫の至上の使命とされて、伊勢神宮では年間、千五百回以上もの神事・祭事が行われているのではないでしょうか。

また難しい内容で、先生の一人授業になってしまい申し訳ありません。もう少し皆んなにも分かり易い話をしましょう。先生は、神社仏閣、お城を巡り、拝観するのが大好きでその沿革や由緒を知り、壮大な歴史の流れに身を置くことの感動を実感できるからです。例えば、宇佐神宮の菱形池が卑弥呼女王の冢《つか》（墓）を造った時に、土を掘り上げた跡に水が溜まって出来たという伝承は史実だと実感できたりすると、先生にとっては至福の時なのです。前に、日本が誇る断然の世界一のことを話しましたが、もう一つ大事なことを忘れていました。

先生が九州を旅した時に、太宰府天満宮、宇佐神宮、阿蘇神社、高千穂神社、天の岩戸神社、広瀬神社の六つの神社を参拝したのですが、それぞれの神社に祀られている祭神は、当然ながら異なります。このように、日本には人間神といわれる数多くの神々が祀られていますす。神話の世界で勿論、実在した人物が神々として祀られているのは嬉しい限りですが、このような国は世界中で日本しかなく断然の世界一です。大国主神のように祟る恐れのある霊魂をも神として祀り崇めるのは、日本民族の他を思い遣る心の優しさの所為なのだとも思います。それにしても神社を参拝すると、不思議と心が洗われるように清々しい気持ちになり、何か神様からパワーを戴き、英気が漲ってきます。一体、その神威の源泉はどこにあるのだろうか。日本人はなぜ、数多くの神々を祀り、敬虔な祈りを捧げ敬うのだろうか、と日本人と神との関わりについて明確な答を得ぬままにいたのですが、宗像大社の宮司、太田可愛氏の〝人生の道しるべ〟として「神に祷《いの》り、人生を拓《ひら》く」（『宗像大社』神社紀行15）と題する秀逸な文章を読ませて戴き、多くの啓発を受けました。その中で、「神は人の敬いによってその威を増し、人は神の徳により運を添う」という鎌倉期の一文は、神と人との関係をみごとに言いあらわしています。という文面を拝読して、私の疑問が一遍に払拭されました。皇室第一の宗廟・伊勢神宮では、年間千五百回以上もの神事や全国各地から数多くの人々が日々訪れ、参拝し敬うことによって神威を増すのでしょう。

西行法師が伊勢神宮を参拝された時に、「何事のおはしますをば知らねどもかたじけなさの涙こぼるる」と詠まれたという心境がよく分かりました。

日本人は古来から神の存在を信じ、神と人が身近な関係にあって、身の回りに何か善いことがあると、神様の御神徳の御陰と神に感謝し、何か悪い事があると神の祟《たた》り、罰が当たったと恐れ、神様をもっと敬い崇めようとします。なるほど、日本が世界一安心・安全で犯罪の少ない国だということがよく分かります。尤も最近は神仏を敬う心を失ってしまった人が増えたのか、犯罪も多発するようになったのではと思えてなりませんが。

「先生は神様の存在を信じているのですか」

先生はずっと神の存在を信じることが出来たら、それは大変素晴らしいことだと思っていたのですが、太田可愛氏の文中の「人は神の徳により運を添う」という言葉に接し、その意味は、自分一人の力では出来ないことが、神様の御神徳により叶う、ということなのと分かりました。「成る程そうだったのか」と、人と神との関わりを知り、先生一人の力では出来ないことが、何か不思議な力（神の徳）により叶ったのだと思えたからです。

歴史学者でも作家や学識者のような文才を持ち合わせていない、たかが元中学教師に、古代史の謎解きの原稿を書かさせたそのエネルギーに、何か人智の及ばないような不思議な力を与えられているような気がしていました。

高千穂神社宮司、後藤俊彦氏との出会いがなかったら、原稿は書けなかったと思います。尾平峠での神秘的な体験、原稿を推敲し、文才のなさに苦しんでいた時、もしもそれなりの評価をしていただけるような文章を書くことが出来たとしたら、それが神様の御神徳のお陰なのだと実感できたからです。何よりも神様の存在を信じることにより、神社を参拝する時の楽しみが倍加しました。

一神教のような絶対神は、人間とは比較できない遥かに超絶した存在です。しかし、日本では、人と神との関わりがずっと身近で、人と神とが寄り添っているように微笑ましく思えて〝日本的だなぁ〜〟と嬉しくなりました。日本の神社には数々の人間神の神々が祀られていて、それは必ず歴史上実在した人物です。

神社を参拝すると、精神の浄化や高揚の他にも、神社の由緒や沿革などから歴史を学び、祀られている神（人物）に思いを馳せ、いつも感動し「日本人に生まれて来て良かった」と幸せな気持ちになります。

いま先生の最大の関心事は、未だ訪ねていない伊勢神宮を初めて参拝したとき、西行法師が涙を流したという心境に先生もなれるだろうかということです。卑弥呼女王の大ファンの先生は、卑弥呼女王の神霊を皇祖神として祀られている天照大神の神威を深く感じて、きっと涙こぼれるような気がします（笑）。

伊勢神宮に卑弥呼女王の神霊を皇祖神・天照大神として、宗女・台与の神霊を豊受大神として祀られているというのは、自明の筈なのに未だに少数派です。まして宇佐神宮・二之御殿には、卑弥呼女王の霊を比売大神として祀られているということなど、とても考えつかないようです。古代史の謎が解明できない理由の一つです。

先生の直観なのですが、伊勢神宮の内宮かつ西北西に外宮は約四キロメートルも離れています。一方、卑弥呼女王の古墳（宇佐神宮・亀山）から北西に約三キロメートル離れた宇佐風土記の丘にある九州最古の前方後円墳・赤塚古墳から出土した三角縁神獣鏡五面は、中国三国時代の魏鏡といわれ、邪馬台国の女王卑弥呼が魏王から贈られたものと同種の鏡といわれています（『郷土資料事典』44大分県より）。他にも管玉三個、鉄刀身三片等が出土しています。豊《とよ》（台与）の国に、台与の実体（霊）が丁重に祀られている筈です。赤塚古墳を卑弥呼女王の古墳では、との説もありますが、論理的に考えて前方後円墳が卑弥呼女王の径百余歩の冢では有り得ません。赤塚古墳は台与の墓（古墳）で、卑弥呼女王の実体（霊）が祀られている古墳（亀山）と、神霊が祀られて内宮と外宮の関係が対になっているように思えてなりません。

「先生は邪馬台国九州説に自信があると思いますが、奈良県桜井市にある纒向遺跡で一九七八年に出土した神殿のような建物や最近の出土品等の研究から、邪馬台国の王都ではないかという説が有力視されていますが、先生はどう思いますか」

レベルの高い質問で驚きました。素晴らしい。先生は、もし王が住んでいた宮殿跡が発掘されたとしても、このような考古学的な状況証拠をいくら積み重ねても、それだけでは決して邪馬台国畿内説の根拠にはならないと思っています。

『魏志倭人伝』によれば、邪馬台国について「女王の都する所」として、次のように記しています。「宮室・楼観《ろうかん》（たかどの）・城柵、厳かに設け、常に人があって、兵（器）を持ち、守衛している」

当時、全国各地に王が君臨する小国が乱立していたと思われます。纒向遺跡にも王の宮殿があって当然ですが、『魏志倭人伝』に記されている王都とは、決定的な違いがあります。

邪馬台国の王都は、吉野ヶ里遺跡を彷彿《ほうふつ》とさせるような戦いに備えての防塞のようです。一方、纒向遺跡は、近くに水路（運河）を巡らせ、物資の集散地として、内外に開かれた平和な都市そのものです。

三十ヶ国連合国の盟主となり、平和が築かれたから、とする考えは成り立ちません。卑弥呼女王が死すると、また倭国が乱れ戦いが始まったからです。北九州では吉野ヶ里遺跡の発見以来、いわゆる環濠集落が注目されて調査が始まり、大規模な環濠集落が何ヶ所も発掘され、宇佐市でも駅館《やっかん》川右岸の川辺遺跡、宇佐台地の端で東上田遺跡の大規模な環濠集落が発掘されています。このように北九州には魏志に記されているような防備を固めた環濠集落が何ヶ所も発掘されているのに対して、畿内には未だ発掘されていません。

また『魏志倭人伝』の先の記述に続いて「女王国の東（方）に、千余里を渡海すると、また国がある。みな倭種である。また侏儒《しゅじゅ》（こびと）の国が、その南に（存）在する。──」この記述からも常識的に考えて、邪馬台国は畿内のような内陸部ではなく、海に面した北九州に存在していたように思われます。

同志社大学の森浩一名誉教授（考古学者）も「倭人伝には九州北部のことしか書かれていない」と強調されています。このように資料を多角的に考察すれば、邪馬台国は北九州説に特定されても良いと思うのですが、未だに径百余歩の冢が箸墓古墳であるという論理的根拠など何一つないのに、卑弥呼女王の墓ではないかと固執したり、神功皇后が『魏志倭人伝』

に見える女王卑弥呼のことで、邪馬台国畿内説の理由の一つになっていますが、この説が誤りであることは既に証明しました。

もし、邪馬台国が畿内に存在していたと仮定して、神武東征との整合性をどう説明するのだろうか。歴史は点ではなく、一本の線で繋がっているのです。歴史学者たる者、空から大河の流れを俯瞰するように歴史の流れを考えて欲しいものです。『日本書紀』は世界に誇る民族の古典です。『神武東征神話は史実である』という命題の解明を終えたいま、編纂者の英知に感銘し自国の建国の歴史を自信と誇りを持って語り継ぐことの出来る喜びと幸せを痛感しています。

第十四章　法隆寺の五重塔がなぜ地震で倒れないのかの科学的な理由

それではこれから法隆寺の五重塔がなぜ地震で倒れないのかの解明をしましょう。『はじめに』で、定説とされている『地震に対してヤナギの木のように風や地震にゆれながらゆれることによって力を相殺させる柔構造だからだ』という学説は、論理的に考えて全く成立しないことを説明しました。次に心柱は、五重塔に対してどのような働きをしているのかの考察をします。

まず、五重塔の心柱が本当に掘立柱であったのかについて、大正十五年（一九二六年）、心柱の真下に空洞を発見した次図を下に検証しましょう。

図一、二の数値、調査についてはシリーズ〈古代史の探究〉6『法隆寺のものさし』（川端俊一郎著による）

一、もし心柱が掘立柱だとしたら、地下柱の腐った部分の窪みか、柱の太さの穴ができる筈です。心柱の直径が二尺七寸（約八十一・八センチ）、空洞の直径が三・五尺（約百六・一センチ）、掘立柱だったら、これほど大きい空洞ができる筈がない。

二、空洞の部分に心柱が埋まっていたと仮定して、空洞内（下部塵埃土）に腐朽した心柱屑など、心柱の痕跡が全くないのが、空洞発見時の調査で確認されている。

三、図を見る限り、切石の三角穴部分より、心柱の方が太くて地下の部分には、心柱は最初から無く空洞になっていた。

四、礎石の窪んだ所に舎利壺が納められていた。寺院では最も大切とされる舎利壺を、掘立柱の下に埋めてしまうなど、宗教上考えられない。

五、「五重塔がなぜ地震で倒れないのか」の解明ができない最大の理由は、心柱が掘立柱と仮定して、その心柱が五重塔（本体）に対して、どのような働きをしているのかの考察をしないというのか、出来ないというのか。どうも心柱が五重塔を支えている支柱と考えているようなのですが、この考えは、全くの間違いなのです。

何故かというと前述しましたが、心柱は相輪から吊り下げられている状態で、五重塔の本体から心柱に固定されている物体は何もないのです。もうお分かりと思いますが、たとえ心柱が掘立柱であったとしても、五重塔を支える

法隆寺五重塔・仏舎利上の空

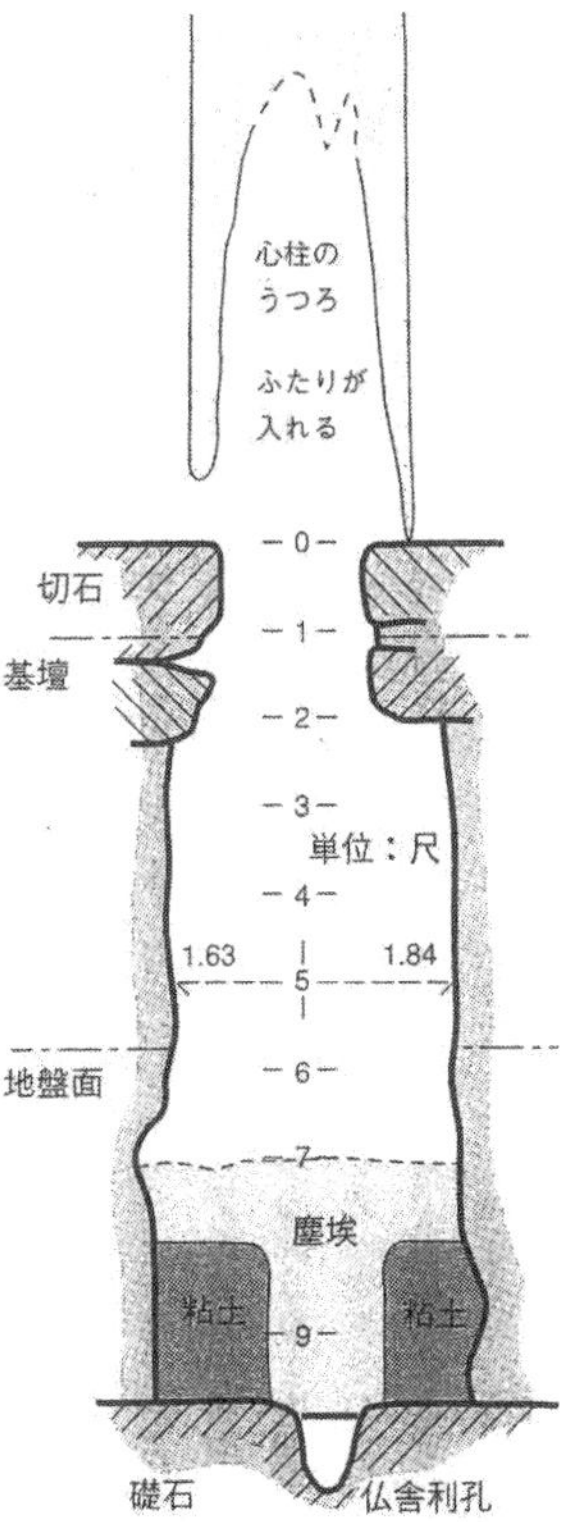

支柱の働きは皆無なのです。故に心柱を掘立柱にする必要など何もないのです。法隆寺五重塔の心柱が何の根拠もないのに、掘立柱だったなどと考えているのは、法隆寺五重塔を建立した匠を冒涜する恥ずべきことです。

五重塔の心柱が五重塔を支える支柱ではなくて、相輪を支えているに過ぎないとする学者も二人ほどいますが、法隆寺の心柱は八トンもの重さがあります。相輪を支えるのに、そのように重い心柱など必要ないのです。

五重塔の心柱が五重塔を支えている支柱でもなく、相輪を支えているものでもないとすると、心柱はどのような働きをしているのか、先生の演示実験から考えてみましょう。

この鉄球は、女子用の砲丸で重さは四キロあります。丈夫な綿糸（約五十センチ）で吊り下げるようにしてあります。綿糸を棒に縛りつけて、先生が棒を左右に素早く振ります。地震時の振動に相当します。上下に動くのは仕方ありませんが、この鉄球が左右に動くかどうか、よく見ていてください。

それでは、地震が起きたと想定して、先生が鉄球を吊り下げた棒を素早く左右に振ります。

「鉄球は左右に動きましたか」

「動いていません」

地震が起きた時、地震波を記録するためには、地震の時に動かない不動点となるものがどうしても必要になります。今示した鉄球は、丁度、地震計につけられている不動点となる重りに相当します。

重りが動かない（地震計の原理）のは、慣性（物体には力が働かない限り同じ状態を続けようとする性質）と、振り子の周期は地震の周期より長くしてあるので、重りは動かないのですが、その理解はまだ難しいと思うので、今は演示実験から確認しておいてください（ちなみに地震計には、前後、左右、上下の地震波を記録するため、不動点となる重りが三個ついています）。

もう分かった人もいるかも知れませんが、日本の木塔の心柱は地震計の重りに相当し、動かない不動点となっているものなのです。

「このことを理解していたのは、世界的な地震学者・大森房吉氏（一八六八～一九二三・明治元年～大正十二年）以降、先生しかいないと思います（笑）」「へえ～」「ホントに?」「パチ、パチ、パチ」……

心柱がどういう働きをしているのか、理解できないため、『こと心柱に関しては、あまり深く研究されないまま、結論として、耐震的には何の役割もないというのが、いつか定説になっていて、心柱について触れることはタブーにさえなっていたようである』（『五重塔はなぜ倒れないか』より）などと弁解しています。

法隆寺五重塔の心柱は、科学的に考察して最初から掘立柱ではなくて吊り下げられていたのは明らかですが、現在でもそのような五重塔が何ヶ所かあります。最も有名なのは、日光東照宮五重塔（文政元年〈一八一八年〉再建）なのですが、他は殆ど知られていません。その理由は、なぜ心柱が吊り下げられているか明確な説明ができないため、タブーとされているからなのです。

千葉県市川市の法華経寺五重塔は、元和八年（一六二二年）、本阿弥光悦の願いにより、加賀藩主・前田利光が寄進して建立していますが、心柱は吊り下げる構造です。その他、香川県善通寺市の善通寺五重塔（明治十七年竣工）、山形県鶴岡市の善宝寺五重塔（明治二十六年建立）があります。また、江戸時代に建立された東京谷中感應寺五重塔（昭和三十二年〈一七九一年〉焼失）、上野寛永寺五重塔（慶応四年〈一八六八年〉彰義隊と官軍の戦いで焼失）も心柱は吊り下げる構造でした。それでは、地震の時、木塔の心柱がなぜ動かない不動点になるのかについて考えてみましょう。

心柱は必ず五重塔の中心を貫いていなければなりません。相輪から吊り下がっている構造になっていますが、相輪と心柱が筒のように一本には繋がっていません。相輪と心柱を鎖などで繋ぐようにして、繋ぎ目が支点として動くようにしてあります。いま先生の腕を真っ直ぐ上に伸ばして、心柱と仮定すると地震の時、手首より上の方は小刻みに震動していますが、腕（心柱の本体）の方は動いていません。この現象は、先生が最初に見せた演示実験の地震計の原理と同じことになります。次に吊り下がっている構造ではなくて、心柱が露盤の心礎(?)に立っている場合を、少し詳しく説明します。

代表的な例は、日本で最大の総高五十四・八メートルの東寺（教王護国寺）五重塔や醍醐寺五重塔があります。ここで最も重要なことは、心柱の底の部分が、心礎の枠にはめ込むようにして固定してはならないということなのです。

「先生、それはどうしてなのですか」

ほとんどの学者が、心柱を心礎にはめ込んで固定しているように思っているようですが、そのようにすると地震の時に、地中から生えている木と同じように、地面と一緒に心柱も揺れるようになるからです。これでは耐震上、何の役にもたちません。心柱が不動点となっていないからです。

それでは、どのようになっているのかと言いますと、心柱は平面上の固い岩石の上に、ちょこんと乗っかっている状態で心柱の底には、鉄球を付けるとか、岩石をお碗のように削ったのを付けるかして、心柱の底と露盤と接する面を出来るだけ小さく、点のようにしているのです。

「へえ〜、先生は実際に見たのですか」

直接見てはいませんが、写真で東寺の心柱の底には、岩石をお碗のように削ったのが付けてあります。日光東照宮五重塔の心柱の下端に小さな金属を付けて露盤と接触した時の接点

を小さくなるようにしています。下図参照

今度は腕を真っ直ぐ下に伸ばして心柱と仮定します。心柱の底に鉄球を付けてあると仮定して、地震の時、地面が左右に揺れると、手首の下の部分が左右に小刻みに振動するのと同じように、心柱の下方の部分が左右に傾き振動しているだけで、腕全体、つまり心柱全体は振動しない不動点になっているのです。これは、丁度心柱が吊り下げられているのと全く逆の状態で、地震計の原理と同じなのです。

なぜ心柱の本体の部分が動かないかというと、心柱の支点・露盤と接している点から心柱の重心までの距離が長いので、周期が地震の周期より長くなるのと、心柱が余りにも重いので慣性のため動かないのです。

中学生の皆んなには、理論として理解するのは難し過ぎると思いますが、木塔の心柱というのは、地震計の重りに相当し、地震の時に、全く動かない不動点となっているものなのです。

「〝なるほど、そうなのか〟とガッテン（合点）分かった人は、机を静かに叩いてガッテンしてください（笑）」

「ガッテン」「ガッテン」「ガッテン」「ガッテン」…「おーこんなにたくさん、素晴らしい、感動！」「アハハハ…」

次に心柱と木塔の構造との関連について考察しましょう。次の写真は真光寺三重塔の心柱と回りの構造を示しています。

法隆寺五重塔の断面図（図1a）と五重平面図（図1b）からも分かるように、心柱の回りを木枠が取り囲んでいるのが、少なくとも各層に一ヶ所ずつ、計五ヶ所はあります。重要なのは、この木枠がなぜ心柱に固定していないのかと、斜めに付いている四本の手先肘木が、なぜ隅からはみ出しているのかということなのです。耐震構造上、絶対の前提条件となるのが、心柱が動かない（不動点）重りであるということです。このことが理解できなかったため、今まで日本の木塔がなぜ地震で倒れないかの解明が出来なかったのです。

ここで、三年生になって習う『作用反作用の法則（ニュートンの運動の第三法則）』について説明します。

「二つの物体の間で、一方が他方に力を働かせるとき、必ず相手からも自分の方に対して力が働いている。このとき、どちらか一方の力を作用といい、他の力を反作用という。作用と反作用とは、同じ直線上で働き、大きさが等しく、向きが反対で、それぞれ別の物体に働いている」これを『作用反作用の法則』といいます。

例えば、先生が黒板を引っ張ると、必ず同じ力で引っ張り返えされます。押してもやはり同じ力で押し返えされます。これは、黒板が動かない（不動点）ように、固定されているからです。地震が起きて、木塔が右から左へ揺れて不動点の心柱に当たると、全く同じ力で跳ね返えされます。つまり地震の時、いくら大きな揺れ幅でも、木塔では心柱と回りを囲んでいる木枠との幅以上には、絶対に揺れないのです。

地震で地面が右から左へ揺れて、木塔を倒そうとする力（作用）は、不動点である心柱に跳ね返され（反作用）て、力学的にはゼロ（零）になります。心柱が木枠の中心に不動点として存在しているので、左右前後、あらゆる方向からの倒そうとする揺れの力を和らげ、見事な緩衝材になっているのです。地震のとき、木塔が倒れないのは、木塔が揺れるという概念ではなく、小刻みに振動しているに過ぎないから木塔は倒れないのです（かって法隆寺の僧侶が地震の時「五重塔がガタガタと凄い音がしていた」という貴重な証言があります）。

写真の真光寺三重塔の四本の手先肘木が隅からはみ出していますが、ある学者は、水平筋《すじ》交《か》い的な役割で、水平面の歪みを起こすことはないとしていますが、なぜ、はみ出しているかの説明にはなっていません。筋交い的な役割を果たすのならはみ出す必要は何もないからです。

「四本の手先肘木が、なぜ隅からはみ出しているのか分かる人いますか」

「はい」「はい」「はい」…

「おー凄いですね。それではRさん」

「はい、斜め方向の揺れ幅を、左右前後と同じようにするためだと思います」

「皆んなは、Rさんの考えをどう思いますか」

「正しいと思います」「パチ、パチ、パチ」…

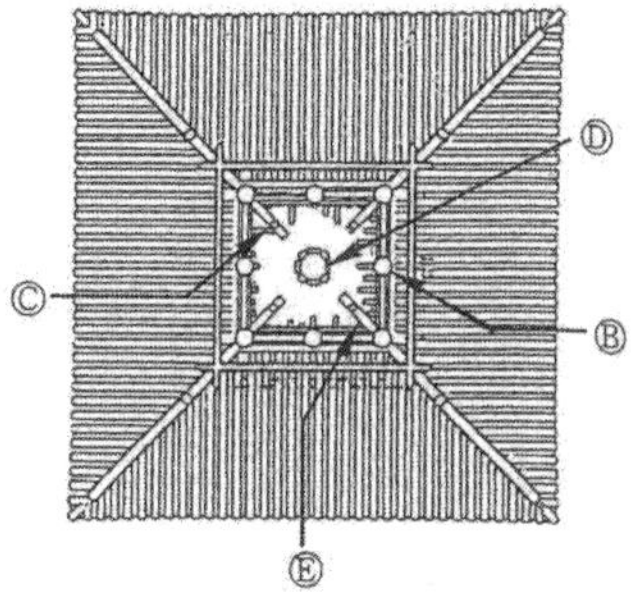

図１ｂ　五重平面図

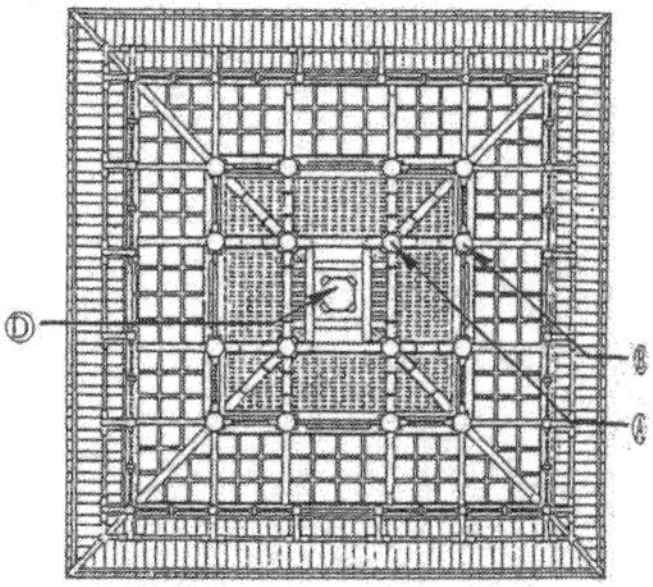

図１ｃ　初重及裳階見上図

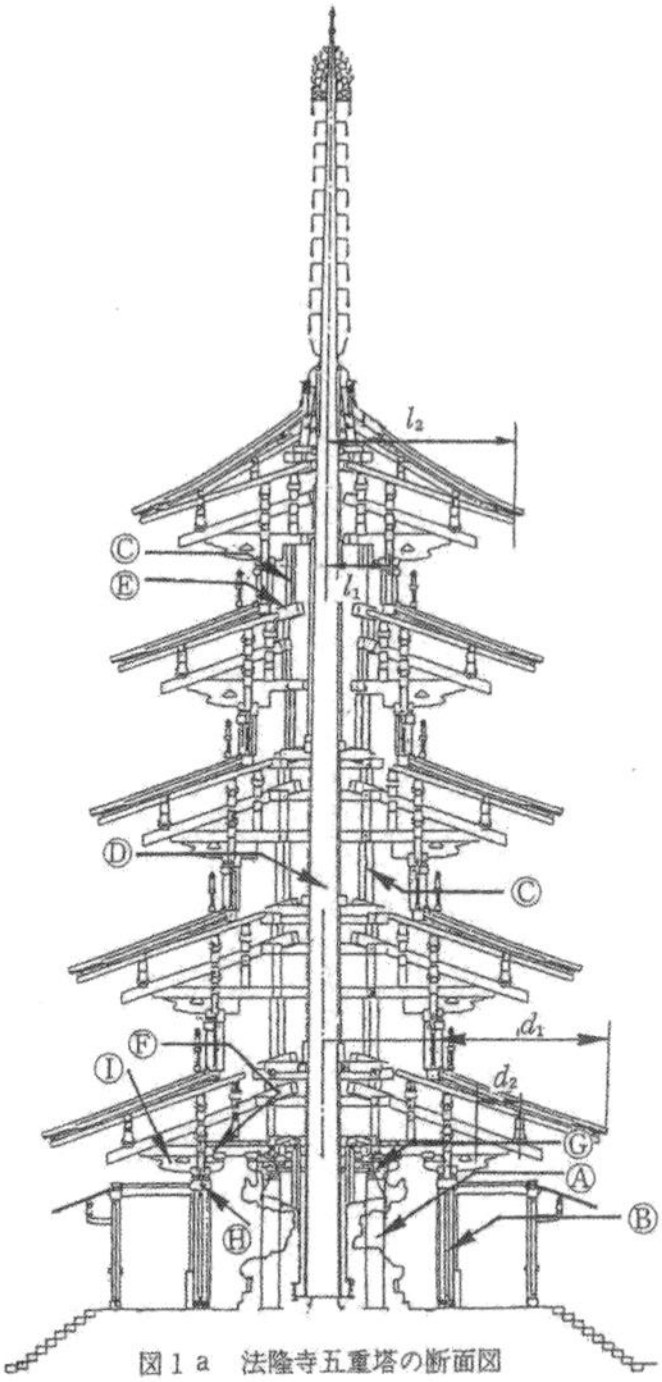

図１ａ　法隆寺五重塔の断面図

真光寺三重塔二重の繋肘木・通肘木（解体中）

その通りです。四方の手先肘木が隅からはみ出していないと、斜め方向の揺れ幅が大きくなり、倒壊の危険があるからです。

「先生、心柱と木枠の幅は、随分離れているように思います。もっと近づけたら、揺れ幅が小さくなると思うのですが、間隔をどのように決めているのですか」

「今、質問したのはI君？　学者顔負けのレベルの高い質問ですね。素晴らしい」

写真を見ても分るように心柱と回りの造りが一見、粗雑で簡略し過ぎるような装置が、なぜ耐震構造になっているのか、現在の学者は誰も理解できていません。その最大の理由は、心柱が地震計の不動点となる重りに相当することに気付いていないからです。I君が質問したように、心柱と木枠との間隔を仮に十センチとすると、木塔の揺れ幅（振幅）は十センチを越えることはありませんが、いま地震の最大の振幅が二十五センチとすると、逆に倒壊の危険性が増すのです。なぜかというと木塔が建っている基壇の部分と接する地面が揺れる十五センチのずれが生じて、その部分から崩れてくる危険性があるのです。

そこでどうするのかというと、地震のときに、木枠や手先肘木が心柱に当たり、振動する振幅の長さを、安全と考える最大値の長さに合わせているのです。各五重塔や三重塔は、高さや規模も違うので一概に言えませんが、写真を見る限り、実際はもっと大きいので、心柱と木枠・手先肘木との間隔は、三、四十センチくらいありそうです。

日本の木塔の耐震構造の考え方は、地震計の原理と『作用と反作用の法則』の二つの科学的原理を組み合わせ応用しているのです。現在、日本以外で木造の五重塔は韓国にある、俗離山法住寺五重塔しかありません。

法住寺五重塔の断面図と立面図から日本の五重塔との著しい違いが分かります。それは、日本の五重塔の均整のとれた際立った美しさです。この違いは、五重塔の心柱の働きの違いにあります。

法住寺の心柱は、図を見て明らかなように、心礎に固定され、二重層の箇所で五重塔を支える支柱として補強されていることが分かります。

この方法では、地震のときに地面の揺れと同調して塔・心柱も同時に揺れています。五重塔を支え安定を保つために、どうしても何本もの支柱で支えるためピラミッド型になり高さも制限されます（法住寺五重塔の総高は二十二・七メートル）。日本の木塔の心柱は、塔を支える

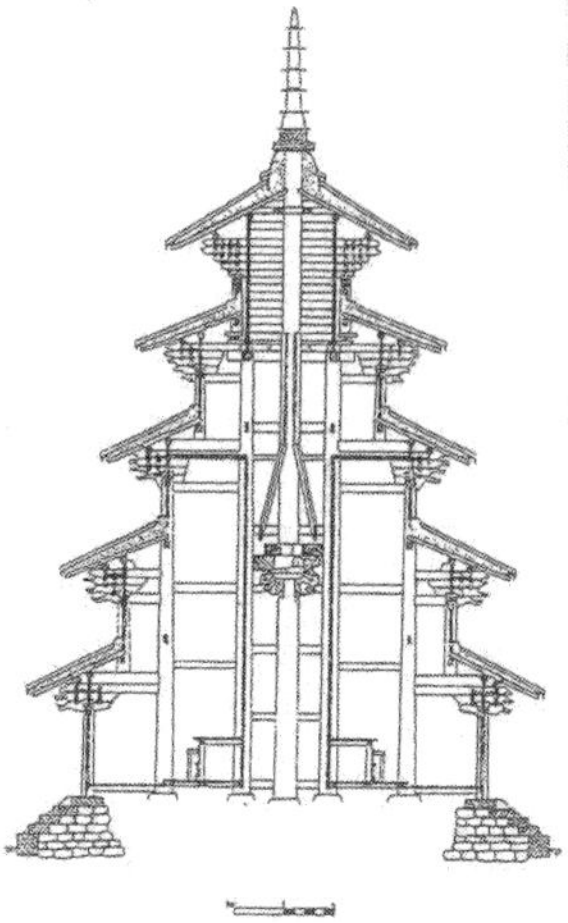

（b）　法住寺捌相殿断面図

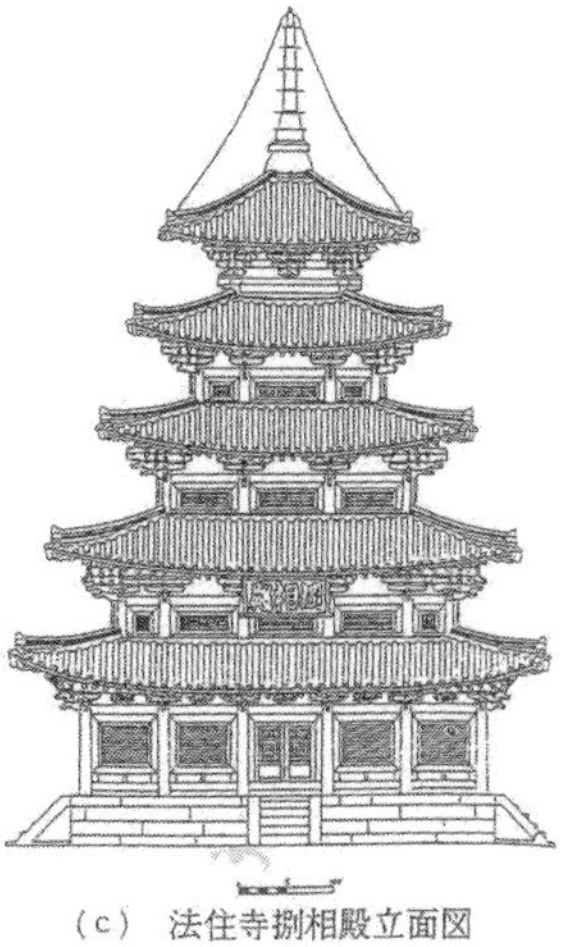

（c）　法住寺捌相殿立面図

支柱ではなく、地震のとき不動点となる重りという決定的な違いがあります。

法隆寺五重塔の重さは、八トン（八千キロ重）もあります。地震のとき、塔を倒そうとする揺れの力（作用）が、不動点の心柱にぶつかっても、同じ力で跳ね返えされ（反作用）て、力学的な力が零になり、塔を倒そうとする力が働かないことになるのです。

それ故に、韓国の五重塔に比べて、きゃしゃな法隆寺五重塔の高さが三一・四メートル、東寺五重塔の高さが五十四・八メートルもあっても、日本の五重塔は倒れないのです。今から千三百年も以前に法隆寺五重塔を建立した匠の技の凄さには、唯驚嘆するばかりです。

「日本の木塔が、なぜ地震で倒れないのかの科学的な理由が理解できた人は、世界に誇るこのような美しい木塔を建立した匠さん達に、感謝を込めて拍手を以って敬意を表しましょう」

「パチ、パチ、パチ、パチ、パチ」。

「嵐のような拍手、嬉しい。美を追求して木塔を建立した匠の技の凄さを、やっと理解してもらえたことに、匠さん達もきっと喜んでいることでしょう」

さて、法隆寺五重塔が、なぜ地震で倒れないかの解明が出来ると、これまで論争となっている事項に終止符を打つことが出来ます。その最大の事項は、法隆寺五重塔の心柱の伐採年代が年輪年代法に基づいて、五九四年に特定されたことに関してです。法隆寺の建立について定説では、六〇七年に聖徳太子によって建立された法隆寺は『日本書紀』によれば、六七〇年に焼失し、その後、再建が始まり、七一一年（和銅四年）完成したとされています。

心柱が五九四年に伐採されたことにより法隆寺非再建論や移築説を唱える学者の論説は、学術論文の体を為していません。何故なら心柱が五重塔に対してどのような働きをしているかの解明がされていないまま、あたかも五重塔を支える支柱との前提に立っているようですが、この説は論理的に考えて全く成り立ちません。

結論を言いましょう。五重塔の心柱にするための絶対の条件は、真っ直ぐで堅くて重く、油分を含んでいて腐りにくいヒノキ材が最適なのです。それは不動点となる重りだからです。東寺では三本の柱を重りとして、ただつないでいるだけで支柱とは成り得ません。

もうお分かりでしょう。再建時に、塔を支える支柱には百年以上も前に伐採した古材は適さないから、重りとしての心柱に使用したのです。心柱の下端が、大人一人分ぐらいの大きさで腐朽して欠落していたようですが、八十キロ重ぐらい欠け落ちていたとしても八トンもの心柱からすれば、百分の一ぐらい欠けても心柱、つまり重りの働きとして、何の影響も及ぼさないからです。

平成十九年八月の新聞に、現在、国宝と重要文化財の五重塔は、全国に二十二基あり、大地震にも耐えてきた。地震による五重塔の倒壊記録は残っていないとして、『地震に強い五重塔なぜ？』として、前述した千葉県市川市の法華経寺の塔を使って、三年計画で解明の研究に取り組んでいるそうです。

地震計を地盤や心柱、各層のはりなど十ヶ所に設置して、データを収集、分析して倒壊しないメカニズムを解明したい考えのようです。心柱に設置した地震計には、地震時に左右前後の横揺れの地震波は記録されないことから、心柱が地震時に不動点となる重りであることを認識できればと期待したいのですが。

法隆寺の僧侶が地震の時に、五重塔がガタガタと音がしていたことを聞いていますが、心柱が不動点となる重りであることを裏付ける貴重な証言です。そのことを証明するためには、心柱の重心近くで地震の揺れの時、木枠や手先肘木に当たらない所に撮影機を設置して、五重塔が揺れた時、センサーとかリモコン、或いはコードを付けておいてスイッチを入れて撮影できるようにしておくのです。心柱が全く揺れていなければ、回りの構造物の振動・揺れが撮影できるからです。

五重塔の耐震のメカニズムを、明治・大正以降の学者の中で、世界的な地震学者の大森房吉氏だけは把握していました。世界に先駆け、初期微動継続時間と震源距離との関係式・大森公式の発見、大森式地震計や各種地震計の開発。一九〇五年、東京帝国大学の後輩・今村明恒氏が統計的見地から「近く大震災がある」と予見したとき、日露戦争真っただ中、「人心の動揺を鎮めるために」との思いもあったのでしょう。今村氏の説を批判し大論争になりました。

一九二一年（大正十年）に、大森氏は「五重塔は、震度七の大地震でも倒壊しない」と発表されたと記憶していました。その当時、地震の最大震度は六で、震度七は無かったのです。

一九二三年（大正十二年）の関東大地震は、震度七と想定されています。その時、東京には、旧寛永寺、浅草寺（昭和二十年の戦災で焼失）感應寺、増上寺（昭和二十年焼失）の四基の五重塔がありましたが、どの五重塔も倒壊しませんでした。

関東大地震発生時、大森氏は外国旅行中でしたが、帰国して震災の甚大であったことを知り、病室の今村氏を訪ねて、もう反故にしても良いような十八年前のかっての論争についての非を詫びられた話に、深い感銘を受けたことを鮮明に覚えていました。理科センターでの講習で、地震のデータから大森公式を導き出したこともあり、大森房吉氏を学者としても、人間としてもずっと尊敬していました。

なぜ、このエピソードを紹介したのかと言うと、地震計を開発した大森氏は、五重塔の耐震構造は、地震計の重りの原理を応用したものと理解していたからこそ、科学的根拠に基づいて「震度七でも倒壊しない」と発表し、関東大地震で氏の考えが正しかったことが、実際に証明できたものと思っていました。然《しか》るに、ある学者が大森房吉教授は六つの五重塔について、震動測定実験をした結果、「五重塔を倒すほどの地震は存在しない」とか「五重塔を倒すほどの地震力は存在しない」と発表（大正十年）しているとの説を読んで、「えーっ、まさか?」と我が目を疑いました。

まず第一に、国宝や重要文化財の世界に誇る我が国の第一級の文化遺産に、果たして震動測定実験を許可するだろうか。次に、もし仮に許可されたとして大規模な震動測定実験など出来るはずもないのに、どのような科学的な根拠を基に、人智の及ばない自然現象の威力の限界を予測できたのか、何も明らかにされていません。

何の科学的な根拠もなく、憶測に過ぎないこのような誤った認識が、真の科学者・大森房吉氏の名誉名声や科学者としての自信と誇りを「どれほど貶めていることになるのか」、なぜ学者自身が気づかないのだろうか。

「五重塔がなぜ地震で倒れないか」の解明が、一向に為されないことをよそに、明らかな誤りをあたかも正しいかのような論が後を絶ちません。特にほとんどの学者が気づいていない、次の二点の誤りを指摘して、法隆寺五重塔を建立した匠の名誉を回復させたいと思います。

その一、日光東照宮五重塔の心柱が、塔身から鎖で吊り下げられていることに呆れながら、その科学的な理由を考えようともせずに「もし現在の技術を駆使して五重塔を建てるなら、地震でも台風でも塔は倒れません。日本一高く、心柱を錆びない特殊な鋼で造ることが可能です」などと真顔で唱えています。失笑ものですが、心柱が塔を支えることなど不可能なのに、心柱が塔を支えている支柱と考えている典型的な例です。

その二、法隆寺五重塔の心柱が、創建当時、掘立て柱だったなどという信じ難い誤りを犯していることです。科学的に検証すれば、創建当時、心柱の下は空洞で、底の部分には舎利壺が納められていたことが、発掘調査から明白なのに、そのことを指摘している学者は唯一人しかいません。『法隆寺のものさし』の著者・川端俊一郎氏ですが、「心柱を百年前の古材を使って新築することはない」として、法隆寺五重塔は移築説を唱えていますが、この説は誤りであることは既に述べました。

さて、ここで仏教の塔（仏塔）は、何の為に建立されたのかについて考えてみましょう（梅原猛著『塔』より）。

それはまず第一に、釈迦の墳墓の標として建てられ、ここに偉大なるブッダが眠っている。この偉大な偉人を崇めよ、というのが墳墓の標としての仏教の塔の最初の意味であった。しかし、この意味は後に、釈迦の死を示す標から、仏教の偉大さを示すしるしに変ってしまう。――

中国においても、日本においても、最初に建てられた仏塔は、多く舎利塔の性格をもった塔であった。舎利塔とは、釈迦の骨を収めている塔であり、塔の土台の下には、舎利が収められている。つまり、インドから中国をへて日本へと塔が伝わり、その形がまったく変化してしまった後においても、この舎利塔としての塔の性格は、中国や日本の仏塔にも強く残されたのである。

このように法隆寺五重塔は、舎利塔という初期の仏塔の形態・お墓を表している世界唯一の貴重な堂塔なのです。つまり心柱の下は、最初から舎利を納骨するという性格を持つ室・

空洞だったのです。創建当時の法隆寺五重塔を耐震構造上、重りとして中吊りにしていた心柱を、ほとんどの学者が掘立て柱として塔を支える支柱と認識しています。

学界には「生存中の学者の説を批判しない」という不文律があるようなのですが、批判のない学問には進歩がありません。何の根拠もないのに一二トンもの巨大な唯の礎石を、若草伽藍塔心礎とか、元々地下部分の舎利を納める空洞を砂利で埋め、心柱をコンクリートで固定するなど、法隆寺五重塔を建立した匠に対して余りにも恥ずべき愚かな所業です。

現状の誤った認識のままでは、世界に誇る日本の文化遺産・法隆寺五重塔を地震から守れないし、建立した匠が哀れです。

そこで皆んなからも、文化庁の役人の皆さんに「創建当時のように心柱を切石上で中吊り状態にし、地下の部分を空洞に戻して、日本の匠の技の凄さを以ってしか造り得なかった、五重塔の耐震構造を分かり易く解説して、匠さん達を顕彰し名誉を回復させてください」と、お願いして欲しいのです。

日本の将来を担っていく皆んなの願いを、心を動かさずに聞き入れてくれないような見識のない人は、日本の文化庁の役人の資格などないと思います（笑）。

「このままでは日本の恥です。どうか文化庁の皆様、私達の願いを聞き入れて匠さん達の名誉を回復させてあげてください。皆んな一緒に、はいっ！」

「よろしくお願いしまーす」「お願い致しまーす」

あとがきに代えて

ここに先生の貴重な宝物の二枚の色紙があります。この一枚の色紙を皆んなで読んで下さい。

「宇宙は夢とロマン　毛利衛」

この色紙は北広島市の中学校に勤務していたとき、学校祭の学級展示部門のテーマが『夢はきっと実現する』というので、中学生の頃から宇宙に憧れ「宇宙飛行士になる」という夢を抱いていたという毛利衛さんの中学生時代の様子を知りたいと思って、御両親が住まわれている余市町の役場に電話をすると、「御両親はもう亡くなられて、御家族は江別へ引越されました」とのこと。〃えっ、同じ江別市に？〃と電話帳を調べて、長男の毛利正秀さん宅へ電話。

「――毛利衛さんの中学時代の様子を生徒と一緒に取材にお伺いしたいのですが、よろしいでしょうか」とお聞きすると即座に、「はい、良いですよ」との返事。〃随分と理解のある奥さんだなぁ〜〃と感じ入って、生徒二人と三人で日曜日に訪問しました。

丁度、八人兄弟の七番目で高校の科学教師の奉信《とものぶ》さんと、三人姉妹の三女・喜代子さんがいらっしゃって、色々お話を伺って、家族の深い愛情の支えが毛利衛さんを宇宙飛行士に育てたのだと、強く実感しました。特に印象的だったのは、人類最初の宇宙飛行士・ガガーリンのテレビの映像と中学生の衛さんが一緒に並んだ記念写真（?）を奉信さんが撮ってあげたことと、昭和三十八年（一九六三年）の網走市での皆既日食を観察するために、奉信さんと二人で網走へ行き、公園の丘の上で野宿し、一枚の毛布に二人一緒でくるまり、満天に輝く星空を眺めながら将来の夢、友達や学校生活のことなどを朝まで語り明かしたそうです。

先生はこの話を聞いて〝ロマンチックだなぁ〜〟と、直《す》ぐに石川啄木の「不来方《こずかた》のお城の草に寝ころびて空に吸はれし十五の心」という短歌を思い出しながら、皆んなと同じ十四、五歳の頃は、誰もが将来への夢を描くものだろうと、先生の中学生時代を振り返り考えていました。

「皆んなはどうですか。将来への夢を描いていますか」

「先生、夢や希望は抱いていると思いますが、今の世の中その実現が困難のようにも思えて、とても不安です」

「日本の将来を担っていく君達若者が、夢や希望を抱き、それを実現できるような世の中にするためにはどうすれば良いのかを、為政者は真剣に考えて欲しいものですね」

「パチ、パチ、パチ、パチ」

厳しい現実に戻って最後に生徒が「何かアドバイスをいただけないでしょうか」と伺うと、「夢や希望を持つことの大切さと、困難に立ち向かっていく強い意志があれば、必ず夢を実現できるから頑張りなさいね」というようなアドバイスを受けました。

先生は、喜代子さんは立派な教育者そのものだと感動しました。というのも後から考えると、このアドバイスが励みとなって、出版の夢が実現できたのだと思えたからなのです。

正秀さんは生徒の取材を柔和な眼差しで、楽しそうに御覧になっていましたが、取材が終わると一人ひとりに衛さん直筆の色紙を下さったのです。先生が一番良いのを真っ先に取って（笑）。

この色紙には、皆既日食前夜の星空を眺めながら衛さんの宇宙への夢と、喜代子さんの励ましによって先生の夢も実現できたのだという思いが込められている貴重な先生の宝物なのです。正秀さんとはその後も「先生、遊びにおいで」と自宅に呼ばれて碁を打つなど親交が続いているのは、教師であればこその喜びで一杯です（正秀さんは、平成二十年暮に永眠されました）。

座右の銘

もう一枚の中央に先生の似顔絵が書いてあるこの色紙は、毛利さん宅へ取材に行った時の生徒を担任したお母さん方から戴いたものです。生徒からの色紙は沢山あるけど、お母さん方からの色紙は初めてなのですが、似顔絵の下に書かれている英語を、照れくさいので小さい声で読んでください。

「We Love Rokkaku」

この色紙が何故、先生の宝物なのかについて説明しますと、先生が生ける屍と化して人生を彷徨っていた学生時代に、先生を救ってくれた『人格は廢虚と絶望の上に築かれる』という格言の話はしましたが、もう一つ『座右の銘』としていたのが、明治〜昭和時代のジャーナリストで思想家・評論家でもあった徳富蘇峰（一八六三〜一九五七）の『人を愛せずして生きる能《あた》わず、人から愛されずして生きる能わず』という格言なのです。

この格言は、世界の思想家や宗教家のどのような格言にも、決して劣るものではなく、世界に誇れるものだと思います。『人を愛せずして生きる能わず』というのは、親や兄弟の肉親を愛するのは当然のことなのですが、今の世の中、当然のことが当然ではなくなってきているようですが……。もっと広義に解釈して、先生に例えれば『先生が生徒を愛することが出来なければ、生きていく値打ち（価値）がない』ということなのです。

随分と厳しい内容の格言ですが、世界の格言や戒めは、全て能動的に、自分から直接働きかけるので分かり易いのですが『人から愛されずして』とは、受動的なことなので、〝日本人の格言らしいなぁ〜〟と、何か心惹かれるものを感じて、具体的に〝どういうことなのだろう〟と、ずっとこだわりがあったのです。なぜ、この格言を『座右の銘』としたのかは、先生の中学生時代にまで溯らなければなりません。これから話すことは、今まで誰にも話したことはありませんが、きっと皆んなへの応援歌になるものと信じているからです。

先生が中学一年の秋、義経神社のある平取から苫小牧市の隣村の小さな早来村立安平中学校へ転校して来ました。純農村地帯で春の田植え期には、一週間から十日間、秋の稲刈り期にも一週間の農繁休業があり、その他、様々な作業があったりして授業時数の確保もままならないようでした。

最も困ったことは、戦後四～六年目の中学時代は、まだ高校の入試教科に英語がなかったために英語を教えることの出来る教師が一人も居なくて、英語の授業らしい授業を唯の一回も受けたことがなかったのです。高校合格の後、クラス分けの参考にしたいとのことで、隣町の追分高校で英語のテストを受けたのですが……。時間中、恥ずかしさに打ちのめされ、答案用紙を白紙で提出したことしか記憶になく、家に帰ると頭から布団をすっぽり被り、先生のこの大きな両方の目からぽろぽろと大粒の涙がこぼれていました（笑）。「アハハ…」

事はそれで終わりませんでした。真新しい英語の辞書を手にして、何事も自分で調べて納得しなければ気の済まない先生は、英語の構文など全く分からないままに、辞書を引きながら自分なりに英文を訳したつもりでいた英語の時間、英訳を当てられ熟語の単語をただ直訳して…「ワハハ…」と哄笑され、教師は「それはそうだけど…」と開いた口がふさがらないようでした。

笑い者にされた先生に次に待ち受けていたのは、からかいでした。汽車通をしていて汽車に乗ると、他のクラスの同級生から「六角ちょっと来い」と呼ばれ「この漢字を読んでみれ」と示されたのが、当て字の秋刀魚という漢字でした。田舎者で井の中の蛙、社会的な常識に欠けていた先生は、高校一年生でこの漢字が読めませんでした。すると、「この漢字が読めないのは、内の学校ではお前ぐらいしかいない」と言われ、また、回りの人たちから哄笑されました。

先生は、ただ歯を食いしばって耐えるしかありませんでした。しかし、このような屈辱に晒されたからこそ、教師として最も大切な資質とも思える、子どもの心の痛みを思いやり、子どもの立場になって考え、語りかけてあげられるような教師になろうとする強い意志が培われ、今の自分があるのだと思っています。

中学数学教科書の六割程度しか習えなかったことに愕然とし、既習学力を積み上げていく英語と数学の立ち遅れは致命的でした。浪人して受験勉強に励んでいた時、何故、もっと真剣に僕達の将来のことを考えて、他の大規模校と同じような授業をしてくれなかったのかと、人間的には皆んな良い教師だっただけに、却ってショックは大きかったのです。中学生の時から教師を志望していた先生は、〝絶対このような教師にはならないぞ！〟と心に誓いながら、いざ教師になったら、やはり自分が一番可愛いくて、〝出世したい〟と上ばかり見て、子ども達のことなど二の次、三の次にしてしまうのではないかとの恐れや迷いがあったのですが、このような懸念を一蹴させたのが、現北海道教育大学（札幌校）附属中学校での教育実習でした。

大学生活五年目、細やかな親からの仕送りもストップされ、アルバイトに明け暮れる日々。

当然のごとく成績も最低。附属中の生徒はエリート集団で、何かやり込められそうな気がして教育実習は、附属中だけは嫌だと敬遠していたのですが…。生まれて初めて教師としての授業、指導教官は〝緊張するのでは〟と、私一人に任せて下さって、気合も充分にいざ出陣！

忘れもしない二年社会科、主題は『ルネサンス』、再生、復活という意味のフランス語のスペルを得意気に黒板に書いていると…「あ～、夕べきっと調べてきたんだよ」との声。「アハハ…」

見事に出鼻を挫かれた先生は、今にもズッコケそうになりながら正面を振り向くと…一斉に花開いた桜のように、教室一杯の微笑みが、緊張を和らげ「先生頑張れ！」と励まされているように思えたのです。子ども達には、全てお見通しなのです。私の至らなさを教生期間中どれだけ救われたことでしょう。附属中学校での二つの体験が、私の教師としての在り方を決定づけました。

その一つは、空き時間にお願いすれば、自由に出来る授業参観。最も関心のあった理科の授業。中学生時代、理科室がありませんでしたが、唯の一回も実験の経験がなかった先生にとっては鮮烈でした。

男女別々の班編成で、女子も男子に負けず劣らず活発に意見交換し、的確に実験観察を検証し、課題を解明していく。何よりも生徒一人ひとりが生き生きと輝き、学ぶことの喜びや楽しさを実感している。これぞ『理想の授業』と強く心に刻んで、どのような学校でも能力や学力の差に関係なく、生徒一人ひとりが学ぶことの喜びや楽しさを実感できるような『理想の授業』づくりを目指したということなのです。これまでの話から皆んなにも思い当たる節《ふし》があるでしょう。先生がなぜ、理科室での班編成は「男女別々で、好きな者同士でも良いから自由に決めてください」と言った意味が分かりますか。

「余りにも偏っていて問題があり、各班きちんと班学習が出来るのだろうか？」と心配する向きもありますが、そのような懸念は、子どもが秘めている可能性や潜在的な能力を信じることが出来ないでいる妄信にも等しいものです。結論を先に言いますと、教師の創意工夫によって理科の実験観察を能力や学力の差など関係なしに、一人ひとりが学ぶことの喜びや楽しさを実感できる『理想の授業』が出来ることを皆んなが立派に証明しているということなのです。

普段の授業で生気を失っているような生徒が、理科の授業で生き生きと蘇ったように、班員と協力して楽しそうに学んでいる姿。潜在していた能力を発揮して自信に満ち溢れた表情で学習課題に取り組んでいる姿。他の班へ行き、実験のアドバイスをしている生徒の姿に感動しながら、先生が理科教師であることの喜びと幸せを感じています。

このような授業ができるということは、とても大きな意義のあることなのです。それは自分に自信と誇りが持てるようになり、そのような生徒は決して他の生徒をいじめたりしないからです。

これで先生が教師としての在り方を決定づけた一つ目の、〝どのような学校でも『理想の授業』づくりを目指した〟ということは、分かったと思います。勿論、どのような学校でも『理想の授業』が出来たことは言うまでもありません。

二つ目は、「先生はロマンチストだなぁ〜」と思われるかも知れませんが、一人の女子生徒が私の教師としての運命を決定づけたとも言える体験なのです。教育実習も終了し、友人と二人で札幌の中心街へ吊り革に捕まりながら電車に乗っていた時、一つ手前の停留所を降りようとした二年生の女子生徒が〝これぞ大和撫子〟とも思えるように、礼儀正しく挨拶をして、「先生、明後日から学校祭が始まりますから是非見にいらして下さい」と言われたのです。

まだ学生の自分に「先生！」と呼ばれた時の誇らし気な気持ちと、電車の中で中学二年生の女子生徒が、なかなか出来ることではないと、その優しい心根に涙が出るほど感激し、〝教師って何て素晴らしい職業だろう〟と不安一杯だった附属中への教育実習だっただけに、尚更胸を打たれたのです。その時はっきりと、生徒から「先生！　先生！」と慕われるような教師になろうと強く心に決めたのです。

慕われるというのは、恋しく思われる（笑）ということではなくて、教師として尊敬され見習おうとされること、教師として信頼され頼りにされること、友達のように親しまれるということなのです。この時の思いが『座右の銘』となり、お母さん方からいただいた色紙にも繋がっているのです。そのような意味で、彼女は先生の恩人でもあり、神の使いとして先生を迷いから救ってくれた天使のようにも思えたのです。

指導教官の名前は、とっくに忘れてしまいましたが、どうして天使の名前を忘れることが出来るでしょう。四十年以上経った今でも、彼女一人だけ名前（M・Kさん）を覚えているのですよ（笑）。「へぇー！」

生徒から慕われるような教師になるためには、先生の教師としての哲学と言っても良いのですが、それは〝子どもを信じる〟ということです。子どもの何を信じるのかと言いますと、一つは、「子どもには、悪い子など一人も居ない、皆んな善い子なのだ」と信じて疑わないこと、「パチ、パチ、パチ」……。言葉を代えて言うと、子ども一人ひとりの人格を尊重するということなのです。

もう一つは、どのような子どもにも、自分に自信と誇りを持たせることが出来ると信じることなのです。

親は、我が子の健やかな成長を心から願っています。健やかな成長とは、健康で元気はつらつとして、心や行いがしっかりして正しい行動がとれるような子に育つことです。このような親の願いを教師は付託されているのです。

二年生の新しい学級編成で、親から見れば不安要因が多々あったのだと思います。もし、一年生時にいじめを受けた子がいれば、常に目配り、気配りを怠らず、目をかけて愛情を注いで支えてあげると、回りの見る目も明らかに変わってきます。家族から離れて学校で生活している子どもをいじめから守ってあげられるのは、教師でなくて誰が守ってあげるのでしょう。

自分から好き好んでいじめたり、暴力を振るう子はいません。必ず心の痛みを抱えているからなのです。教師の権威（？）で抑《おさ》えつけようとしても根本的な解決にはなりません。子どもの立場になって考え、心の痛みを思いやり、心から信じることによって初めて相手に思いが通じるのです。

子どもが教師から信じられ、信頼されていると悟ると、強く意に感じ、必ず良い方向に向かい善い子に為っていきます。子どもには純粋な心が沢山残っているからです。子どもを愛するというのは、皆んな善い子と信じて一人ひとりに分け隔てなく誠意を尽くすことです。

お母さん方から戴いた色紙は、先生が信頼されたことの証で感謝の心が込められた、これ以上ない贈る言葉なのです。この時、夫が教師のあるお母さんから「先生って幸せな先生だね。教師冥利に尽きるしょ」と言われました。

『座右の銘』の『人から愛される』というのは結局、人（生徒）を愛することによって得られる幸せなのだと悟りました。その幸せとは、地位や身分、名声や金持ちで無くても、自分の努力で身近な手の届く所にあることを教えてもらいました。そのような意味でこの色紙は、先生が教師としての信念を貫いた誇りの証でもあり宝物なのです。

先生が教師として何を目指しどのような生き方をして幸せを得たのかという話しをしましたが、皆んながこれからの人生に、何か学ぶことがあればと願っています。

次に日本の古代史を解明するために、日本の神道と民族の特性について述べてみます。日本では古来より、実在した人物を神として崇め敬ってきましたが、人が神とされるには次に三つのパターンがあります。

一つは、生前、偉大な業績を残した人物。皆んなもよく知っている例として（かっこ内は祀っている神社）、桓武天皇（平安神宮）、豊臣秀吉（豊国神社）、徳川家康（東照宮）、明治天皇（明治神宮）等。古代では、応神天皇・八幡神として全国各地の八幡宮で祀られています。皇室の先祖、邪馬台国の卑弥呼女王が、皇祖神・天照大神として祀られていないはずはありません。その業績については、もう説明する必要もないでしょう。

二つには、不幸な亡くなり方をして、その怨霊を鎮めようとして祀られた人物。菅原道真（太宰府天満宮や京都の北野天満宮）、平将門（神田明神）、古代では卑弥呼女王や大国主命（出雲大社）等が当てはまります。

三つには、高名な人物が、その亡くなり方に同情を誘う場合。例えば、部下を救おうとして壮絶な最後を遂げた広瀬武夫（広瀬神社）、明治天皇が崩御された時殉死した乃木希典（乃木神社）、主君の仇討ちの後、結局は切腹させられた大石内蔵助（大石神社）等。

このように歴史上実在した人物が、神として祀られている例が数多くあるのにも拘らず、古代になると人格神を実在した人物と認めようとしないのは、『日本書紀』が編纂者の理念に基づいて、一つの大系にまとめられている日本国史であるということが、全くと言っていいほど理解されていないのです。

即ち『日本書紀』は歴史的な事実を基に、実在した人物を神として神話化し、『神代《かみよ》・上（巻第一）』、『神代・下（巻第二）』で、日本という国の成り立ちを明らかにし、『人代《ひとよ》・神日本磐余彦《かむやまといわれひこのすめらみこと》天皇・神武天皇（巻第三）』の東征神話から始まる日本国の歴史を語っているのです。

「先生、それでは日本の国土の大八洲国《おおやしまのくに》を生んだというイザナギノ尊・イザナミノ尊の神様も、実在した人物なのですか」

勿論《もちろん》、実在した人物ですが、現在の歴史学界では、イザナギノ尊、イザナミノ尊を実在した人物などとは考えていません。〝国生み神話〟を単なる観念上の神様の物語としか捉えていないのです。邪馬台国は九州か畿内かの論争が、もう百年以上も経っているのに、未だに解明できないでいる理由の一つなのです。

「それでは、イザナギノ尊・イザナミノ尊とは、歴史上の名はないのですか、誰だか分かる人いますか」

「はい」「はい」「はい」……

「おーこんなに沢山。それでは皆んな一緒に！」

「卑弥呼女王の両親！」

素晴らしい！　もう何回かイザナギノ尊とイザナミノ尊が、天照大神（卑弥呼女王）を生んだという神話を取り上げていたので分かったと思うのですが、実は『日本書紀』の記述は、この〝国生み神話〟から実質的に始まっています。それは皇室の先祖・卑弥呼女王を生んだという歴史的な事績を、日本という国の成り立ちの起源としているからなのです。

神話といえども、筋の通らないことを書くことはできません。天照大神が、ニニギノ尊の父・天忍穂耳尊《あめのおしほみみのみこと》や宗像三女神を生んでいるのは、天照大神が決して観念上の太陽神ではなく、実在した人物・卑弥呼女王であることを証明しているのです。

この〝国生み神話〟は、日本という国の成り立ちや、日本民族の国民性を知る上で、大変示唆に富んでいます。イザナミノ尊が最初に生んだ洲の形を、初めて天上の高天原から眺めて（口に手を当て）「あっ！」と驚き（今にも泣き出しそうな女声で）「まぁー、私恥ずかしい、どうしましょう」「キャハハ…」「アハハ…」

日本の国土を大八洲国《おおやしまのくに》というのは、大日本豊秋津洲《おおやまととよあきつしま》（本州）、筑紫洲《つくしのしま》（九州）、伊予洲《いよのしま》（四国）、淡路洲《あわじしま》、佐度洲《さどのしま》、億岐洲《おきのしま》、他に大洲《おおしま》（周防の大島か）、小洲（他に壱岐島や対馬島との説あり）の八つの洲なのですが、最初に生んだ洲とは次の本州、九州、四国、淡路島の内、どの洲だと思いますか。

「……」「淡路島？」

「正解です。淡路島という語源は洲の形の出来が悪いので〝私恥ずかしい〟という意味の〝吾恥洲《あはじしま》〟から名付けられたのですよ」

「へぇー」「ホントに？」

「『日本書紀』にはっきり書かれていることなのですが、日本の神話は他国の神話と決定的に違うことがあります。それは、日本の神様は人間と同じような感情を持っているということです。その理由は、皆んなにはもう分かりますね」

この〝国生み神話〟から、次のようなことを読み取ることが出来ると思います。一つには日本民族は神代の昔から美的感受性に秀《ひい》でているということです。日本国土の形そのものが、断然の世界一美しいのは、イザナギノ尊・イザナミノ尊の国生みの賜なのだということが、よく分かりました（笑）。「アハハハ…」

二つには余り意識されていないことなのですが、日本民族の行動規範としての「恥を知る」という美意識が、古代の人々に既に芽ばえていたと思われるのは驚くばかりです。三つには世界の〝創世神話〟と違って、イザナギノ尊・イザナミノ尊に、なぜ日本の国土だけを生ませたのかという命題なのですが、日本民族は〝穢《けが》れ〟を特に嫌います。大陸の国々のように異民族に侵略・蹂躙された国土は、穢れた不浄の地と考えます。皇室の先祖・卑弥呼女王の子孫である神武天皇によって初めて統一・建国された「日本」という国は、異民族はおろか、他の氏族によっても統一・支配されたことのない神聖な国土であることによって、「万世一系」

と結びつき、世界に類のない「万邦《ばんぽう》無比の国体」であることを強調しているのです。世界に誇る日本民族の古典、『記紀』を読むと、ほのぼのとした情感に満ちていて心が和みます。それは実在した人物を神として崇める日本民族の心の優しさの所以なのでしょう。

実体のないものを神として祀ることは出来ませんが、人物以外にも自然の神秘的なものに精霊を感じて神として崇拝します。このような信仰をアニミズム（精霊崇拝）と名づけているのですが、そのような例を挙げてみましょう。

大和盆地の東になだらかな美しい山容の三輪山を御神体として祀る大神《おおみわ》神社には本殿がありません。拝殿を通して三輪山を拝むという、最も古い形式の神社です。富士山や岩木山・立山・白山などのように、円錐形にとがった秀麗な高山を「神の山」として崇拝するのは、世界各地でも見られますが、標高四六七メートルの「和」そのもののような山を聖なる山として崇め、日々の平安を祈ります。前方後円墳の円墳は、三輪山に似せて造られているという説がありますが、被葬者の霊の安らぎを願っているようにも思えます。

社伝に神武天皇が、那智の大滝に神を祀ったとされる熊野大社は那智の大滝を御神体としています。三輪山の静に対して那智の大滝の動、どちらも自然の神秘的な美しさや清浄さに、感性豊かで人間味溢れる日本民族は感動し、神威を感じて神として崇《あが》めるのでしょう。

第二は、日本民族は大義名分を重んじ正義感が強く、大変誇りが高いということです（武士道）。また他国民には見られない素晴らしい国民性があります。儒教国では〝そんなつまらない職業〃とさげすむようなことも、日本では職業に関係なく、職人・技が優れていたり、その道に秀でた人を誉め、讃え、尊敬します。

先生は「テレビチャンピオン」や「プロフェッショナル」というテレビ番組を見るのが好きで、いつも感動しているのですが、そこに出てくる人は職業に関係なく、自分の仕事に自信と誇りを持っていて、それが生きがいとなっているということです。

新自由主義という競争原理が教育の場にも持ち込まれて、もし成績の良し悪しで人間の価値を決めてしまうようなことになれば、反面、子どもが自分に自信を持てなくなり、将来に対する不安がいじめや暴力の増加に直結しないだろうかと危惧しています。

先生が言いたいのは、一人ひとりの個性や才能は違いますが、その人にしかない他の人より優れている資質や可能性を秘めていて、皆んな一人ひとりが「素晴らしい人間なのだ」ということです。「自分には、そんな才能や能力などない」と思う人がいるかも知れませんが、「他を思いやる優しい心」とか「誠実さ」や「美しいものに感動する心」、「きれい好き」、「曲がったことが大嫌い」、「責任感が人一倍強い」等、必ず何か秀でたものがあります。個性や才能、その人にしかない資質を生かす道を見い出していくことが、生きがいに繋がります。「この世に生まれてきた価値が必ず何かある」ことを信じることが出来れば、夢を描く力になります。

第三は、夢や希望や目標があれば、厳しい現実を乗り越えて行けるのです。日本民族には他民族には見られない独特の美学があります。例えば、行動の規範を物理的な利得よりも、精神的な誇りを大事にして行動することを「美」と感じ、損得で行動することは恥で、「醜い」と感じる民族なのです。

侍の誇りとは〝金では計れない義のために命を賭ける〟とか、教師の誇りとは〝自分の利害のためではなく、一人ひとりの子どものことを第一に考え、保護者の付託に誠心誠意応える〟等。美しい日本人とは、心が美しい日本人を指し、「どのような生き方が美しいのか」という美醜の観念で自分の行動を律するのです。何という精神性の高さでしょう。

先に夢や希望が持ちにくい世の中というのは、「日本」の建国の歴史も否定され、日本人としての自信も誇りも持てずに、心のより所をどこに求めてよいのか迷っているからなのです。日本の伝統・歴史・文化を正しく理解することによって、先生自身は、日本人としての自信と誇りを持っているし、日本人に生まれてきて本当に良かったと心から思っています。

一方で現実は、毎年三万人以上を越える自殺者や、人間の心を失った家庭や社会で起きている悲惨な事件。その主な原因は、個人や企業が利益追求を最優先し、人間をもの同然に扱い、日本人としての誇りも、人間の尊厳をも踏みにじっているからに他ならないのです。

「あ〜ぁ嘆かわしい。あの日本民族の他を思いやる優しい心や、利得よりも誇りや名誉に生きる美意識は、一体どこに捨ててしまったのでしょう。今こそ為政者は、卑弥呼女王の慈悲の心と、神武天皇の家族の一員と同じように、国民一人ひとりの幸せを願うような国を治める理想を実現して欲しいものですね」

「パチ、パチ、パチ、パチ」……。

自分が生れ育つ「日本」という国の成り立ちや、建国の歴史を主に『日本書紀』を基にイデオロギーに捉われないで、純粋な学問として検証し、考えてきました。先生の考えは理解してもらえたと思いますが、その考えを皆んなに強要する気は全くありません。神武東征神話は史実であるのか、日本という国の伝統・歴史や文化に自信や誇りを持つことが出来るのか等は、各自が判断して決めることだからです。

中学生には難し過ぎたことも多々あったと思いますが、世界に誇る日本民族の古典『記紀』の人間味溢れる神様の物語（神話）には、夢とロマンが一杯詰まっています。何時の日か、口語訳の名著を読んで、日本の伝統・歴史や文化に自信と誇りを持てるようになって欲しいと願っています。

最後に、一向になくならないいじめによる自殺者を少しでも救えるものであれば、との先生の心情を訴えたいと思います。先にも言いましたが、いじめの原因の一つが、日本とはどういう国の成り立ちをしている国なのかとか、日本の真実の建国の歴史を正しく教えていないからです。

なぜかと言うと、皇祖・卑弥呼女王から神武天皇を経て、営々として培って来た、『お互いを尊敬し、仲良く共存する和の精神こそ、社会という集団の中で生きていく上で最も大切である』という先人の英知に学ぶことが出来ないからです。もう一つは、日本の伝統・歴史や文化を正しく理解することによって得られるであろう、日本人としての自信や誇りを持てないでいるからです。いじめによる自殺というのは、決して当事者だけの問題ではありません。学級・学校という一つの社会集団に関わる事柄なのです。

学級という集団の中で生活していく上で、何が最も大切なのかは、成績云云よりも、一人ひとりがお互いの存在意義を認め、人格を尊重することなのです。その上で、お互い助け合い、支え合うような学級づくりが出来れば、いじめなど決して起きません。

笑顔が絶えず、皆んな仲良しの学級は、居心地も良く、自分への自信を得て成績も一段と向上します。それでは、このような学級をどうして作るのかは、学級の一人ひとりは皆んな善い子と信じ、愛情を持って向き合えば、決して難しいことではありません。子ども達は本来、日本民族の和を大切にし、他を思いやる優しい心の持ち主だからです。

皆んなは、日本人の行動のよりどころとなる規範を、誇りや美しい生き方をしようとする美意識を理解できますか。誇り高い日本人というのは、自分より弱い人を助け支えてあげようとはしても、いじめるなどというのは、最も恥ずべき醜い行為として蔑む民族なのです。勿論、皆んなは誇り高き日本人であることを先生は信じていますよ。

自ら命を絶たなければならなかった子ども達についての話をするのは大変心苦しいのですが、毎年のように繰り返えされるいじめによる自殺、いま教師に問われていることは、なぜ過去のいじめの自殺の教訓を生かせなかったのか。なぜ深刻な子どもの悩みや不安、苦しみを受け止め、地球より重いと例えられる子どもの命を、本気で守ろうとしなかったのか。

このような子ども達にはある共通点があります。それは、純真で素直、気が優しく真面目な子なのです。〝真っ直ぐ育った固くて細い木は折れ易い〟だからこそ、回りの大人が救いの手を差し延べる必要があるのです。もし、過去のいじめによる自殺の教訓を生かすことが出来たら、救われたであろう命もあったと思うと胸が痛みます。

皇后陛下美智子さまは、〝未来を担う子ども達への願い〟として、最後に次のように結ばれていらっしゃいます。

「子ども達が人生の複雑さに耐え、それぞれ与えられた人生を受け入れて生き、やがて一人ひとり私共全てのふるさとであるこの地球で、平和の道具となっていくために…」

皇后陛下の、未来を担っていく子ども達への期待と深い愛に見守られていることを胸に、これからの人生を力強く歩んで、意義ある未来を拓いて欲しいと思います。

既に話しをしたことですが、人生には必ず降り懸かってくる試錬、悩みや苦しみに耐え、その苦境を乗り越えることが出来ると、人間的にも成長し、精神的に強い人間になれるのです。〝人は自分の仕事をするために生まれてきた〟〝すべての人生に価値がある〟〝生まれてきた価値が必ず何かある〟等。このような人生への意義付けは〝自分の人生で、一体何が出来るのか〟、〝意義ある何かをやり遂げたい〟という意欲や勇気を与えてくれます。

先生が著書を出版しようなどと大それた事を考えた理由の一つに、〝人は自分の仕事をするために生まれてきた〟という言葉に勇気づけられたことは確かです。歴史の真実・正義を国民の手に取り戻したいという一心で、無謀ともいえる著書の全国出版に挑戦しました。

平成二十二年五月に脱稿して、著名な政治家を通して誠意を尽くして依頼していただいても、地位も名声もない元中学校教師の著作の全国出版など体良く断られましたが、実体はほとんど相手にされなかったようです。

保守本流の牙城と思える出版社でも、こと古代史に関しては日本歴史学会に迎合し、学問の自由も、言論の自由も出版の自由もなく、言論統制の片棒を担いでいるかのような有り様。これが、文明社会が築かれている民主主義国家と言えるのだろうか。批判のない学問に進歩は有りません。『神武東征神話は史実である』に反論したい学識者諸氏様、公の場で議論し合いましょう。喜んで受けて立ちます。

苦節八年この度、運命の糸で結ばれていた高千穂神社の宮司・後藤俊彦様のお力添えと展転社の藤本隆之様の御英断を賜り、著書の全国出版の栄誉を担うことができました。いまここに改めて深い感謝の意を込めて謝意を表したいと思います。誠に誠に有り難うございました。

最後に私事で恐縮ですが、この書を一昨年の暮、若くして逝った長男・利克に捧げます。

平成三十一年　三月　吉日

付記　「君が代」がなぜ日本の国歌なのか

日本古代史の謎を解明して、最も痛切に感じたことは、日本の伝統・歴史や文化の素晴らしさに、日本人としての自信と誇りを持つことができ、この国に生まれてきて本当に良かったと心から思えたことです。

然るに歴史学界は歴史学者の為すべき大義を忘れ未《いま》だに日本という国の成り立ちや確たる建国の歴史を確立できていません。そのためか、自国の伝統・歴史や文化に対する誇りを涵養すべき教育が行われず、光を当てなければならない日本の古代史が国民から奪われています。

それればかりか、純粋に学問として問われるべき教科書採択に関わることが政治問題化し、教育界最大の悲劇とも言えるのが、いじめによる自殺と「君が代」国歌斉唱問題です。本来、敬意と愛着を持って歌われるべき国歌斉唱が、裁判沙汰（平成二十三年）になってまで争われています。

それは、日清戦争から始まる一連の戦争を侵略戦争で、日本軍による多大の加害を与えた戦争犯罪と断定している東京裁判史観が根底にあります。すると行き着くところ、反戦、反天皇、反国家権力という狭隘なイデオロギーに埋没してしまい、歴史から何も学ぶことはできません。

帝国主義という時代のルールの中で、なぜ戦わなければならなかったのか。なぜ、かくも雄々しく勇敢に戦ったのか…、確実に言えることは、日本人としての誇りと祖国への自尊心を持つが故に、国家への忠誠を尽くした愛国者であったという、当時の視点で検証しなくては、正しい歴史認識ができないのです。

「子ども達を二度と再び戦場へ送り出すような教育をしてはならない」をスローガンとして、日の丸は、「天皇制国家主義のシンボル」であり、君が代は「主権在民の憲法原理に反する」という日教組見解でイデオロギーに転化し、政治権力がこのような教師を管理・統制しようとしていると、ただ闇雲に反対しています。現状のまゝでは不毛な対立構造がいつまで経っても解消できません。

日本人は、物事の本質を見抜く洞察力を失ってしまったのだろうか。政治介入云々言う前に、なぜ、自国の国旗や国歌に敬意や愛着を感じることができないのだろうか、という本質的なことを考えることが先決問題なのです。

どこの国でも自国の国旗制定の謂われや理由はあるのですが、日本ではその理由が説明されていません。日本民族の気質だと思うのですが、単純明快を良しとし、日本の国旗がなぜ「日の丸」なのかは、日本人なら特に説明する必要もなく、自明の理で必然的なことだと考えているからなのです。

問題は国歌の方なのですが、「君が代」もまた、なぜ国歌に制定されたのかの理由も特に説明されていません。「君が代」を国歌に制定したのは、明治初期、大山巌（日露戦争時の総司令官）後の元帥が、日本国歌作成の要を説かれ、薩摩琵琶「蓬莱山」中からこの歌詞を選びました。その理由は一切語られていませんが、日本の国歌に最も相応《ふさわ》しいと考えたからこそ、この歌詞を選んでいるのです。

また、その理由を聞こうともしないのは、誇り高い日本人は、その理由を自分で考え納得させること（洞察）を、奥ゆかしいと感じる日本人が持つ美意識がそうさせるのです。

読者の皆さんは、日本一国で一文明国家であることをご存知でしょうか。ハーバード大学の国際政治学者・サミュエル・ハンティントン教授は、一九九〇年代のベストセラー『文明の衝突』の中で、高度に発達した世界の文明を中華文明、ヒンドゥー文明、イスラム文明、東方正教会文明、西欧文明、ラテンアメリカ文明と日本文明とし、何と我が日本文明だけは、中華文明にも属さず一国だけで一つの文明圏を形成していると指摘しています。

その最大の理由は、他の国には見られない「万世一系」の天皇と日本民族の宗教ともいえる「神道」にこそあるのです。神道には体系的な教義や教典がありませんが、日本人なら誰でも理解できるからです。

その一つは、日本人は人が亡くなってもその人の霊魂の存在を信じていて敬います。人によっては神として…。もう一つは、自然の神秘的な美しさや清浄さ、尊く聖なる荘厳なものに神威や精霊を感じて神として敬います。大切なことは、日本人には古来より多神教の自然や人間への生命観や霊魂観が根づいていて、神として敬う敬虔さや誠実さが日本人の行動を律する規範となっているということです。

未曽有の先の東日本大震災で世界中から絶賛された日本人の美徳は、日本の素晴らしい伝統・歴史や文化が反映されたものであり、そしてその根底に私たち日本人は他ならぬ「万世一系」の天皇にこそ、誇らしい尊崇の念を抱いているからなのです。

万世一系の天皇は、西欧の王室とも世俗的な権力者や偉人とは全く異なる、生まれながらの尊厳とかけがえのない尊い聖なるご存在として敬われています。また、国民統合の象徴としての天皇は、外交儀礼上は元首として扱われているとされています。つまり、外国の眼には天皇は日本の代表者、シンボルなのです。国家・国民を代表する尊く聖なる天皇を私たち日本国民は、決して辱しめてはならないと、絶望的な極限状態でも礼節な行動をとるのです。「本当かな?」と疑問に思われる人がおりましたら、胸に手を当てなくてもよろしいですから、ちょっと考えてみて下さい。そのような礼節な行動をとると思う人ほど、如何に天皇・皇室への尊崇の念が篤いかがお分かりになるでしょう。

先の東日本大震災に関連したテレビ番組の中で、産経新聞が、「日本国民の精神的支柱として、国民の底力を支えているのは天皇・皇后陛下だ。両陛下と皇族方の励ましが国民に勇気を与え、復興への心の拠り所になっている」と紹介していました。先の大戦後、昭和天皇の御巡幸を通して日本全国に感動の渦が湧き起こり、復興の原動力となりました。

連合国軍最高司令官マッカーサーは、後に「戦後、日本の幸福に最も貢献した人は天皇陛下なり」と断言しました。天皇陛下は宮中祭祀で、無私の心で国家・国民の安寧と平和な世の中をお祈りされておられます。

もうお分かりでしょう。我が国は天皇・皇室によって護られているのです。

大正末から昭和の初めにかけて、駐日フランスの大使を務めたポール・クローデルは、「私がどうしても滅びてほしくない一つの民族がある。それは日本人だ。あれほど古い文明をそのまま、今に伝えている民族は他にいない。……日本人は貧しい。しかし高貴である」と、フランスで日本を讃えられています。

また、二十世紀が生んだ偉大な天才科学者、アルベルト・アインシュタインが私たち日本人に、次のような言葉を遺されたそうです（『誇り高き国日本』池田佳隆著より）。

「近代日本の発展ほど世界を驚かせたものはない。万世一系による天皇をいただいていることが、今日の日本をあらしめたのである。私はこのような尊い国が、世界に一ヶ所くらいなくてはならないと考えていた。世界の未来は進むだけ進み、その間、幾度か争いはくり返されて、やがて最後の戦いに疲れたときがくる。

そのとき人類は、まことの平和を求めて、世界的なリーダーを創り出さねばならないだろう。そのリーダーは、軍事力や経済力ではなく、あらゆる国の歴史を抜き超えた、最も古き、また最も尊き国柄でなければならない。世界の文化は、アジアに始まってアジアに帰る。それは最も貴き精神文化を有した『日本』に立ち戻らねばならない。
我々は神に感謝する。
我々人類に『日本』という尊い国を創っておいてくれたことを…」
世界が認めるこのような日本の素晴らしい伝統・歴史や文化を、国民の大多数が正しく理解できていないのは、日本の教育が、如何に日本人の精神を蝕んできたかということでしょう。

明治のむかし、松山の寄宿舎の監督をしていた時、書生の正岡子規の感化を受けた内藤鳴雪は、有名な歳旦吟（元旦祝賀の発句）を次のように詠みました。

元旦や一系の天子富士の山

日本の美しい国土を象徴する富士山を私たち日本人は「霊峰富士」と崇《あが》めます。尊く聖なる万世一系の天皇・皇室を戴くありがたさを内藤鳴雪にあやかって一句

日の本や一系の天子富士の山

美しい富士山を崇め、その永世を願う宗教的感情と同じように、万世一系の天皇の永世を願う「君が代」の歌詞は、我が国・日本の国柄に最も相応しいが故に国歌とされたのです。

皇后陛下美智子さまは、御成婚五十年に際して、『日本の宝への思い』として「―伝統があるために、国や社会や家がどれだけ力強く豊かになれているかということに気付かされることがあります。―これからの時代に皇室の伝統にとどまらず、伝統と社会との問題に対し、

思いを深めていってくれるよう願っています」と期待されていらっしゃいます。

言うまでもなく、日本の宝とは、先人が営々として築き上げてきた世界に誇る日本の素晴らしい伝統、文化のことです。大山巌元帥がなぜ「君が代」を日本の国歌に制定したのかに思いを馳せながら、日本の国柄に最も相応しい国旗（日の丸）、国歌（君が代）に敬意と愛着を抱き、国歌斉唱を国民一人ひとりが胸を張って誇らしく歌いたいものです。

（平成二十三年　記）

主要参考文献

『口語訳古事記』三浦佑之、文藝春秋
『古事記・日本書紀を知る事典』武宮誠、東京堂
『全現代語訳　日本書紀（上）』宇治谷孟、講談社学術文庫
『天皇家の〝ふるさと〟日向を行く』梅原猛、新潮社
『塔（上）』梅原猛、集英社文庫
『神々の流竄《るざん》』梅原猛、集英社文庫
『隠された十字架』梅原猛、新潮社
『山青き神のくに』後藤俊彦、角川春樹事務所
『天皇はどこから来たか』長谷部日出雄、新潮社
『日本古代新史』古田武彦、新泉社
『神話と歴史』直木孝次郎、吉川弘文館
『神武は呉からやって来た』竹田昌暉、徳間書店
『日本建国神代史』大野七三、批評社
『日本の神話を考える』上田正昭、小学館
『天皇家と卑弥呼の系図』澤田洋太郎、新泉社

『日本古代史の謎を解く』澤田洋太郎、新泉社
『古代日本千年史』竹内裕、彩流社
『日本の歴史1　神話から歴史へ』井上光貞、中央公論社
『謎につつまれた邪馬台国』史話日本の古代(二)、直木孝次郎編、作品社
『ヤマト王権のあけぼの』史話日本の古代(三)、上田正昭編、作品社
『倭王卑弥呼と天照大神神伝承』安本美典、勉誠出版
『邪馬台国と卑弥呼の謎』安本美典、潮文庫
『卑弥呼の墓』戸矢学、ＡＡ出版
『古代史の基礎知識』吉村武彦、角川書店
『倭国神話の謎』相見英咲、講談社
『日本王権神話と中国南方神話』諏訪春雄、角川選書
『箸墓の歌』小椋一葉、河出書房新社
『日本古代史の新論点』前田晴人、新人物往来社
『天皇制は日本の伝統ではない』草野善彦、本の泉社
『謎に迫る古代史講座』中西進、ＰＨＰ研究所
『卑弥呼は大和に眠るか』編著者・大庭修、文英堂
『天孫降臨の謎』関裕二、ＰＨＰ研究所

主要参考文献

『邪馬台国と卑弥呼の謎』中江克己、学研文庫
『邪馬台国と日本人』小路田泰直、平凡社新書
『日本神話の謎と真実』三浦、竜青春出版社
『日本神話の考古学』森浩一、朝日文庫
『逆説の日本史』（1・2・3・4）井沢文彦、小学館文庫
『古墳の語る古代史』白石太郎、岩波書店
『古墳とヤマト政権』白石太郎、文春新書
『古代史の謎』神一行編、学研文庫
『古代史七大王国の謎』中江克己、学研文庫
『水軍国家ヤマトの誕生』武光誠、学研文庫
『倭国の時代』岡田英弘、朝日文庫
『古代王朝99の謎』水野祐、角川文庫
『邪馬台国と大和朝廷』武光誠、平凡社新書
『大和朝廷と天皇家』武光誠、平凡社新書
『謎とき　日本誕生』高森明勅、ちくま新書
『天皇がわかれば日本がわかる』斎川眞、ちくま新書
『天皇　誕生』遠山美都男、中公新書

『歴代天皇総覧』笠原英彦、中公新書
『古代天皇誕生』吉村武彦、角川選書
『古代天皇の秘密』高木彬光、角川文庫
『天皇家はなぜ続いたのか』梅澤恵美子、ベスト新書
『天皇家はこうして続いてきた』三宅孝太郎、ベスト新書
『女帝と譲位の古代史』水谷千秋、文春新書
『万世一系のまぼろし』中野正志、朝日新書
『皇族たちの真実』竹田恒泰、小学館
『皇位継承のあり方』所功、ＰＨＰ新書
『隼人の古代史』中村明蔵、平凡社新書
『日本の神々』谷川健一郎、岩波新書
『日本の神様を知る事典』監修・阿部正路、日本文芸社
『日本神道がわかる本』本田総一郎、日文新書
『日本の神社』青柳和枝、中経文庫
『神社と神様』三浦健、青春文庫
『お寺と神社』(歴史の謎を探る会編)、河出書房新社
『伊勢神宮』千田稔、中公新書

『伊勢神宮の謎』高野澄、祥伝社黄金文庫
『出雲からたどる古代日本の謎』瀧音能之、青春出版
『日本発見（第二〇号）神々の里』松前健・伊藤清司他、暁教育図書
『神社紀行（1）出雲大社』千家尊祐他、学習研究社
『神社紀行（6）宇佐神宮』佐藤純一他、学習研究社
『神社紀行（9）伊勢神宮』北白川道久他、学習研究社
『神社紀行（15）宗像大社』太田可愛他、学習研究社
『神社紀行（40）気比新宮・気比大社・若狭彦神社』桑原恒明他、学習研究社
『神社紀行（47）鵜戸新宮・高千穂神社』後藤俊彦他、学習研究社
『日本の遺跡（1）西都原古墳群』北郷泰道、同成社
『大分県の歴史』監修・児玉幸多、山川出版社
『郷土資料事典（40）福岡県』編集・齋藤建夫、人文社
『日本人はるかな旅（5）』戸沢冬樹、日本放送出版
『岡城物語』北村清二（非売品）
『会津藩はなぜ朝敵か』星亮一、ベスト新書
『王城の護衛者』司馬遼太郎、講談社文庫
『歴史街道（2007）（2）（もう一つの白虎隊物語）』中村彰彦・永岡慶之助、ＰＨＰ研究所

『歴史街道（２００８）（７）（甦る会津武士道）』中村彰彦・渡部恒三、ＰＨＰ研究所
『聖フランシスコ・ザビエル全書簡』訳者・河野純徳、平凡社
『国家の品格』藤原正彦、新潮新書
『武士道─日本の魂』新渡戸稲造、築地書館
『ロシアにおける広瀬武夫』島田謹二、弘文堂
『翔ぶが如く』司馬遼太郎、文春文庫
『坂の上の雲』司馬遼太郎、文春文庫
『歴史街道２００４（７）（海軍中佐・広瀬武夫）』秋月達郎・北条良平、ＰＨＰ研究所
『歴史街道２００４（９）（日露戦争・旅順攻防戦）』柘植久慶・平間洋一他、ＰＨＰ研究所
『歴史街道２００７（４）（東郷平八郎）』渡部昇一・江坂彰・岡田幹彦他、ＰＨＰ研究所
『一万年の天皇』上田篤、文春新書
『五重塔はなぜ倒れないか』上田篤編、新潮選書
『法隆寺のものさし』川端俊一郎、ミネルヴァ書房
『奈良の寺』奈良文化財研究所編岩波新書
『東寺の謎』三浦俊良、祥伝社黄金文庫
『新法隆寺物語』太田信隆、集英社文庫
『日本人はなぜ同じ失敗を繰り返すのか』半藤一利・江坂彰、光文社

『日本人としてこれだけは知っておきたいこと』中西輝政、ＰＨＰ新書

六角克博（ろっかく　かつひろ）

昭和十一年（一九三六）　北海道日高国沙流郡平取村で出生
昭和二四年（一九四九）　平取村立平取小学校卒業
昭和二七年（一九五二）　早来村立安平中学校卒業
昭和三十年（一九五五）　北海道立苫小牧東高等学校卒業
昭和三七年（一九六二）　北海道学芸大学札幌分校（現北海道教育大学札幌校）中退
現・江別市教育委員会青少年健全育成委員

神武東征神話は史実である

平成三十一年四月二十九日　第一刷発行

著　者　六角　克博
発行人　荒岩　宏奨
発　行　展　転　社

〒101-0051　東京都千代田区神田神保町2-46-402
TEL　〇三（五三一四）九四七〇
FAX　〇三（五三一四）九四八〇
振替〇〇一四〇―六―七九九九二

印刷製本　中央精版印刷

定価［本体＋税］はカバーに表示してあります。

ISBN978-4-88656-477-1

てんでんBOOKS
[表示価格は本体価格（税抜）です]

皇太子殿下のお歌を仰ぐ　小柳左門
●御即位奉祝！本書では、皇太子殿下の歌会始と明治神宮鎮座記念祭でお詠みになられたお歌四十二首を解説します。　1400円

今さら聞けない皇室のこと　村田春樹
●皇族方の本名を呼んではいけない？　昭和天皇はいつから昭和天皇と呼ばれたの？　皇室の基礎知識をやさしく解説。　1300円

普及版 天皇とプロレタリア　里見岸雄
●苛烈に対立する主義思想を融合させる国体とは？左右両翼を撃つ痛快な論旨は、観念論を排し科学的天皇論を樹立した。　2800円

御歴代天皇の詔勅謹解　杉本延博
●大和で生まれ育つた著者が、みことのりの再興を世に提起し、御歴代天皇の詔勅を謹解する。　1500円

国体学への誘ひ　相澤宏明
●国体を再認識し王道実践、三綱実践することで、山積する戦後日本の諸問題の解決への道が開ける。　1500円

宮中祭祀　中澤伸弘
●常に民安かれ国安かれと祈念せられる天皇の核心は不断に続けられてゐる「まつりごと」にある。　1200円

平成の大みうたを仰ぐ　二　国民文化研究会
●皇室においては、古くから日本人が大切にしてきた美しい日本の心が、御代に脈々と伝へられ、継承されてゐます。　2000円

平成の大みうたを仰ぐ　国民文化研究会
●御製・御歌を年毎に掲げ、御心を仰ぐ。日本の国がらの中心をなす天皇と国民の心が、御製を通してかよい合う。　1800円